Inhalt

W0350652

Kartenmaterial

Dieses Buch enhält folgende Karten:	
Stadtplan Lissabon	Faltkarte zum Herausnehmen
Lissabon Innenstadt	vordere Umschlagklappe
Lissabon Umgebung	hintere Umschlagklappe
Metroplan	hintere Umschlagklappe
Belém	Rückseite Faltkarte
Cascais	Rückseite Faltkarte
Sintra	Rückseite Faltkarte

Die Faltkarte sowie der Innenstadtplan in der vorderen Umschlagklappe sind mit einem Raster versehen. Auf dieses Raster beziehen sich die Angaben unter dem Punkt „Hinkommen“ in den Infokästen (z. B.: [D4]).

Einleitung

Willkommen in Lissabon

Lissabon macht es Besuchern leicht, sich wohl zu fühlen. Erstaunlich entspannt für eine Hauptstadt geht es hier zu. Denn auch wenn im Großraum Lissabon über ein Viertel der Bevölkerung Portugals lebt, sind es im Stadtgebiet selbst nur etwas mehr als eine halbe Million Menschen. Das historische Zentrum ist überschaubar und viele Sehenswürdigkeiten lassen sich gut zu Fuß erreichen. Dabei hat jedes der Altstadtviertel seinen ganz eigenen Charme bewahrt. Lissabon ist zudem reich an Geschichte und Geschichten. Kein Wunder, blickt die Stadt am Tejo doch auf mehr als 3.000 Jahre zurück.

Lissabon vereint viele Gegensätze: Im Westen, am Ufer des Tejo, zeugen im Stadtteil Belém die Bauwerke der Manuelinik vom „Goldenen Zeitalter", als sich das kleine Portugal aufmachte, die Welt zu erobern. Am anderen Ende der Stadt, ebenfalls am Tejo, erprobt Lissabon mit dem – auf dem Gelände der Expo 98 geschaffenen – Stadtviertel Parque das Nações in zum Teil spektakulärer Architektur das 21. Jh. Zwischen diesen Extremen erstreckt sich die Stadt, mittendrin die Geburtsstätte Lissabons: der Burgberg. Auf ihm thront das Castelo São Jorge über der Alfama und über der Mouraria mit ihren mittelalterlichen Gassenlabyrinthen, über der nach dem Erdbeben 1755 in geradliniger Symmetrie wieder aufgebauten Baixa und über der Avenida da Liberdade, der Prachtstraße des 19. Jh. Der Burg gegenüber liegt auf einem weiteren Hügel das quirlige Ausgehviertel Bairro Alto.

Seit dem Ende der langen Diktatur des Estado Novo 1974 und dem Beitritt Portugals zur Europäischen Gemeinschaft 1986 hat sich das Land stark verändert. Das gilt besonders für die Hauptstadt Lissabon, sie ist moderner geworden. Dennoch gibt es weiterhin auch viel von dem zu entdecken, was Lissabon seit jeher ausmacht: die Hügel mit ihren herrlichen Aussichtspunkten, das riesige Mündungsbecken des Tejo, das Licht, die Stein gewordene Geschichte, die Azulejos, den Fado, die historischen Straßenbahnen. Dazu die Mischung der Kulturen, das maurische Erbe und die Einflüsse aus den ehemaligen Kolonien in Afrika, Indien, China und Brasilien.

„Allein schon das Wissen der Jahrhunderte und die Zeichen der vielen Welten, die Lissabon ausmachen, bieten viele Lesarten an", schrieb der Schriftsteller José Cardoso Pires im „Lissabonner Logbuch": „Deshalb hat, wie man so häufig sagen hört, jeder Besucher sein eigenes Lissabon."

In diesem Buch haben wir für Sie 101 Gründe zusammengetragen, sich in Lissabon zu verlieben. Wir wünschen Ihnen viel Spaß beim Lesen und vor allem beim Entdecken „Ihres Lissabon" und Ihrer ganz persönlichen Highlights.

Lissabon und Köln, im März 2017

Lissabon entdecken

Ein Wochenende in Lissabon

Zum ersten Mal in Lissabon?

Angekommen in Lissabon gilt es erstmal, sich einen Überblick über die hügelige Stadt zu verschaffen, am besten auf einem der vielen Aussichtspunkte (ab S. 96). Alternativ oder im Anschluss kann man, vorbei an der geschichtsträchtigen Kathedrale (S. 48), hoch zur Burg (S. 50) steigen. Ein guter Ausgangspunkt für die Erkundung des traditionellen Geschäfts- und Einkaufsviertels Baixa (S. 18) ist der Praça do Comércio (S. 14), direkt am Tejo-Ufer. Am Aufzug Santa Justa (S. 80) und an den Ruinen der Carmo-Kirche (S. 28) gibt es Geschichte und Aussicht zu erleben. Mit einer der historischen Straßenbahnen (S. 160) oder zu Fuß geht es weiter durch die Altstadtviertel. Im Stadtteil Belém (S. 38) kann man Portugals Vergangenheit als Seefahrernation nachspüren. Abends geht es in eines der vielen Fado-Lokale (S. 164) oder zum Bar-Hopping (ab S. 202).

Lissabon und die Kunst

Bei Spaziergängen durch die historische Innenstadt lassen sich die kunstvoll gestalteten schwarz-weißen Bürgersteige (S. 122) und die allgegenwärtigen Azulejos (S. 120) bewundern. Streetart und Alternativkultur gibt es in der LX Factory und bei den Underdogs (S. 138). Zu den Klassikern in Sachen Museum (ab S. 140) gehören die Sammlung der Gulbenkian-Stiftung sowie das Museum für Alte Kunst. Die größte Museumsdichte der Stadt gibt es in Belém. Und damit sind noch längst nicht alle Kunsthäuser genannt...

Lissabon entspannt

Neben den vielen Miradouros mit herrlichen Aussichten (ab S. 96) gibt es auch in Parks und auf vielen Plätzen Kiosk-Cafés (S. 200). Hier lässt es sich hervorragend aushalten. Schön ist auch ein Spaziergang entlang des inzwischen wieder zugänglich gemachten Tejo-Ufers (S. 36). Nach Andenken von kurios bis kunstvoll kann man auf dem größten Flohmarkt der Stadt (S. 154) oder auf einem der vielen Kreativmärkte (S. 139 und S. 156) suchen.

Lissabon für Genießer

Wer Süßes mag, der kommt um die berühmten Pastéis de Belém bzw. Pastéis de Nata (S. 184) nicht herum. Ein Glas des typischen Lissabonner Kirschlikörs Ginjinha (S. 194) gehört zum Pflichtprogramm, genauso wie der Besuch eines der traditionellen Cafés (S. 198). Die Restaurants der Stadt bieten von bodenständig bis Sterneküche für jeden Gaumen etwas (ab S. 186). Allerlei Leckeres lässt sich auf und in den Märkten und Markthallen probieren (S. 156). Musikliebhabern sei der Besuch in einem der Fado-Lokale ans Herz gelegt. (S. 124 und S. 164).

Lissabon mit Kindern

Portugiesen lieben Kinder, das macht es Familien einfach in Lissabon. Die historischen Straßenbahnen und Aufzüge (S. 160), die Burg (S. 50) und die nahen Strände in Cascais (ab S. 214) stehen bei Kindern hoch im Kurs. Immer einen Besuch wert sind die Unterwasserwelten im Ozeanarium (S. 168). Für Kinderwagen ist die hügelige Stadt mit ihren Treppengassen und dem holprigen Kopfsteinpflaster allerdings wenig geeignet.

Stadtviertel und Stadtansichten

I Lissabon – Stadt des Lichts im Umbruch

Sanfte Hügel, fruchtbare Böden, mildes Klima, ein natürliches Hafenbecken und über den ruhigen Tejo eine direkte Verbindung zum stürmischen Atlantik: der **ideale Ort**, eine Stadt zu gründen. Das wussten schon frühere Generationen zu schätzen, seit über 3.000 Jahren ist die Region Lissabon durchgehend besiedelt. Und noch heute sorgt der Tejo mit seinem Mündungsbecken für das ganz besondere Licht der Stadt. Die riesige Wasserfläche reflektiert das Sonnenlicht und lässt Lissabon strahlen.

Das Flussufer dominierten über viele Jahrzehnte allerdings Militär- und Hafenanlagen. Seit einiger Zeit erobert sich die Stadt einen Teil ihres Flusses zurück. Zwar dient der Abschnitt vor dem Altstadtviertel Alfama inzwischen als Anleger für Kreuzfahrtschiffe und ist damit nicht mehr öffentlich zugänglich, dafür wird aber nach und nach das Ufer ab der Anlegestelle in Richtung Innenstadt bis Belém durch Promenaden erschlossen. Das wissen die Lissabonner ebenso zu schätzen wie die Besucher der Stadt.

Als Hauptstadt des ehemaligen Weltreiches Portugal hat Lissabon über die Jahrhunderte eine **wechselvolle Geschichte** mit vielen Umbrüchen erlebt. Die radikalste Zäsur war sicherlich das Erdbeben von 1755, in dem fast zwei Drittel der Stadt zerstört wurden. Zu den eher schleichenden Veränderungen gehörte der langsame Verfall der Bausubstanz in den historischen Vierteln. Die über Jahrzehnte existierende Mietpreisbindung (S. 111) und Wirtschaftskrisen erschwerten Investitionen in notwendige Sanierungen. Steigende Touristenzahlen und Investitionserleichterungen haben das geändert und in den vergangenen Jahren zu einem regelrechten Bauboom geführt. Immer mehr der

Alt und Neu – immer mehr Altbauten werden restauriert

zum Teil baufälligen Gebäude werden kernsaniert und viele in Hotels, Ferienwohnungen und Luxusapartments umgewandelt. So können die schönen historischen Häuser vor dem Verfall gerettet werden. Allerdings bringt diese Entwicklung auch die üblichen Probleme wie steigende Miet- und Immobilienpreise mit sich. Vor allem in den Altstadtvierteln wie Alfama und Mouraria können sich viele der ursprünglichen Bewohner die teuren Mieten nicht mehr leisten. Gentrifizierung ist auch in Lissabon ein Problem.

Die Stadt erobert ihren Fluss zurück

Die **steigenden Besucherzahlen** versucht die Stadt zu nutzen, sie hat 2016 eine Touristensteuer auf Übernachtungen eingeführt. In den ersten fünf Monaten brachte diese neue Steuer knapp vier Millionen Euro an zusätzlichen Einnahmen. Verwendet werden soll das Geld z. B. für den Neubau eines jüdischen Museums in der Alfama, außerdem ist ein Museum der Entdeckungen in Planung und an der Brücke 25 de Abril soll ein Aufzug mit einer Aussichtsplattform entstehen. Ebenfalls von der Steuer profitieren soll das Programm „*Lojas com História*" („Geschäfte mit Geschichte"). Damit sollen einige der wenigen noch existierenden traditionellen Geschäfte in der historischen Innenstadt unterstützt werden. Für 2017 wurden über 60 Geschäfte für das Programm ausgesucht. Ob das geplante Volumen von jährlich 250.000 Euro substantiell dazu beitragen kann, diese zu erhalten, ist fraglich. Aber immerhin, die Stadt hat grundsätzlich den Wert der Traditionsgeschäfte für die „Marke Lissabon" erkannt. Für viele kommt dies allerdings zu spät: Die meisten der zum Teil über 100 Jahre alten Läden sind bereits verschwunden.

Viele Lissabonner sehen die Entwicklungen der vergangenen Jahre mit gemischten Gefühlen. So erscheint das Preisniveau, z. B. in der Gastronomie, ausländischen Besuchern noch recht günstig, viele Portugiesen können sich die steigenden Preise jedoch nicht mehr leisten – kein Wunder bei einem Mindestlohn von 530 Euro pro Monat. Kritisch gesehen wird auch das sogenannte „goldene Visum". Als Gegenleistung für Investitionen von mindestens 500.000 Euro in Immobilien gewährt es außereuropäischen Investoren ein Aufenthaltsrecht mit Aussicht auf einen portugiesischen Pass. Zwischen 2012 und 2014 investierten vor allem Chinesen, Russen und Brasilianer fast 1,3 Milliarden Euro in Lissabon. Bei den dadurch steigenden Immobilienpreisen können viele Portugiesen nicht mithalten. Kritiker befürchten einen Ausverkauf der Stadt und manch ein Lissabonner beklagt, dass mehr für Touristen getan werde als für die Bevölkerung. Der **Gastfreundschaft** tut das aber keinen Abbruch, fast überall sind Besucher herzlich willkommen und die „*Lisboetas*" sind sehr stolz auf ihre wunderschöne Stadt.

2 Praça do Comércio – von Königen, Börsenhändlern und Touristen

Imposant öffnet sich der Praça do Comércio, der „**Handelsplatz**", demjenigen, der über den Fluss nach Lissabon kommt. Früher stand hier der Königspalast. Er gab dem Platz seinen damaligen Namen Terreiro do Paço, „Platz des Palasts", der heute ebenfalls noch verwendet wird. Sogar die noch relativ neue Metrostation heißt so. Im 16. Jh. legten hier am Cais das Colunas, dem „Säulenkai", Handelsschiffe und internationale Delegationen an. Er war das neue, prächtige Stadtzentrum Lissabons. Nach dem großen Erdbeben 1755 versuchte man die ehemalige Eleganz wiederherzustellen. Prächtige gelbe Häuser mit Arkadengängen rahmen den Platz von drei Seiten ein. Die wichtigsten Ministerien wurden hier untergebracht. Bereits 1769 gründete der damalige Premierminister Marquês de Pombal (S. 58) hier eine Börse. Der wichtigste Handelsplatz des Landes hatte bis 1994 im Ostturm der Anlage seinen Hauptsitz, daher auch der heutige Name des Platzes.

In der Mitte befindet sich ein **Reiterdenkmal** für König José I., es wurde anlässlich seines Geburtstags 1775 aufgestellt. Das Pferd trampelt auf Schlangen und besiegt so symbolisch das Erdbeben, der Elefant repräsentiert das portugiesische Weltreich. Auf dem Sockel befindet sich ein Medaillon, auf dem Marquês de Pombal abgebildet ist. Während der Herrschaft von Maria I., einer ausgesprochenen Gegnerin des Ministers, wurde dieses zeitweilig entfernt und erst 1833 wieder angebracht.

Am Nordende des Platzes erhebt sich der erst 1875 fertiggestellte Triumphbogen **Arco da Rua Augusta** und lädt zum Betreten der Unterstadt ein. Die Statuen ehren Helden der portugiesischen Geschichte: Viriatus, den Anführer der Lusitaner im Kampf gegen die Römer, den großen Seefahrer Vasco da Gama, Marquês de Pombal und Álva-

Aussicht vom Triumphbogen

res Pereira, der die portugiesische Unabhängigkeit im 14. Jh. gegen die Spanier verteidigte (von links nach rechts). Die Statuen der bärtigen Männer repräsentieren die Flüsse Tejo (links) und Douro. Die allegorische Figurengruppe zeigt Gloria, wie sie Genie und Tapferkeit krönt.

Seit 2013 lässt sich der Triumphbogen auch besichtigen. Ein Aufzug bringt die Besucher in den Uhrensaal. Über eine Wendeltreppe, die so eng ist, dass der Besucherstrom durch eine Ampelanlage geregelt wird, gelangt man auf die Aussichtsplattform. Von hier hat man eine wunderbare Rundumsicht über den Fluss, die schachbrettartig angelegte Unterstadt Baixa sowie den Platz selbst.

Die Stadt bemüht sich seit einiger Zeit, diesen zentralen Platz für Einheimische und Touristen wieder attraktiver zu machen. Nachdem ein Teil der früher hier angesiedelten Ministerien umgezogen ist, hat sich eine ganze Reihe von **Cafés und Restaurants** mit Außengastronomie angesiedelt, darunter eines mit angeschlossenem Biermuseum. Auch wenn diese Lokale nicht zu den günstigsten gehören, gewinnt der Platz nach Jahren des Umbaus so an Leben. Einige der neuen Locations haben vor allem im Sommer auch schon mal bis spät in die Nacht geöffnet. Eine Dependance der Vermarktungsgesellschaft Vini Portugal (S. 197) bietet die Verkostung portugiesischer Weine an. Das Lisboa Story Centre (S. 149) gibt Einblick in Highlights der Lissabonner Stadtgeschichte. Das Schild „*The Sexiest WC on Earth*“ weist übrigens auf eine kostenpflichtige öffentliche Toilette hin, die der portugiesische Toilettenpapierhersteller Renova hier mit kleinem Shop eingerichtet hat. Der Platz selbst wird mittlerweile auch wieder für Veranstaltungen und wechselnde Ausstellungen genutzt.

Triumphbogen und Reiterdenkmal

Info

Hinkommen:
Metro Terreiro do Paço (blaue Linie); Straßenbahn 15, 25. [D4]

Information:
Arco da Rua Augusta, tgl. 9–19 Uhr, Eintritt 2,50 €, bis 5 J. frei. Der Eingang befindet sich auf der Seite zur Rua Augusta hin.

Touristeninformation, Lisboa Welcome Center, Praça do Comércio, Tel. 21 031 2810, www.visitlisboa.com, tgl. 9–20 Uhr.

In der Nähe:
3 und 4 Baixa (S. 16ff.), 25 Câmara Municipal (S. 62), 34 Kirchen in der Baixa (S. 82), 33 Aufzug Santa Justa (S. 80).

3 Baixa I – Das große Erdbeben von 1755 und der Wiederaufbau der Stadt

Die Baixa, Lissabons Unterstadt, erstreckt sich im Tal zwischen dem Burgberg und dem sogenannten siebten Hügel, auf dem das Viertel Chiado liegt. Heute ist sie das traditionelle Einkaufs- und Geschäftsviertel der Stadt mit Straßencafés und Fußgängerzone. Bei einem Spaziergang (S. 18) durch die symmetrisch angelegten Straßen lässt sich der frühere mittelalterliche Charakter des Stadtkerns nicht mehr erahnen. Einst war die Stadt geprägt von dem typischen Wirrwarr aus engen und dunklen Gassen, durch die nur schwerlich eine Kutsche passte. Händler aus aller Herren Länder boten hier Waren aus den Kolonien an. Edelmänner, Handwerker, Sklaven und Bettler tummelten sich in den Straßen. Inmitten des **Chaos** standen unzählige prunkvolle Klöster, Kirchen und Paläste. All dies wurde beim großen Erdbeben 1755 zerstört.

Der Königspalast am Praça do Comércio vor 1755

Der 1. November 1755 war ein milder Herbsttag. Es war Allerheiligen und die Lissabonner waren auf dem Weg in die Kirchen oder schon in den Messen, als morgens um halb zehn die Erde zu grollen begann. Drei heftige Beben verwandelten die Stadt innerhalb von zehn Minuten in ein Trümmerfeld. Um der bebenden Erde zu entkommen, versuchten viele, sich auf die Boote im Hafen zu retten, was wenig später die nächste Katastrophe auslöste. Das Epizentrum des Bebens lag weit draußen im Meer, rund 200 km vor dem Kap São Vicente, dort zog sich eine riesige Wassermenge zusammen. In Lissabon beobachteten die verschreckten Menschen, wie sich das Wasser des Flusses zum Meer hin zurückzog. Die Schiffe lagen trocken. Plötzlich begann das Wasser jedoch wieder zu steigen und eine riesige Welle, eine Wand aus Wasser, überflutete die ganze Unterstadt bis hoch zum Rossio. Das Seebeben – nach heutigen Maßstäben auf Stärke neun nach der Richterskala geschätzt – war so stark, dass es an der ganzen Atlantikküste von Afrika bis Nordeuropa und Amerika zu spüren war.

Aber am heftigsten traf es Lissabon: Nach dem Beben und der Flutwelle entfachten Kerzen und offene Feuerstellen **Brände**, die tagelang wüteten. Am Ende sind nach heutigen Schätzungen 10.000 bis 30.000 Menschen in dem Unglück umgekommen. Zwei Drittel der Stadt wurden zerstört. Am schlimmsten sah es in der Unterstadt aus. Die einfachen Häuser waren ebenso betroffen wie die Kirchen und die Prachtbauten am Tejo, die riesige Staatsbibliothek mit ihren unschätzbaren Kostbarkeiten sowie der Königspalast. König José I. weilte außerhalb der Stadt und überlebte die Katastrophe unbeschadet. Aus Angst vor einem neuen Beben betrat er das Zentrum erst Jahre später wieder.

Tipp

Lesetipp:

Titus Müller: **Die Jesuitin von Lissabon**. Historischer Roman über die Zeit des großen Erdbebens 1755. Erzählt wird vom Machtkampf der Jesuiten. Ihr erbitterter Gegner ist Antero Moreira de Mendonça, junger Wissenschaftler und ehemaliger Jesuitenschüler. Aufbau 2011.

Es war Premierminister **Marquês de Pombal**, der direkt eine Prioritätenliste aufstellte: die Toten begraben und den Lebenden helfen. Mit eiserner Hand organisierte er den Wiederaufbau. Die komplette Innenstadt wurde in nüchterner Symmetrie, einem Schachbrett gleich, organisiert – ein Paradebeispiel der Stadtplanung im 18. Jh. Öffentliche Gebäude, Kirchen und Plätze wurden auf dem Reißbrett entworfen. Einzig der Rossio, der mittelalterliche Hauptplatz, sollte seine ursprünglichen Ausmaße beibehalten. Finanziert wurde der Wiederaufbau mit Spenden, einem Sonderzoll sowie mit Gold und Diamanten aus der damaligen Kolonie Brasilien.

Wiederaufbau im Schachbrettmuster und in Standardbauweise

Auch international entwickelte das Erdbeben eine enorme Wirkung. Es stürzte das bestehende **Weltbild** in eine Krise. Philosophen wie Rousseau und Kant diskutierten das Ereignis. Voltaire fühlte sich durch das Erdbeben veranlasst, seinen Roman „Candide“ zu schreiben. Goethe notierte später in seinen Kindheitserinnerungen: „Am ersten November 1755 ereignete sich das Erdbeben von Lissabon, und verbreitete über die in Frieden und Ruhe schon eingewohnte Welt einen ungeheuren Schrecken.“ Im kollektiven Gedächtnis der Lissabonner stellt der 1. November 1755 eine der wichtigsten Zäsuren dar. Noch heute sortiert sich die Baugeschichte in „vor Erdbeben“, „im Erdbeben zerstört“ und „nach Erdbeben“.

4 Baixa II – Einkaufen und Sightseeing in Lissabons historischer Unterstadt

Die Baixa ist das traditionelle Geschäfts- und Einkaufsviertel der Stadt. Hier haben nicht nur viele Ministerien, Banken und andere große Firmen ihre Sitze, sondern auch viele Geschäfte, darunter einige der traditionsreichsten der Stadt (S. 152). Am südlichen Ende, direkt am Fluss, befindet sich Lissabons größter und prächtigster Platz, der Praça do Comércio (S. 14). Durch den mächtigen Triumphbogen betritt man die Hauptader der Unterstadt, die Fußgängerzone der **Rua Augusta** mit den für Lissabon so typischen schwarzen und weißen Pflastersteinen, der Calçada Portuguesa (S. 122). Hier gibt es unzählige Cafés und die Dependancen der großen internationalen Modeketten. Es tummeln sich Geschäftsleute und Familien beim Einkauf, daneben Touristen und Straßenkünstler. Mit dem Aufzug Santa Justa (S. 80), der von vielen Teilen der Stadt aus zu sehen ist, steht hier eines der Wahrzeichen Lissabons.

Das nördliche Ende bilden die Plätze **Praça da Figueira** und **Praça Dom Pedro IV** (S. 102). Letzterer wird im Volksmund einfach „Rossio" genannt. Hier lässt sich von den Terrassen einiger traditioneller Cafés (S. 198) das rege Treiben beobachten. Mit zum Stadtbild gehören immer noch die Schuhputzer, die hier die Schuhe ihrer Kunden zum Glänzen bringen. Nebenbei erhält man auch immer die neuesten Nachrichten. Das ehrwürdige Nationaltheater D. Maria II (S. 134) ist hier zu finden und gleich drei traditionsreiche Verkaufsstellen bieten Lissabons typischen Kirschlikör Ginjinha an (S. 194).

Rua Augusta – die Fußgängerzone

In unmittelbarer Nähe erinnert der Palácio da Independência (S. 57) an Portugals Unabhängigkeit von Spanien 1640. Unweit davon befindet sich die geschichtsträchtige Dominikaner-Kirche, auf deren Vorplatz es 1506 zum Pogrom gegen die jüdische Bevölkerung gekommen war (S. 52). Auch wenn es auf den ersten Blick nicht so erscheint, gibt es noch viele andere **Kirchen** in der Baixa zu entdecken, geschickt eingefügt in das Schachbrettmuster der Stadt (S. 82). Nach dem großen Erdbeben von 1755 wurden die Straßen zweckmäßig den verschiedenen Handwerkern und Zünften zugesprochen. Ihre Namen haben viele bis heute beibehalten, etwa die

Straße der Tuchmacher (Rua dos Fanqueiros), die der Silber- und Goldschmiede (Rua da Prata bzw. Rua do Ouro) oder die der Schuhmacher (Rua dos Sapateiros). Obwohl die strenge Anordnung der Geschäfte mittlerweile aufgeweicht ist, finden sich immer noch einige von ihnen in den ehemaligen Straßen ihrer Zunft.

Jahrzehntelang wurden viele Gebäude der Baixa kaum instand gehalten, viele Wohnungen über den Geschäften standen leer. Mittlerweile aber wird an allen Ecken und Enden **renoviert und restauriert**. Befördert durch den Tourismusboom der vergangenen Jahre halten in vielen Gebäuden Hotels, Ferienwohnungen und auf Touristen ausgerichtete Geschäfte und Lokale Einzug. Da dabei auf größere Bausünden verzichtet wurde, bleibt der architektonisch eigene Charakter des Viertels aber erhalten und die Baixa ist nach wie vor der zentrale Ausgangspunkt für die Erkundung der Sehenswürdigkeiten der Stadt.

Der Praça da Figueira

Info

Hinkommen: Metro Terreiro do Paço (blaue Linie), Baixa/Chiado (blaue und grüne Linie), Rossio (grüne Linie); Straßenbahn 15, 25, 28; Zug Bahnhof Rossio. [D3–4]

Einkaufen: Traditionelle Geschäfte (S. 152), Tipps für Souvenir-Jäger (S. 158), Wein und Spirituosen (S. 196).

Essen & Trinken: Süßes gibt es im **A Casa Brasileira** (S. 185). Schöne Cafés sind **Nicola**, **Suiça** und **Confeitaria Nacional** (S. 198). Erfrischungen gibt es im **Quiosque Banana Café** (S. 201). Leckerer Bacalhau lässt sich im **João do Grão** und im **O Bacalhoeiro/A Licorista** (S. 179) speisen. Kirschlikör bieten gleich mehrere Verkaufsstellen (S. 194). Eine Weinprobe lässt sich im **Vini Portugal** (S. 197) machen.

In der Nähe: 2 Praça do Comércio (S. 14), 3 und 4 Baixa (S. 16ff.), 13 Entlang des Tejo (S. 36), 16 Römische Spuren (S. 44), 20 Igreja São Domingos (S. 52), 22 Praça dos Restauradores (S. 56), 25 Câmara Municipal (S. 62), 33 Aufzug Santa Justa (S. 80), 34 Kirchen (S. 82), 43 Rossio (S. 102).

5 Lissabon von oben – Aussichtspunkte-Hopping

„*Sete colinas são teu colo de cetim*" („Sieben Hügel sind dein Samtschoß"), heißt es in einem Fado von Ercília Costa. Tatsächlich sind es heute weitaus mehr als sieben Hügel, aber die typische Topografie Lissabons sorgt dafür, dass sich immer wieder schöne und überraschende Ausblicke über Stadt und Fluss ergeben.

Der Legende nach sind die **sieben Hügel** der Stadt durch die Göttin Ofiúsa entstanden. Halb Mensch, halb Schlange verliebte sie sich unsterblich in den großen Seefahrer Odysseus und wollte ihn für immer an sich binden. Dieser hatte jedoch anderes vor und floh eines Nachts auf dem Seeweg. Ofiúsa, aus dem Schlaf erwacht, wollte das auslaufende Schiff einholen und schlängelte sich wutentbrannt gen Tejo. Als sie jedoch das Wasser berührte, erstarrte sie zu Stein und schuf damit die sieben Hügel der Stadt. Ganz nebenbei wurde so die Legende von Odysseus als Gründer der Stadt Lissabon geboren (S. 132).

Erstmals aufgezählt wurden die sieben Hügel Lissabons 1620 im „*Livro das grandezas de Lisboa*" („Buch der Sehenswürdigkeiten Lissabons") von Frei Nicolau de Oliveira: São Vicente, Santo André (Graça), Castelo, Santana (heute Mártires da Pátria), São Roque (Bairro Alto), Chagas (Largo do Carmo) und Santa Catarina. In den 1920er-Jahren griff eine Tourismusagentur das Motiv in einem Slogan wieder auf. Und noch heute heißen Tickets der Lissabonner Verkehrsbetriebe „*Sete Colinas*" – „Sieben Hügel".

Besonders schöne Aussichten über Lissabon und den Fluss bieten die **Miradouros** (ab S. 96). Von diesen Aussichtspunkten gibt es über die Hügel der Stadt verteilt so viele, dass man kaum sagen kann, welcher der schönste ist. Muss man auch nicht, denn es

Aussicht vom Miradouro Nossa Senhora do Monte

Die Alfama bei Nacht

macht besonders viel Spaß, bei der Erkundung der einzelnen Stadtviertel Aussichtspunkte-Hopping zu betreiben und immer mal wieder eine Pause einzulegen, um die Aussicht zu genießen. Für das leibliche Wohl sorgen an den meisten Miradouros nette Kiosk-Cafés, die günstige Getränke und Snacks anbieten.

Neben den klassischen Aussichtspunkten gibt es natürlich noch jede Menge Bars und Restaurants, die mit einer **Dachterrasse** (S. 100) samt herrlicher Aussicht aufwarten, darunter viele Hotels der gehobenen Klasse. Das oft schickere Ambiente schlägt sich mancherorts deutlich in den Preisen nieder, aber es muss ja nicht direkt das komplette Abendmenü sein – die Aussicht lässt sich vielerorts auch bei einer Stippvisite mit Kaffee oder einem Glas Wein genießen.

Wer sich einen Überblick über die gesamte Stadt verschaffen möchte, dem sei der Miradouro da Nossa Senhora do Monte empfohlen, einer der höchsten Aussichtspunkte der Stadt, oder alternativ die Sky Bar mit ihrem spektakulären Panorama.

Tipp

Bei einer **Fährfahrt** über den Tejo (S. 208) kann man Lissabon dann noch mal aus einer ganz anderen Perspektive entdecken. Herrliche Ausblicke gibt es also reichlich zu entdecken.

Für eine besonders schöne Sicht auf den Fluss eignen sich die Miradouros Santa Luzia, Portas do Sol oder Santa Catarina. Von letzterem und auch vom Aussichtspunkt der Graça oder dem Café-Restaurant Zambeze aus kann man herrlich den Sonnenuntergang bei einem Drink genießen. Einen schönen Blick über die Baixa, die Lissabonner Unterstadt, bieten zum Beispiel das Pollux, die Bar Entretanto und die Terraços do Carmo. Wer die Aussicht lieber in Ruhe, etwas abseits der Touristenströme genießen möchte, dem seien der Miradouro do Torel oder der Miradouro do Largo das Necessidades empfohlen. Zudem bieten auch einige **Sehenswürdigkeiten** eine gute Möglichkeit, neben dem Kulturerlebnis zusätzlich einen schönen Blick über Stadt und Fluss zu erhaschen, so die Burg (S. 50), der historische Aufzug Santa Justa (S. 80) oder der Triumphbogen am Praça do Comércio (S. 14). Im Stadtteil Belém lässt es sich besonders schön vom Museum MAAT (S. 145), dem Kulturzentrum CCB (S. 142) oder dem Denkmal der Entdeckungen (S. 76) auf den Tejo blicken.

6 Sé und Castelo – rund um Lissabons ersten Hügel

Den Burgberg könnte man als den ersten Hügel Lissabons bezeichnen, denn hier entstanden die ersten Ansiedlungen schon zur Zeit der Phönizier. Erst unter maurischer Herrschaft aber wurde im 8. Jh. das **Castelo São Jorge** gebaut. Nach der Reconquista („Rückeroberung") 1147 wurde es von den christlichen Herrschern vergrößert. In und um die Burg spielte sich das mittelalterliche Leben ab. Im 14. Jh. wurde der ehemals maurische Schutzring erweitert. Die Cerca Fernandina (S. 46) schloss nun außer der Alfama auch die heutige Mouraria sowie Teile der Unterstadt mit ein. Südlich der Burg fällt der Hang sanft zum Fluss hin ab, er stellte schon unter römischer Herrschaft die wichtigste Verbindung zum Hafen dar. Ab dem 16. Jh. verlor der Burgberg an Bedeutung, der König bezog seinen neuen Palast in der Baixa, der Adel tat es ihm gleich. Die mittelalterlichen Strukturen im Burgviertel wurden vom großen Erdbeben kaum in Mitleidenschaft gezogen und sind bis heute erhalten geblieben.

Südlich der Burg liegt die Sé, die **Kathedrale** Lissabons (S. 48). Mit ihren wuchtigen Mauern ist sie das älteste heute noch erhaltene Bauwerk der Stadt. Sie ist ein guter Ausgangspunkt für einen Spaziergang durch das Viertel. In unmittelbarer Nähe gedenken eine kleine Barockkirche und ein Museum Santo António, dem Volksheiligen Lissabons (S. 126).

Den Schienen der historischen Straßenbahnlinie 28 folgend, passiert man die Ruinen eines römischen Theaters samt Museum (S. 44) sowie **zwei ehemalige Gefängnisse**. Im Aljube-Gefängnis ist heute ein Museum untergebracht, das unter anderem die Geschichte des Widerstands und der politischen Gefangenen während der Salazar-Zeit

Der Burghügel

dokumentiert (S. 69). Im ehemaligen Gefängnis O Limoeiro befindet sich heute sinnigerweise ein Ableger der juristischen Fakultät der Uni Lissabon. Im späten 18. Jh. saß hier z. B. der Dichter Bocage drei Jahre lang ein. Er war in Ungnade gefallen, weil er auf satirische Weise die sozialen Verhältnisse sowie den Despotismus der Herrschenden anprangerte. Neben dem ehemaligen Gefängnis ist ein uraltes Exemplar des Ombubaums mit seinem typischen riesigen Wurzelwerk zu bewundern.

Auf halbem Weg zur Burg lässt sich eine Verschnaufpause am schönen Aussichtspunkt **Miradouro de Santa Luzia** einlegen (S. 98).

Den Schildern folgend geht es dann durch die Gassen des Viertels hoch zur **Burg** (S. 50).

Über die Rua da Costa do Castelo, den ehemaligen Burggraben, gelangt man zurück in Richtung Unterstadt. Auf halber Höhe befindet sich neben einer steilen Treppengasse der Zugang zum Elevador do Castelo, der hinunter in die Baixa führt. Wer den Aufstieg zu Fuß scheut, kann die Route des Spaziergangs einfach umdrehen und hier beginnen.

Immer den Berg hinauf geht es zur Burg

Info

Hinkommen: Mit der Straßenbahn 28 oder zu Fuß, Abkürzung über den Elevador do Castelo (S. 80) oder über das für 2017 geplante Rolltreppensystem in der Mouraria. Ausgangspunkt dort sind die Escadinhas da Saúde in der Nähe des Praça Martim Moniz (S. 110). [D3–4]

Einkaufen:

Fabula Urbis, Rua de Augusto Rosa 27, www.fabula-urbis.pt. Kleiner, gut sortierter Buchladen.

A Arte da Terra, Rua de Augusto Rosa 40, www.aartedaterra.pt. Souvenirladen in den ehemaligen Stallungen des früheren Bischofspalasts. Eindrucksvolle Gewölbedecke, die einstigen Futtertröge dienen Kunsthandwerkern als Auslage.

Essen & Trinken:

Im **Restaurante Zambeze** (S. 100) mit sehr schöner Terrasse und toller Aussicht. Leckere Gerichte aus Goa gibt es im **Arco do Castelo** (S. 193).

Chapitô, Rua Costa do Castelo 7, www.chapito.org. Das Chapitô, entstanden aus der Kantine der gleichnamigen Zirkusschule, ist seit Jahrzehnten eine Institution in Lissabon. Bar, Restaurant und Terrasse mit schöner Aussicht. Regelmäßige Aufführungen der Zirkusschule.

Claras em Castelo, Rua Bartolomeu de Gusmao 31, Tel. 21 8853071, tgl. ab 12 Uhr geöffnet, Küche 12–16 und ca. 19.30–21.15 Uhr. Kleiner Familienbetrieb, tgl. wechselnde Tagesgerichte, direkt bei der Burg.

In der Nähe: 18 Kathedrale (S. 48), 19 Castelo São Jorge (S. 50), 7 Alfama (S. 24), 8 Mouraria (S. 26).

7 Alfama – die alte Seele der Stadt

Nahezu unbehelligt von städteplanerischen Veränderungen besteht die Struktur dieses ältesten noch erhaltenen Stadtviertels. Bereits im 8. Jh. wurde das Gebiet am Fuß der Burg von den Mauren besiedelt. Später residierten hier die Adeligen der Stadt. Aus der maurischen Zeit hat das Viertel seinen Namen, vermutlich ist er aus dem arabischen Wort *al-hama* abgeleitet, was „heiße Quellen" bedeutet. Ab dem 16. Jh. verlor der Stadtteil an Bedeutung und Glanz. Handwerker, Fischer und Seeleute bevölkerten die Alfama, nachdem die Adeligen in neuere Stadtviertel weiter westlich gezogen waren. Das verheerende Erdbeben von 1755 richtete in der Alfama nur wenig Zerstörung an.

Im 19. Jh. galt die Alfama mit ihren dunklen Gassen und zwielichtigen Tavernen als gefährliches und armes Viertel. In diesem Milieu entstand der Fado, der bis heute die gute, alte und schöne Alfama besingt.

Viele Jahre blieb der Stadtteil seinem Schicksal überlassen. Wer es sich leisten konnte, zog in modernere Wohnviertel. Es blieben vor allem sozial schwächere Familien und ältere Leute in den oft kleinen, feuchten und dunklen Wohnungen. Trotzdem hatten die Bewohner ein besonderes Verhältnis zu ihrem Viertel, wohnten doch die meisten Familien schon seit Generationen hier.

In den vergangenen Jahren hat sich die Alfama radikal verändert. Nach dem Ende der Mietpreisbindung (S. 111) wurden viele der oft heruntergekommenen Gebäude restauriert und in schicke Apartments, Hotels oder Ferienwohnungen umgewandelt. Waren auf Touristen ausgerichtete Geschäfte und Restaurants lange Zeit nur Beiwerk, bestimmen sie heute viele Gassen im Viertel. Der nahe Anleger für Kreuzfahrtschiffe tut sein Übriges. Viele Anwohner können sich die heutigen Mieten nicht mehr leisten. Trotzdem versprühen die engen Gassen und Treppchen, das Flattern der Wäsche an den Minibalkonen, das Leben auf den Straßen noch viel Charme.

Gasse in der Alfama

Im Nordosten markieren die mächtig über dem Viertel thronende **Igreja São Vicente de Fora** und das **Nationalpantheon** (S. 84) sowie die wuselige **Feira da Ladra** (S. 154) den Anfang des Viertels, im Südwesten die **Kathedrale** (S. 48) und die **Casa dos Bicos** (S. 128). Folgt man von dort der Verlängerung der Rua da Alfândega, gelangt man zum ältesten Brunnen Lissabons, dem **Chafariz d´El Rei** . Im 13. Jh. gebaut, versorgte er als Hauptwasserquelle auch die Schiffe im Hafen. In unmittelbarer Nähe sind heute noch letzte Überreste der **Judiaria Pequena** zu finden. Die Judiaria in der Alfama war das kleinste von einst drei Judenvierteln in Lissabon (S. 52).

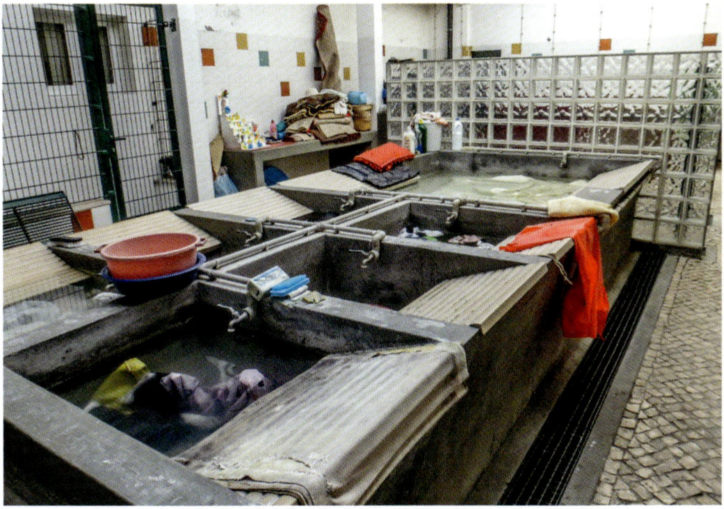

Öffentliches Waschhaus

Einer der zentralen Punkt der Alfama ist der **Largo do Chafariz de Dentro**. Abends verwandelt sich der Platz in eine Ausgehmeile für Fado-Fans, hier befindet sich auch das Fado-Museum (S. 125). Der Brunnen, nach dem der Platz benannt ist, lag innerhalb der Stadtmauern, daher „*de Dentro*" („drinnen"). Gleich nebenan, im Beco do Mexias, ist eines der verbliebenen **öffentlichen Waschhäuser** der Alfama zu finden. Vom Platz aus sieht man den Turm der **Igreja Santo Estêvão**. Im Erdbeben 1755 wurde einer der beiden Kirchtürme zerstört und bis heute nicht wieder aufgebaut. Das Innere der Kirche ist reich verziert mit den typischen vergoldeten Holzschnitzereien des portugiesischen Barock, der sogenannten Talha Dourada. Ein Stück weiter die Gassen hinauf gelangt man, vorbei an Resten der maurischen Stadtmauer (S. 46), zum **Largo das Portas do Sol**. Von der großen Aussichtsplattform hat man einen wunderbaren Blick über die Alfama und den Tejo. Das Castelo São Jorge befindet sich in unmittelbarer Nähe. Die berühmte Straßenbahnlinie Nr. 28 rumpelt und quietscht die kurvigen Straßen den Hügel hinauf.

Info

Hinkommen: Metro Terreiro do Paço oder Santa Apolónia (blaue Linie); Straßenbahn 12, 28. [E3–4]

Essen & Trinken:
Am Chafariz de Dentro finden sich mehrere Lokale mit Außengastronomie. Leckeres vom Holzkohlegrill gibt es im **Pateo 13** (S. 181), gute Petiscos und leckere Bacalhau-Gerichte im **Vila Flor** (S. 179). An der Aussichtsplattform Portas do Sol versorgt ein Kiosk Durstige.

Ausgehen: Für Tipps zum Thema Fado s. S. 124 und 164.

In der Nähe: 53 Museu do Fado (S. 124), 6 Sé und Castelo (S. 22), 8 Graça und Mouraria (S. 26), 35 Igreja São Vicente und Nationalpantheon (S. 84), 67 Feira da Ladra (S. 154).

8 Graça und Mouraria – Arbeiterviertel und ethnischer Schmelztiegel

Graça und Mouraria sind zwei Altstadtviertel, die nicht mit vielen großen Sehenswürdigkeiten aufwarten, sich aber beide für schöne Spaziergänge anbieten. Bevor das Viertel **Graça** 8a entstand, zierten den Hügel nördlich der Alfama riesige Olivenhaine. Im 12. Jh. schlug Afonso Henriques bei der Rückeroberung Lissabons hier sein Militärlager auf. Knapp ein Jahrhundert später entstand an gleicher Stelle das religiöse Zentrum des Augustinerordens. Die weiße **Igreja da Graça** samt Klosteranlage ist bis heute von vielen Punkten der Stadt aus zu sehen.

Die Igreja da Graça ist von vielen Punkten der Stadt aus zu sehen

Direkt vor der Kirche befindet sich einer der schönsten Aussichtspunkte Lissabons, der Miradouro da Graça (S. 98). 2016 begann die Stadtverwaltung mit dem Bau eines Aufzugs, der hier künftig eine Abkürzung zum tiefer gelegenen Mouraria-Viertel schaffen und in den neu angelegten **Jardim da Cerca da Graça** führen soll.

Mit der aufkommenden Industrialisierung Ende des 19. Jh. wuchs das Viertel um die Kirche herum. Es entstanden die sogenannten **Vilas Operárias** (S. 60), die typischen Arbeitersiedlungen, von denen hier noch einige erhalten sind. In dem Viertel leben auch heute noch viele Arbeiter und Angestellte. Entlang den Straßenbahnschienen der Linie 28 den Berg hinauf, gelangt man zu einem weiteren sehr schönen Aussichtspunkt, dem Miradouro de Nossa Senhora do Monte (S. 99). Auf einem der höchsten Hügel Lissabons hat man hier eine fantastische Sicht über die ganze Stadt.

Über die wohl steilste Treppe von Lissabon, die Calçada do Monte, geht es hinab durch das Gassengewirr der **Mouraria** 8b, das alte Maurenviertel. Nach der Rückeroberung wurde die maurische Bevölkerung hierher zwangsumgesiedelt. Ab dem 16. Jh. nutzten

Klerus und Adel die privilegierte Lage am Burgberg zum Bau von Palästen, von denen die meisten dem Erdbeben von 1755 zum Opfer gefallen sind.

Gasse in der Mouraria

Am **Largo da Severa** wird der ersten Ikone des Fado gedacht. Hier lebte die 1820 geborene Sängerin Maria Severa Onofriana. Ihr nicht standesgemäßes amouröses Verhältnis zu einem Grafen und ihr früher Tod – sie starb mit nur 26 Jahren an Tuberkulose – machten sie zur tragischen Heldin. Noch heute tragen viele Fado-Sängerinnen im Gedenken an sie ein schwarzes Schultertuch.

Vor allem rund um den **Praça Martim Moniz** (S. 110) haben sich in den letzten Jahrzehnten viele Einwanderer aus den ehemaligen portugiesischen Kolonien in Afrika und aus China sowie Indien niedergelassen. Viele Häuser waren und sind heruntergekommen, manche Gassen gehören noch heute nicht zu den sichersten.

Seit 2010 investiert die Stadt vermehrt in das Viertel. Vor allem in den nahe der Baixa gelegenen Teilen der Mouraria haben in den vergangenen Jahren kleine Geschäfte und Ateliers eröffnet, Kulturinitiativen der Anwohner beleben das Viertel. Aktuell herrscht auf den Straßen eine bunte Mischung aus Alteingesessenen, Zugezogenen und Touristen. Da immer mehr Häuser in Ferienwohnungen umgewandelt werden, scheint die Mouraria nach der Alfama das nächste Altstadtviertel zu sein, das stark vom Tourismus geprägt sein wird.

Info

Graça:

Hinkommen: Straßenbahn 28. [D–E3]
Einkaufen: **Garbags**, Taschen und Accessoires aus Recyceltem (S. 159).
Essen & Trinken: **Kiosk** direkt am Miradouro (S. 98), mit Fado-Untermalung (Sa/So) in der **Tasca do Jaime** (S. 165).

Mouraria:

Hinkommen: Metro Martim Moniz (grüne Linie), Straßenbahn 12, 28. [D3]
Einkaufen: Entlang der Rua do Regador, des Beco da Farinha und am Largo dos Trigueiros gibt es einige kleine Souvenirgeschäfte, Galerien und Ateliers, z. B. das der Fotokünstlerin **Camilla Watson** (S. 159).

Essen & Trinken:
Cantinho do Aziz, afrikanische Küche (S. 193).
O Corvo, Largo o Trigueiros 15 A/B. Café an einem sehr hübschen Plätzchen.
Cafetaria da Mouradia, Beco do Rosendo 8, www.renovaramouraria.pt, Di–Sa 16–24 Uhr. Café-Restaurant-Kneipe der Stadtteilinitiative Renovar a Mouraria. Auch Führungen durch das Viertel, Anmeldung unter: visitasguiadas@renovaramouraria.pt.

In der Nähe: 7 Alfama (S. 24), 47 Praça Martim Moniz (S. 110), 41 Miradouros (S. 98), 3 und 4 Baixa (S. 16ff.), 19 Castelo São Jorge (S. 50).

9 Chiado – das ehemalige Literatenviertel

Seit der Mitte des 19. Jh. ist das Viertel Chiado ein **Sinnbild des kosmopolitischen Lissabon**. Es wurde zum Treffpunkt von Künstlern und Literaten, Intellektuellen, Liberalen und Modernisten. Hier entstanden edle Läden im Pariser Chic, kunstvoll geschwungene Jugendstilfassaden, traditionsreiche Buchhandlungen, mondäne Cafés sowie das erste Kaufhaus der Stadt. Der Stadtteil blickt jedoch auf eine noch viel längere Geschichte zurück. Bereits 1567 tauchte der Name zum ersten Mal auf. Unklar ist, ob er von dem Begriff „*chiar*", dem Quietschen der Wagenräder auf den steilen Straßen, abgeleitet ist oder von dem Künstlernamen des Schauspielers und Satirikers António Ribeiro (1521–91), der „O Chiado" genannt wurde.

Auf der Rua Garrett, benannt nach dem bekannten Schriftsteller des 19. Jh., ehren gleich zwei Statuen wichtige portugiesische Künstler. António Ribeiro ist hier ebenso verewigt wie Fernando Pessoa (S. 130), der berühmteste portugiesische Literat des 20. Jh. In der Nähe befinden sich die Nationaloper São Carlos (S. 134) sowie ein Museum für Moderne Kunst (S. 147).

Das westliche Ende des Viertels markiert der Platz Luís de Camões, der nach Portugals Nationaldichter benannt ist (S. 132). Am nördlichen Ende befinden sich die **Ruinen der Carmo-Kirche**, deren gotische Bögen das Lissabonner Stadtbild prägen. Der Bau der Kirche war die Erfüllung eines Gelübdes: Sollte Álvarez Pereira, Ritter unter König João I., die Spanier vertreiben und somit Portugals Unabhängigkeit verteidigen, würde er die größte und prächtigste Kirche errichten lassen. 1389 wurde, vier Jahre nach der

Der Largo do Chiado mit Denkmal für den Künstler António Ribeiro

berühmten Schlacht von Aljubarrota, mit der Grundsteinlegung begonnen. Beim Erdbeben 1755 wurde das Dach der Kirche vollkommen zerstört. Aufgrund seiner Baufälligkeit blieb das Gotteshaus lange Zeit ungenutzt bzw. wurde zum Lagerhaus umfunktioniert. Zunächst waren es die fehlenden finanziellen Mittel, die eine Restaurierung verhinderten. Im 19. Jh. entschied man jedoch, das ehemalige Gotteshaus als **Mahnmal** für das Erdbeben als Ruine stehen zu lassen. Heute befindet sich hier ein archäologisches Museum. Im Sommer kann man gelegentlich Konzerte in der einzigartigen Atmosphäre der Ruinen genießen.

Die Ruinen der Carmo-Kirche – Mahnmal für das große Erdbeben

Der Kirchenvorplatz wurde 1974 zu einem der Hauptschauplätze der Nelkenrevolution (S. 68). Ein weiteres Mal geriet das Viertel 1988 in die internationalen Schlagzeilen, als große Teile durch einen Brand zerstört wurden. Nach jahrelangen Wiederaufbauarbeiten unter Leitung des bekannten portugiesischen Architekten Álvaro Siza Vieira erstrahlt der Chiado inzwischen aber wieder in altem Glanz.

Info

Hinkommen: Metro Baixa/Chiado (grüne und blaue Linie); Straßenbahn 28; Aufzug Santa Justa. [D4]

Information: Ruinas do Carmo e Museu Arqueológico, Largo do Carmo, Mo–Sa 10–18, im Winter bis 19 Uhr. Infos zu den Konzertterminen stehen am Eingang der Kirche.

Einkaufen:

Tipps für traditionelle Geschäfte s. S. 152.

A Vida Portuguesa, Rua Anchieta 11, traditionelle portugiesische Produkte (s. auch S. 113).

Armazéns do Chiado, Rua Nova do Almada, www.armazensdochiado.com, Geschäfte tgl. 10–22 Uhr, Restaurants bis 23 Uhr. Eines der ersten Kaufhäuser Lissabons. Bücher und Musik, Mode und Kosmetik auf drei Etagen. Das Obergeschoss, mit herrlicher Aussicht auf die Baixa sowie das Kastell, ist Restaurants und Cafés vorbehalten.

Essen & Trinken:

Wein und schöne Aussicht gibt es in der **Bar Entretanto** (S. 100), Kaffee im traditionsreichen Café **A Brasileira** (S. 198). In edlem Ambiente speisen kann man im **Belcanto** und im **Alma** (S. 190).

Royale Café, Largo Rafael Bordalo Pinheiro 29, Tel. 21 34691250 www.royalecafe.com, Mo–Sa 11–24, So 11–20 Uhr. Modernes Café mit einladender Terrasse. Salate, kleine Gerichte und Kuchen.

In der Nähe:

28 Largo do Carmo (S. 68), 33 Aufzug Santa Justa (S. 80), 58 Oper São Carlos (S. 134).

10 Bairro Alto – nicht nur Partymeile

Als die Unterstadt im 16. Jh. förmlich aus allen Nähten platzte, begann die organisierte Besiedlung dieses Hügels außerhalb der damaligen Stadtmauern. Das Gelände kam in den Besitz der Familie Andrade. Sie legte Straßen an und verkaufte das Gebiet parzellenweise. Das so entstandene Straßennetz gilt als die erste **moderne Planung** eines Stadtviertels in Lissabon. Obwohl das Terrain durch größere Höhenunterschiede geprägt ist, wurde auf Treppen verzichtet. Pferde und Kutschen konnten ungehindert passieren. Die gerade Ausrichtung der Straßen zum Fluss hin sorgt für gute Belüftung, optimale Sonneneinstrahlung und ein einfaches Abfließen des Schmutzwassers. Zunächst wurde das Viertel nach seinen Erbauern Vila Nova de Andrade genannt. Erst später, nach dem Bau der steilen Travessa da Queimada, setzte sich die Bezeichnung Bairro Alto („Oberstadt" oder wörtlich „hohes Viertel") durch.

Ein wichtiger Anziehungspunkt für das neue Viertel entstand, als der Jesuitenorden hier ab Mitte des 16. Jh. seinen Hauptsitz errichtete, die prunkvolle **Igreja de São Roque** (S. 78). Es galt als schick und modern, in der Oberstadt und nicht in den stinkenden, engen Gassen von Unterstadt und Alfama zu wohnen. Aber auch viele Handwerker, Händler und Seeleute ließen sich hier nieder. Beim Erdbeben 1755 wurde das Gebiet weitgehend zerstört, die ursprünglichen Straßenzüge blieben jedoch erhalten.

In den 1860er-Jahren lebte das Viertel neu auf, als sich hier die ersten Tageszeitungen der Stadt ansiedelten. Das Bairro Alto wurde zum **Viertel der Journalisten**, Druckereien und Verlage. Gleichzeitig eröffneten die ersten Cafés und Restaurants. In den letzten Jahrzehnten des 20. Jh. sind die Redaktionen der meisten Tageszeitungen zwar in

Hier wird nicht nur gefeiert, sondern auch gewohnt

andere Viertel abgezogen, geblieben sind aber ein paar kleinere Druckereien und einige einschlägige Straßennamen wie Rua do Diário de Notícias und Rua do Século. In der Romantik wurden die Aussichtspunkte São Pedro de Alcântara und Santa Catarina ganz nach Pariser Vorbild angelegt und über die Standseilbahnen Glória bzw. Bica leichter zugänglich gemacht.

Das Viertel gilt als Beispiel moderner Stadtplanung im 16. Jh.

Seit den 1980er-Jahren eröffneten immer mehr Restaurants, Fado-Lokale, Bars und Clubs, das Viertel verwandelte sich in **die Ausgehmeile** der Stadt (S. 202). Tagsüber gehört das Bairro Alto aber noch weitgehend den Anwohnern. Auf der Avenida Dom Pedro V findet man viele Antiquitätengeschäfte und Antiquariate. In den vergangenen Jahren sind eine Reihe neuer Modegeschäfte, Ateliers und Kunstgalerien dazugekommen. In trendigen Läden, v. a. auf und um die Rua do Norte und die Rua da Atalaia, gibt es neben Bekleidung auch Schuhe, Taschen und allerlei Accessoires. Da die Geschäfte die Nachtschwärmer im Kneipenviertel ansprechen sollen, öffnen viele erst am Nachmittag und schließen dafür erst spät am Abend.

Info

Hinkommen: Metro Baixa/Chiado (grüne und blaue Linie); Straßenbahn 28; Aufzüge Elevador da Glória, Elevador da Bica. [C3–4]

Einkaufen:

Cork & Co (S. 159).

Tereza Seabra, Rua da Rosa 158–160 A, www.terezaseabra.com, Mo–Fr 11–13 und 15–19 Uhr. Schmuckatelier, Geschäft, Galerie und Werkstatt in einem. Neben Stücken von Tereza Seabra gibt es hier auch Schmuck anderer Künstler.

Fábrica dos Chapéus, Rua da Rosa 118, www.afabricadoschapeus.com, Mo–Do 11–20.30, Fr/Sa 11.30–21 Uhr. Hier gibt es Hüte verschiedener Provenienz. Angeschlossen ist ein kleines Atelier.

Essen & Trinken:

Fisch im **Sea me** und **Cantinho Do Bem Estar** (S. 181), Petiscos im **Sophia La Loca** (S.183), Bodenständiges im **Príncipe do Calhariz** (S. 187), Autorenküche im **100 Maneiras** (S. 191), Brasilianisch im **Brasuca** und Kapverdisch im **Estrela Morena** (S. 193), in historischem Apotheken-Ambiente speist man im **Restaurante Pharmacia** (S. 189). Kleinigkeiten mit Ausblick gibt es an den beiden Miradouros im Viertel (S. 96). Tipps zum Nachtleben s. S. 202.

In der Nähe: **9** Chiado (S. 28), **32** Igreja São Roque (S. 78), **40** Aussichtspunkte São Pedro de Alcântara und Santa Catarina (S. 96), **70** Standseilbahnen (S. 160), **44** Praça Príncipe Real (S. 104).

11 Avenida da Liberdade I – die Prachtallee Lissabons

Mitte des 19. Jh. wendete Lissabon dem Tejo den Rücken zu und wuchs in Richtung Norden weiter. Der erste Schritt eines **ambitionierten städtebaulichen Plans** „zur Verbesserung der Stadt" war die Avenida da Liberdade, die Hauptverkehrsader, die die Baixa mit den geplanten neuen Vierteln im Norden verbinden sollte. Dazu musste der hier gelegene Stadtpark Passeio Público abgerissen werden. Anfänglich konnten die Granden der Stadt am neuen Plan jedoch keinen Gefallen finden. Mangels Unterstützung steckte der damalige Bürgermeister José Araújo Teile seines Privatvermögens in den Bau der Avenida. Die Dekoration der ursprünglichen Parkanlage wurde größtenteils verkauft und für andere städtebauliche Projekte genutzt. So beleuchten die Lampen heute z. B. den Aussichtspunkt Miradouro São Pedro de Alcântara im Bairro Alto. Das Projekt hatte schließlich dennoch Erfolg: Die Avenida da Liberdade wurde mit einer Länge von 1,7 km und einer Breite von 90 m zur Prachtallee Lissabons, ganz nach dem Vorbild der Weltstadt Paris. Repräsentative Bürgerhäuser im Stil der Jahrhundertwende und erste Theater wurden erbaut, schnell wandelte sich die Avenida zur beliebten, großstädtisch-mondänen Flaniermeile.

Heute finden sich auf der Avenida da Liberdade viele Hotels, Theater und Banken. Freunde internationaler Modemarken der gehobeneren Klasse können einen gediegenen **Schaufenster- oder Einkaufsbummel** machen, denn entlang der Prachtstraße findet sich von Gucci über Montblanc bis Louis Vuitton etliches, was das Modeherz begehrt. Auch einige größere portugiesische Modelabels haben hier ihre Dependancen. Die breiten Fußwege mit Parkbänken unter Schatten spendenden Bäumen, mit Cafés und schöner Calçada Portuguesa – den kunstvoll gepflasterten portugiesischen Gehwegen – eignen sich hervorragend zum Flanieren und Verweilen. Vor allem um die Mittagszeit verbringen hier viele Angestellte der umliegenden Banken und Geschäfte ihre Pause. Seit einigen Jahre versucht die Stadt, den Glanz der Avenida, der aufgrund nachlässiger oder fehlender Instandhaltung etwas verloren ging, wieder aufleben zu lassen. So wurde z. B. die Tradition der Kiosk-Cafés (S. 200) wiederbelebt und es wurden Investoren gesucht, die alte Bürgerhäuser renovieren.

Fassade an der Avenida da Liberdade

Verlässt man die Avenida in östlicher Richtung, ändert sich die Atmosphäre. Vor allem rund um die Rua São José sind die Häuser deutlich einfacher, die Straßen enger. Hier lebten und leben die unteren bürgerlichen Schichten und Arbeiter. In bodenständigen Restaurants und Cafés trifft sich die Nachbarschaft.

Die „Straße der Freiheit" beginnt am Praça dos Restauradores in der Unterstadt. Das höher gelegene, nördliche Ende bildet der Praça Marquês de Pombal. In Höhe der Metrostation Avenida erreicht man über eine Querstraße den **Praça da Alegria**, den „Platz der Freude". Im Jahr 1882 wurde er in eine romantische Parkanlage verwandelt. Hier geht es ruhiger zu als auf der Avenida selbst.

Für die einen ist die Avenida da Liberdade eine Flaniermeile oder schlicht eine Hauptverkehrsverbindung. Für andere ist sie ein **Freiluftmuseum**, befinden sich doch in den begrünten Streifen zwischen den Fahrbahnen gleich mehrere Denkmäler, u. a. für die gefallenen Soldaten des Ersten Weltkriegs, für Bürgermeister José Rosa Araujo sowie für Simon Bolívar, den großen südamerikanischen Unabhängigkeitskämpfer. Mit Alexandre Herculano und Almeida Garrett werden zwei der bedeutendsten portugiesischen Schriftsteller (und Politiker) des 19. Jh. geehrt. Nicht zuletzt gibt es zwei Brunnen, die den beiden wichtigsten Flüssen des Landes gewidmet sind, dem Tejo und dem Douro. Die Statuen sind übrigens Originale aus dem ehemaligen Passeio Público.

Brunnenanlagen ehren die Flüsse Douro und Tejo

Info

Hinkommen:
Metro Restauradores, Avenida, Parque (blaue Linie), Marquês de Pombal (blaue und gelbe Linie). [C2–3, D3]

Essen & Trinken:
Guten Wein gibt es im **Chafariz do Vinho** (S. 197), Bodenständiges im **A Floresta do Salitre** (S. 187), Vegetarisches im **Jardim do Sentidos** (S. 189), Fado im **Devagar, Devagarinho** (S. 165), eine Kaffeepause kann man in einem der **Kioske** einlegen (S. 200).

In der Nähe:
22 Praça dos Restauradores (S. 56), **23** Praça Marquês de Pombal (S. 58), **70** Historischer Aufzug Glória (S. 160), **46** Parque Eduardo VII (S. 108).

12 Avenida da Liberdade II – Protestmärsche und Wirtschaftskrise

Die Avenida da Liberdade ist nicht nur der einstige Prachtboulevard des bürgerlichen Lissabon (S. 32). Seit der Wirtschaftskrise 2008 gehört sie zu den Standardrouten der großen Demonstrationsmärsche gegen die Sparprogramme der wechselnden Regierungen. Steuererhöhungen wie z. B. die Anhebung der Mehrwertsteuer auf 23 %, Kürzungen im Sozial-, Bildungs- und Gesundheitswesen, massive Stellenstreichungen im öffentlichen Dienst und etliche Privatisierungen haben viele der nicht gerade für ihre Protestwut bekannten Portugiesen auf die Straße getrieben. Portugal, und vor allem Lissabon, erlebte in den vergangenen zehn Jahren die größten Proteste und Streiks seit dem Ende der Diktatur 1974.

Protestmarsch auf der Avenida da Liberdade

Dabei hatte das Land nach dem Eintritt in die EU 1986 in den 1990er-Jahren eine Phase des relativen wirtschaftlichen Aufschwungs erlebt. Wie sich aber spätestens in den internationalen Finanz- und Schuldenkrisen seit 2008 zeigte, fußte ein Teil des früheren Aufschwungs auf Pump. Die Staatsverschuldung stieg rasant, die Wirtschaft taumelte in eine Rezession, die offizielle **Arbeitslosigkeit** stieg zwischen 2008 und 2013 von 7,55 % auf über 16 %. Besonders hart traf es die Jungen, ähnlich wie in anderen Krisenländern des südlichen Europa. 2013 waren gut 38 % der jungen Portugiesen arbeitslos. Und wer einen Job fand, musste sich meist mit einem sogenannten „*Recibo-Verde*"-Vertrag zufrieden geben, mit wesentlich schlechterem Arbeits-, Versicherungs- und Kündigungsschutz. Nicht wenige junge, gut ausgebildete Portugiesen haben deshalb ihre Heimat verlassen. „*É a crise*!" („Die Krise ist schuld!") ist deshalb ein Ausspruch, der schon seit Jahren zum Standard in Portugal gehört.

Im April 2011 musste Portugal **EU-Hilfen** beantragen und sich der Aufsicht durch die Troika aus EU-Kommission, Internationalem Währungsfond und Europäischer Zentralbank unterstellen. 78 Milliarden Euro schwer war das Portugalprogramm und auf drei Jahre angelegt. Zwischenzeitlich von der EU als „Musterknabe" gelobt, konnte das Land den Rettungsschirm wie geplant im Mai 2014 verlassen. In Portugal selbst war das Programm nicht sehr beliebt, um es vorsichtig auszudrücken. Vielen Portugiesen war klar, dass es nicht wie früher weitergehen konnte, nur über die möglichen Alternativen wurde heftig gestritten. Kritikern fehlte es bei den Programmen an strukturellen Reformen und Investitionen, um den **Teufelskreis** aus Schulden, Sparen, Rezession, weniger Einnahmen, mehr Schulden und noch mehr Sparbedarf zu durchbrechen. Die Privatisierung bzw. den Verkauf von Staatsbetrieben wie der Flughafengesellschaft und Teilen des Energieversorgers an ausländische Investoren empfanden viele als den Ausverkauf des Tafelsilbers, der wenig nachhaltig nur auf einmalige Einnahmen schielt.

Für viele Feindbilder in der Krise – Angela Merkel und die EU

Zudem kratzte es natürlich an der nationalen Ehre, sich von den Troika-Funktionären etwas vorschreiben zu lassen. Protestplakate mit dem Ausspruch „*Troika Fora!*" („Troika raus!") hatten einige Jahre Hochkonjunktur. Angela Merkel wurde stellvertretend für die Befürworter einer strikten Sparpolitik für viele in der Krise zum Feindbild.

Direkte Erfolge konnten viele Portugiesen durch die ganzen Sparprogramme zunächst nicht wahrnehmen, die Arbeitslosigkeit blieb hoch. So wurde die seit 2011 regierende Mitte-Rechts-Koalition unter Premierminister Pedro Passos Coelho 2015 abgewählt. Seitdem regiert die Sozialdemokratische Partei mit António Costa an der Spitze einer Minderheitsregierung das Land. Die **neue Regierung** hat versprochen, einen Teil der Sparmaßnahmen wieder zurückzunehmen – so wurden beispielsweise vier gestrichene Feiertage wieder eingeführt – und zugleich künftig die Neuverschuldung in den Griff zu bekommen. Damit hatte auch die Vorgängerregierung noch Probleme gehabt. Mit 4,4 % Neuverschuldung hatte sie 2015 klar die im Stabilitätspakt angepeilten maximalen 3 % verfehlt. Die von der EU dafür verhängte Strafe hat zunächst aber eher symbolischen Charakter. Für 2017 plant die neue Regierung, mit einem Haushaltsdefizit von 1,6 % des BIP auszukommen. Ob das gelingen kann, ist aber unklar. Genauso wie die Frage, ob die leichten Verbesserungen in der offiziellen Arbeitslosenstatistik eine wirkliche Trendwende darstellen. 2016 wies die Statistik insgesamt eine Quote von 11,1 % Arbeitslosen aus, bei den Jungen waren es aber immer noch 28 %.

13 Entlang des Tejo – ein Spaziergang am Ufer des „Strohmeers"

Das ganz besondere Flair der Stadt ist maßgeblich durch ihre direkte Lage am Fluss bestimmt. Knapp 1.000 km legt der Tejo von seiner Quelle in den Bergen von Albarracín im Osten Spaniens zurück, bis er bei Lissabon in den Atlantik mündet. Aus dem schmalen Bach wird auf seiner Reise ein breiter Fluss, der sich schließlich, direkt bei Lissabon, in ein riesiges **Mündungsdelta** ergießt. Die breiteste Stelle misst 23 km und manch einer möchte glauben, dass er sich bereits am Meer befindet. Ganz falsch liegt er nicht, heißt das Mündungsbecken doch Mar da Palha („Strohmeer"), benannt nach den vielen Pflanzenresten, die der Fluss auf seiner langen Reise mit sich bringt. Das Wasser ist bereits salzig und den Gezeiten des Atlantik unterworfen.

Lange Zeit war der Tejo Lissabons **Verbindung zur Welt**. Hier kamen Könige und Delegationen anderer Länder an. Hier begannen und endeten die großen Entdeckungsfahrten der Portugiesen. Hier wurden die wertvollen Waren gelöscht, die die Schiffe bei ihrer Rückkehr mitbrachten und Lissabon großen Reichtum bescherten. Zudem erleichterte der Fluss den Warentransport ins Hinterland und versorgte die Bevölkerung mit frischem Fisch.

Fischerboote findet man heute nur noch wenige, dennoch herrscht reges Treiben auf dem Tejo: Segelboote, Kreuzfahrtschiffe, Tanker und Containerschiffe und nicht zuletzt die ständig kreuzenden Fähren, die die Städte des gegenüberliegenden Ufers mit Lissabon verbinden.

Lange Zeit gehörten große Teile des Ufers dem Militär oder der Lissabonner Hafengesellschaft. Seit ein paar Jahren aber entdeckt die Stadt ihren Fluss als Anziehungspunkt wieder. Die Uferstrecke östlich des Praça do Comércio in Richtung der Anlegestelle für Kreuzfahrtschiffe am Jardim do Tabacco soll in eine **Flaniermeile** umgewandelt wer-

Nach etlichen Jahren endlich fertig – die Promenade am Fluss

Spaziergang mit Blick auf die Brücke

den. Geplante Fertigstellung des Projekts ist Ende 2017. Das Tejo-Ufer zwischen Praça do Comércio und Cais do Sodré wurde bereits in eine Promenade umgewandelt, samt Parkanlagen und einem Stadtstrand aus flachen Steinstufen. Auf halber Strecke lässt sich an einem Kiosk mit einigen Tischen und Liegestühlen direkt am Fluss eine Pause einlegen. Wer gemütlich am Ufer spaziert oder sich auf den neu angelegten Grünflächen sonnt, wird kaum erahnen, an welch geschichtsträchtigem Ort er sich befindet. 2014 wurden Teile von **Werften** freigelegt, deren Ursprünge bis ins 13. Jh. zurückgehen. Wieder zu sehen sind das Doca da Caldeira, wo die Schiffe bei Flut einfuhren und dann bei Ebbe repariert werden konnten, sowie Teile des Trockendocks (Doca Seca). Die Liegewiesen sind den Rampen nachempfunden, über die die Schiffe früher zu Wasser gelassen wurden.

Vom Cais do Sodré legen die Fähren nach Cacilhas (S. 208) ab. Die zentrale Markthalle (S. 156) mit ihren Food-Ständen ist nur einen Steinwurf entfernt. Hinter dem Cais do Sodré passiert man ehemalige Lagerhallen, in denen heute einige Restaurants sowie der Lissabonner Segelclub untergebracht sind. Wer möchte, kann bis Belém (S. 38) weiterspazieren. Die ca. 7 km lange Strecke führt größtenteils direkt am Flussufer entlang, Möglichkeiten zum Einkehren und Rasten finden sich in regelmäßigen Abständen.

Wen es zum Atlantik zieht, der muss Lissabon in Richtung Westen verlassen und bis zur Wasserfestung São Julião fahren. Hier – auf halbem Weg zwischen Belém und Cascais – ist es, wo der Tejo offiziell endet und der Atlantik beginnt.

Info

Hinkommen: Metro Terreiro do Paço (blaue Linie), Cais do Sodré (grüne Linie); Straßenbahn 15. [C–D4]

Essen & Trinken:
Kiosk **Ribeira das Naus** am Tejo-Ufer (S. 201), Fischrestaurant **Ibo** (S. 192), Markthalle **Mercado da Ribeira** (S. 156).

Aktivitäten:
Bike Iberia, Largo do Corpo Santo 5, Tel. 21 3470347, www.bikeiberia.com, tgl. 9.30–18 Uhr. Wer die Strecke am Fluss mit dem Fahrrad zurücklegen möchte, kann sich hier Fahrräder und auch E-Bikes ausleihen. 4 Stunden ab 15 €, Reservierung ist v. a. im Sommer zu empfehlen. Nähe Cais do Sodré.

In der Nähe:
2 Praça do Comércio (S. 14), 3 und 4 Baixa (S. 16ff.), 91 Nachtleben II (S. 204).

14 Belém – das Portugal der Seefahrer, Entdecker und Eroberer

Die Parkanlage Praça do Império in Belém

Gut 7 km vom Zentrum der Hauptstadt entfernt – wo sich die Tejo-Mündung noch weiter zum Meer hin öffnet – befand sich einst der **bedeutendste Hafen** des Landes. Vom Restelo aus schickte Portugal zur Zeit der Entdecker und Eroberer seine Schiffe um die Welt. Hier starteten Vasco da Gama, um den Seeweg nach Indien zu erkunden, und Pedro Álvares de Cabral, um Brasilien als Kolonie für die portugiesische Krone in Besitz zu nehmen. Die Schiffe aus Übersee löschten hier ihre Ladung: Gewürze aus Asien, Gold aus Brasilien – und Sklaven aus Afrika.

Als Zeichen von Macht, Reichtum und Ruhm ließ König Manuel I. Anfang des 16. Jh. an dieser Stelle das **Jerónimos-Kloster** (S. 72) erbauen. Es ersetzte die Kapelle Santa Maria de Belém, auf die der heutige Name des Stadtteils zurückgeht: „Belém" ist die portugiesische Bezeichnung für „Bethlehem". Zur Sicherung des Hafens wurde ab 1520 der **Torre de Belém** (S. 54) errichtet.

Nach einer Phase der Stagnation unter spanischer Herrschaft begann unter João V. die **zweite große Bauphase** in Belém: Königspalast und Reitschule entstanden, das Ufer wurde weitgehend befestigt und ein königlicher Schiffsanleger konstruiert. Vom großen Erdbeben 1755 weitgehend verschont, erfuhr das Viertel in den Folgejahren einen regelrechten Bevölkerungszustrom. Erste – jedoch nicht verwirklichte – Pläne kamen auf, das neue Lissabon im sicheren Belém zu errichten. Die Fábrica da Cordoaria, die königliche Seilfabrik,

Königspalast von Ajuda

Nachdem das Erdbeben den königlichen Palast in der Baixa komplett zerstört hatte, sah sich der Monarch gezwungen, in einem provisorischen Holzgebäude in Ajuda zu residieren. 1795 fiel die *„Barraca Real"* („königliche Baracke"), wie man den Holzpalast nannte, einem Brand zum Opfer. An gleicher Stelle begann man mit dem Bau eines neuen Palastes. Trotz einer fast 100-jährigen Bauperiode wurde der Palast nie fertiggestellt. Der Bau wirkt, als hätte man ihn in der Mitte durchgeschnitten. In 32 Räumen sind Möbel, Kunstwerke und königliche Gebrauchsgegenstände aus der Zeit vom 15. bis zum 20. Jh. zu sehen. Zu den spektakulärsten Räumen zählt der Bankettsaal im ersten Stock. Riesige Kristalllüster hängen von der Decke, mit Seide gepolsterte Stühle stehen um eine riesige, mit Porzellan und Silberbesteck gedeckte Tafel.

Palácio da Ajuda, www.palacioajuda.pt, Do–Di 10–18 Uhr, Eintritt 5 €, Kombiticket mit Kutschenmuseum (S. 144) 7,50 €. Straßenbahn 18; Bus 760.

wurde eröffnet, das Waisenhaus Casa Pia im erst jetzt vollendeten Westflügel des Jerónimos-Klosters untergebracht und der Grundstein zum Neubau des Königspalasts im benachbarten Stadtteil Ajuda gelegt. Neben dem botanischen Garten (S. 117) befinden sich hier heute einige der wichtigsten Museen Lissabons (S. 144). Bei schönem Wetter kann man an der Uferpromenade die Sicht auf Fluss und Atlantik genießen.

Blick vom Denkmal der Entdeckungen

Info

Hinkommen:
Straßenbahn 15; Zug Belém; Bus 728 (ab Praça do Comércio). [Karte Belém]

Information:
Touristeninformation, direkt vor dem Jerónimos-Kloster, Praça do Império, Tel. 21 3658435, tgl. 10–13 und 14–18 Uhr.

Essen & Trinken:
Die meisten Restaurants sind entlang der Rua Vieira Portuense zu finden. Qualität, Angebot und Service sind überall relativ ähnlich, alle verfügen über eine Terrasse. Regionale Weine lassen sich in der **Enoteca de Belém** (S. 197) probieren, die berühmten Blätterteigtörtchen im **Pastéis de Belém** (S. 184). Kleine Snacks fernab des Trubels gibt es im CCB, in der **Cafetaria Quadrante** (S. 143).

Aktivitäten:
Schiffstouren auf dem Tejo bieten **YellowBoatTour** und **RaBarcos** an (S. 163).

In der Nähe:
21 Torre de Belém (S. 54), **29** Jerónimos-Kloster (S. 72), **62** Centro Cultural de Belém (S. 142), **63** Museumsmeile in Belém (S. 144).

15 Campo de Ourique – Ausflug in den Lissabonner Alltag

Kirche Santo Condestável und Markthalle

Wer den Touristenströmen entfliehen und den ganz normalen Alltag der Lissabonner erleben möchte, sollte einen Abstecher ins Viertel Campo de Ourique machen. Bis ins 18. Jh. hinein lag es außerhalb des Stadtgebiets, da es jedoch vom Erdbeben 1755 verschont wurde, galt es danach als sicheres Neubaugebiet. Im 19. Jh. wuchs die Stadt weiter und etwa zur Jahrhundertwende entstanden die heute noch typischen, schachbrettartig angelegten Straßen. Die Anwohner leben oft schon seit Generationen hier. *Bairrismo* prägt das Gefühl vieler zu „ihrem" Viertel. Der mittlerweile verstorbene, langjährige Leiter der Gemeindeverwaltung Lourenço Bernardino charakterisiert sein Viertel so: „Es ist eine **kleine Stadt innerhalb der Stadt**. Wir hier in Campo de Ourique haben eine eigene Art Freunde zu begrüßen, wir verstehen es zu lächeln." Auch wenn der familiäre Charakter heute sicherlich nicht

Das erste große Shoppingcenter des Landes – Amoreiras Shopping

Die dunklen, eckig-futuristischen Türme, die im Norden zu sehen sind, gehören zum ersten großen Shoppingcenter des Landes: Amoreiras Shopping wurde 1985 eröffnet. Rund 275 Geschäfte, Kinos und Restaurants sind auf zwei Etagen verteilt. In den oberen Etagen der Türme sind Büros und Wohnungen untergebracht. Ein moderner Fahrstuhl bringt Besucher auf eine Terrasse mit 360-Grad-Blick. Mit 174 m über dem Meeresspiegel ist sie einer der höchsten Punkte Lissabons. Auch wenn der Komplex heute nicht unbedingt jedermanns Geschmack trifft, gilt er als Symbol postmoderner Architektur der Stadt und gewann 1993 den Architekturpreis Prémio Valmor (S. 88).

Amoreiras Shopping, Av. Engenheiro Duarte Pacheco, www.amoreiras.com (nur port.), tgl. 10–23 Uhr. Aussichtsterrasse, www.amoreiras360view.com, tgl. 10–12.30 und 14.30–22 Uhr (Okt. bis Dez. nur bis 18 Uhr), am Wochenende durchgehend geöffnet, Eintritt 5 €, Kinder unter 5 J. frei, Familienkarte 14 €. Metro Rato (gelbe Linie), Marquês de Pombal (gelbe und blaue Linie); Bus 711, 748, 774.

Pause im Jardim da Parada

mehr vollständig erhalten ist, hat das Viertel mit den Einkaufsstraßen und den vielen Cafés immer noch eine intakte Infrastruktur und einen eigenen Charme.

Ein prima Ausgangspunkt, um die Straßen des Viertels zu erkunden, ist die Markthalle in der Rua Coelho Rocha (S. 156). Direkt gegenüber befindet sich die Kirche **Santo Condestável**. Die 1951 fertiggestellte Kirche gilt als typisches Beispiel für die Architektur des Salazar-Regimes. Sehenswert sind die von Almada Negreiro gestalteten Fenster über den beiden Seitenaltären. Der Straße Rua Coelho Rocha folgend, fällt eine mit Zitaten verzierte Fassade ins Auge – die letzte Wohnstätte Fernando Pessoas, des großen portugiesischen Literaten des 20. Jh. (S. 130). Mit ihrem alten Baumbestand lädt die Rua da Ferreira Borges zu einem Schaufensterbummel im Schatten ein. Hier, wie auch in den meisten anderen Straßenzügen, sind viele der Häuser mit wunderbaren Azulejos verziert. Ideal für eine Pause ist der Jardim da Parada, ein kleiner Park mit Ententeich, Kinderspielplatz und Kiosk-Café.

Info

Hinkommen:
Metro Rato (gelbe Linie); Straßenbahn 25, 28. [A–B3]

Essen & Trinken:
A Tentadora, Rua Ferreira Borges 1, Tel. 21 3966059, tgl. ab 8 Uhr. Das traditionsreiche Café „Die Verführerin" mit seiner hübschen Jugendstil-Fassade wird seit 1912 betrieben. Die Einrichtung ist unauffällig, draußen auf der breiten Terrasse sitzt man aber sehr nett, viel Publikum aus der Umgebung.

Bodenständige portugiesische Küche gibt es im **Stop do Bairro** (S. 187), edle portugiesische Tapas in der **Tasca da Esquina** (S. 183) und leckeren Schokoladenkuchen im **Melhor Bolo de Chocolate do Mundo** (S. 185). In der **Markthalle Campo de Ourique** (S. 156) findet sich zudem eine große Auswahl an verschiedenen Restaurants.

In der Nähe:
45 Jardim und Basílica da Estrela (S. 106), 59 Cemitério dos Prazeres (S. 136), 76 Wasserreservoir Mãe d'Água (S. 172).

Geschichte erleben

16 Römische Spuren – von unterirdischen Galerien und Fischsoße

Ab 219 v. Chr. übernahmen die Römer die Herrschaft über das spätere Lusitanien. Als die Ansiedlung am Tejo die römischen Stadtrechte erteilt bekam, wurde ihr der Name **Felicitas Julia** gegeben, zu Ehren von Julius Caesar. Die nach Mérida (heute Spanien) zweitwichtigste Stadt der **Provinz Lusitanien** erstreckte sich rund um den Burgberg, den strategisch wichtigsten Punkt der Stadt. Prunkvolle Gebäude, Tempel und Thermen, das Forum sowie Hafenanlagen wurden gebaut. Zu dieser Zeit schlängelte sich zwischen Burgberg und Chiado noch ein Seitenarm des Tejo.

Aus der Römerzeit lassen sich noch vereinzelte Spuren finden, die erst nach dem großen Erdbeben von 1755 und eher zufällig wieder zum Vorschein kamen. Wer würde schon vermuten, dass ein Großteil der Baixa von weitläufigen römischen Galerien untertunnelt ist? Lange war deren ursprüngliche Funktion umstritten. Heute ist man sich einig: Es handelt sich um eine **unterirdische Gewölbekonstruktion**, die die römischen Baumeister errichteten, um den Untergrund zu stabilisieren und so ein Fundament für große Gebäudeanlagen wie Foren oder Tempel zu schaffen. Beim Wiederaufbau nach dem Erdbeben nutzten die Ingenieure das noch stabile römische Fundament für die Grundmauern der modernen Baixa des 18. Jh. Seit dem 19. Jh. als zusätzlicher Wasserspeicher genutzt, stehen die **Galerias Romanas** 16a auch heute noch komplett unter Wasser. Nur einmal im Jahr wird das unterirdische Labyrinth leergepumpt und kann dann besichtigt werden. Das restliche Jahr über kann man sich bei einem Spaziergang durch die Baixa der romantischen Vorstellung hingeben, über rund 2.000 Jahre alte römische Galerien zu wandeln. Besonders dann, wenn man die Rua da Conçeição überquert, denn hier befindet sich, versteckt zwischen den Bahngleisen der Linie 28, die abenteuerliche **Einstiegsluke** der Galerias Romanas.

Ruinen des Römischen Theaters

In unmittelbarer Nähe können in der **BCP Bank** 16b Überreste einer römischen Fischeinsalzungsanlage besichtigt werden. Diese, wie viele weitere, brachten der Stadt Reichtum. Der Handel mit Salz, Wein, Olivenöl und Pferden vom Hafen Lissabons nach Rom und in die römischen Provinzen blühte. Doch der eigentliche Exportschlager war **garum**, eine würzige Soße, die in der römischen Küche nicht fehlen durfte. Die Herstellung ist einfach, jedoch sehr geruchsintensiv: ganze, eingesalzene Fische mussten über mehrere Wochen in der prallen Sonne gären. Das verflüssigte Resultat wurde anschließend durch ein Sieb gegossen und war dann fast unbegrenzt haltbar. Für den heutigen Geschmack mag sich das wenig appetitlich anhören, im damaligen Rom jedoch wurde garum als Salzersatz verwendet. Man kann es mit Sojasoße vergleichen. Der Bedarf war so groß, dass die Fischsoße in fast industriellem Ausmaß in allen südlichen Provinzen des römischen Reichs produziert wurde. Weitere Überreste solcher Fischeinsalzungsanlagen sind übrigens auch in der **Casa dos Bicos** (S. 128) gefunden worden.

„Felicitas Julia" hieß die Stadt am Tejo unter den Römern

Unweit der Kathedrale befinden sich die **Ruinen des Römischen Theaters** 16c. Auch diese wurden erst im 18. Jh. nach dem großen Erdbeben zufällig entdeckt. Das Theater stammt aus dem Jahr 54 v. Chr. und bot bis zu 4.000 Besuchern Platz. Zu sehen sind Teile des Orchestergrabens sowie der Bühne. Fundstücke wie Säulen, Statuen und Münzen können im gegenüberliegenden Museum betrachtet werden. Eine digitale Rekonstruktion des kompletten Theaters und weitere Einzelheiten zur römischen Vergangenheit Lissabons werden an einigen Computerplätzen gezeigt.

Info

Hinkommen: Metro Terreiro do Paço (blaue Linie). [D4]

Information:

Galerias Romanas 16a, Einstiegsluke an der Rua da Conçeição, Besichtigungen werden vom Lissabonner Stadtmuseum organisiert (S. 148).

Núcleo Arqueológico do Banco BCP 16b, Rua dos Correreiros 9, Mo–Mi und Fr/Sa 10–13 und 14–17, Do 15–17 Uhr, freier Eintritt. Das Museum gibt Einblick in die 2.500-jährige Geschichte der Baixa.

Ruinas e Museu do Teatro Romano 16c, Rua de São Mamede 3A, Di–So 10–13 und 14–18 Uhr, freier Eintritt.

In der Nähe:

3 und 4 Baixa (S. 16ff.), 6 Sé und Castelo (S. 22).

17 Lissabons alte Stadtmauern – von den Römern bis zum Mittelalter

Überreste von vier historischen Stadtmauern lassen sich heute noch in Lissabon finden. Sie verdeutlichen die lange und bewegte Geschichte der Stadt. War das römische Lissabon im 1. Jh. noch aus Prestigegründen ummauert, wurde die Anlage ab dem 3. Jh. zum Schutz vor drohenden Angriffen durch die sogenannten „Barbaren" zunehmend befestigt. Ab dem 5. Jh. wurde die Region aber dennoch von Alanen, Vandalen und Westgoten beherrscht, Spuren hinterließen diese Völker in drei Jahrhunderten jedoch kaum.

Im 8. Jh. eroberten die Mauren, muslimische Araber und Berber, die iberische Halbinsel. Lissabon erlebte eine kulturelle Blüte. Der bereits zu römischen Zeiten bestehende Schutzring der Stadt wurde erweitert, die sogenannte **Cerca Moura** („Maurische Stadtmauer") bzw. **Cerca Velha** („Alte Stadtmauer") entstand. Über 20 Wachtürme sorgten für Sicherheit, sechs Tore boten Zugang zur Stadt.

Seit 2014 lässt sich auf einem ca. einstündigen **Rundweg** auf den Spuren dieser ältesten Stadtmauern wandeln. 16 Informationstafeln helfen dabei, die zum Teil nicht mehr auf den ersten Blick sichtbaren Überbleibsel zu erkennen. Der Rundweg startet in der Rua do Chão da Feira, gleich an der Burg. Der nahegelegene Stadtpalast Belmonte wurde Mitte des 15. Jh. direkt auf die alten Mauern gebaut, Überreste der Wehrtürme sind auch heute noch gut sichtbar. Weitere Spuren lassen sich am Largo das Portas do Sol, an der Rua de Norberto de Araújo sowie in der Rua da Judiaria in der Alfama entdecken. In der Casa dos Bicos (S. 128) sind Teile des alten Gemäuers museal aufbereitet. Über die Rua da Padaria, die größtenteils dem alten Verlauf der Stadtmauer folgt, geht es den Berg hinauf bis zum ehemaligen Stadttor **Porta de Alfofa** (Rua do Milagre do Santo António) und wieder zur Burg zurück.

Teil der alten Stadtmauer

Trotz guter maurischer Befestigungsanlagen gelang im Jahre 1147 dem bald darauf vom Papst als König von Portugal anerkannten Afonso Henriques die **Rückeroberung Lissabons**. Als Mitte des 13. Jh. auch die bis dahin noch maurische Algarve zurückerobert wurde, war das Land schließlich befriedet. Lissabon löste 1256 Coimbra als Hauptstadt Portugals ab.

Unter König Dinis I. (1261–1325) erlebte die Stadt einen großen Aufschwung: Er schloss erste Handelsverträge mit England ab und ließ die erste portugiesische Flotte bauen. Die Stadt wendete sich wieder dem Fluss sowie dem Handel mit Nordafrika und dem Mittelmeerraum zu. Die Baixa erblühte als gewinnbringendes Handelszentrum, eine Erweiterung der Stadtmauern wurde nötig und in ersten Zügen umgesetzt. Die Existenz dieser **Muralha Dom Dinis** genannten Stadtmauer war wohl lange Zeit eines der bestgehüte-

Palácio Azurara mit Wachturm der Cerca Velha an den Portas do Sol

ten Geheimnisse der Stadt und kam erst 2010 bei Umbauarbeiten der ehemaligen **Kirche Sao Julião** (S. 83) ans Licht. Mauerreste sowie Alltagsgegenstände der Zeit sind in einem kleinen Zentrum ausgestellt und geben Einblick ins mittelalterliche Lissabon.

Die unaufhaltsam wachsende Stadt wurde unter König Fernando 1373 mit einer neuen Stadtmauer befestigt. Die 8 m hohe, über 5 km lange und mit 77 Türmen versehene Mauer sollte Schutz gegen die drohende spanische Invasion bieten. Der Bau dauerte fast drei Jahre, über 2.000 Arbeiter kamen zum Einsatz. Die sogenannte **Cerca Fernandina** mit ihren elf Stadttoren umfasste nicht mehr nur die Viertel direkt am Burgberg. Sie schloss die Gebiete zwischen der Graça und der Igreja São Roque ein, die westliche Grenze hinunter zum Tejo bildete die Rua do Alecrim.

Mit der Restauration der portugiesischen Dynastie ab 1640 (S. 56) verlor die Stadtmauer endgültig ihre Funktion. Heute ist lediglich noch einer der Wachtürme am Platz Martim Moniz zu sehen (S. 110), weitere Spuren sind im Shoppingcenter Espaço do Chiado (Rua da Misericordia 14) zu finden.

Info

Hinkommen:
Der Anfang des Rundwegs befindet sich in der Rua do Chão da Feira nahe der Burg (S. 50). [D3–4]

Information:
Muralhas de Lisboa: Cerca Velha, Infoflyer zum Rundweg über die alte Stadtmauer sind an der Burg (S. 50) und in der Casa dos Bicos (S. 128) erhältlich.

Núcleo de Interpretação da Muralha de D. Dinis, Interpretationszentrum Stadtmauer D. Dinis, Largo S. Julião, Mi–Sa 10–18 Uhr, Eintritt frei. Metro Terreiro do Paço (blaue Linie).

18 Lissabons Kathedrale – das älteste erhaltene Gebäude der Stadt

Lissabons Kathedrale – kurz „Sé“

Ein Sinnbild für die lange Geschichte Lissabons ist die Kathedrale. Sie wurde 1150 auf den Ruinen der Moschee des maurischen Lissabon unter dem Namen Santa Maria Maior erbaut. Heute heißt die Kirche, die zum Symbol der christlichen Rückeroberung der Stadt wurde, **Sé Patriarcal de Lisboa**. Das große Erdbeben 1755 überstand die Kathedrale zum größten Teil, weshalb sie als das älteste Gebäude der Stadt gilt. Zwei massive Türme mit Zinnen und eine schlichte romanische Fassade, die lediglich von einer gotischen Rosette unterbrochen ist, unterstreichen den burgähnlichen Charakter der Kirche. Das Innere ist ebenso schlicht. Die Seitenaltäre, der Chorumgang und der wunderbare Kreuzgang stammen aus der zweiten Bauperiode im 14. Jh. und weisen deutliche gotische Züge auf.

Nach dem Erdbeben 1755 fanden die größten **Umbauarbeiten** statt: Im barocken bis neoklassischen Stil wurden Sakristei und Hauptaltar erneuert, letzterer wurde mit zeitgenössischen Gemälden und einer Orgel versehen. Außerdem wurde der komplette Innenraum reich mit vergoldeten Holzschnitzereien und Azulejos verziert.

Lissabons Schutzpatron São Vicente

Der Legende nach wurde das Boot, in dem der Leichnam des Heiligen an der südlichsten Spitze Portugals an Land gespült wurde (dem heutigen Cabo São Vicente), ständig von zwei Krähen begleitet. Nach der christlichen Rückeroberung wurden die sterblichen Überreste des Heiligen nach Lissabon gebracht. Seitdem ist São Vicente der offizielle Stadtpatron. Auch das Stadtwappen von Lissabon zeigt die Insignien des Heiligen: ein Boot mit zwei Krähen. Lange Zeit sollen übrigens die Nachfahren eben dieser Krähen im Kreuzgang der Kathedrale gewohnt haben.

Lissabons Stadtwappen

Ihr heutiges Aussehen verdankt die Kathedrale den bislang letzten baulichen Veränderungen in der ersten Hälfte des 20. Jh. Ziel war es, den mittelalterlichen Charakter der Kathedrale wiederherzustellen: Die Türme wurden mit Zinnen verziert, die pompöse Innenausstattung abgetragen. Lediglich die Azulejos in der Taufkapelle des Santo António (S. 126) zeugen noch von der barocken Fliesenpracht. Sie zeigen Szenen aus dem Leben von Johannes dem Täufer und die berühmte Predigt des Santo António an die Fische.

Im Kreuzgang kämpft der heilige Georg gegen den Drachen

Der sehenswerte **Kreuzgang** wurde unter König Dinis I. im gotischen Stil erbaut, letzte romanische Einflüsse sind noch sichtbar. Das Ausgrabungsgelände gibt Aufschluss über die bewegte Geschichte der Stadt. Zu sehen sind u. a. Teile einer römischen Straße, die die direkte Verbindung vom Hafen zum nahegelegenen Theater (S. 44) darstellte, maurische Fundamente und Teile der ehemaligen Moschee sowie die ehemalige Zisterne der Kathedrale.

In der Schatzkammer der Kirche sind sakrale Gegenstände und Messgewänder ausgestellt. Wertvollstes Exponat aber dürfte der **Reliquienschrein des Stadtheiligen São Vicente** sein.

Im Portugiesischen werden Kathedralen übrigens „*Sé*" genannt, eine Abkürzung von „*Sede*" („Bischofssitz"). Zusätzlich führen die Lissabonner Erzbischöfe seit 1716 den Titel des Patriarchen, was zur Erweiterung des Namens zu Sé Patriarcal führte. Seit 2015 wird das Erzbistum von Patriarch Manuel Clemente geleitet.

Info

Hinkommen: Metro Terreiro do Paço (blaue Linie), Baixa/Chiado (blaue und grüne Linie); Straßenbahn 12, 28; Bus 737. Ein neuer Aufzug soll künftig die Kathedrale mit der tiefer gelegenen Casa dos Bicos verbinden. [D4]
Information: **Sé Patriarcal**, Largo da Sé, Di–Sa 9–19, So/Mo 9–17 Uhr, Messe: Di–Sa 18.30 Uhr, So und feiertags 11.30 Uhr. Kreuzgang: Mo–Sa 10–18.30, So/Mo 10–17 Uhr, Okt. bis April nur bis 17 Uhr, Eintritt 2,50 €. Schatzkammer: Mo–Sa 10–17 Uhr, Eintritt 2,50 €.
Essen & Trinken: **Cruzes Credo**, Rua Cruzes da Sé 29, Tel. 21 8822296, tgl. 10–2 Uhr. Schöne Location mit entspannter Atmosphäre, von der Terrasse Blick auf die Seitenmauer der Kathedrale und ein paar Orangenbäume. Leckere Snacks.
In der Nähe:
54 Kirche Santo António (S. 126), 55 Casa dos Bicos (S. 128), 7 Alfama (S. 24), 19 Castelo (S. 50), 41 Miradouros Santa Luzia und Portas do Sol (S. 98).

19 Castelo de São Jorge – Lissabons Burg sieht älter aus, als sie ist

Ihr heutiges Aussehen verdankt Lissabons Burg Baumaßnahmen aus dem 20. Jh. Gleichwohl ist sie Zeugin der langen Vergangenheit der Stadt und ihres ehemaligen Reichtums. Älteste Funde gehen bis auf die Eisenzeit um 700 v. Chr. zurück. Auch römische Spuren, wenn auch wenige, konnten gefunden werden. Eine **erste Blüte** erlebte die Burg unter den **Mauren**. Überreste herrschaftlicher Gebäude, Gebrauchsgegenstände und Münzen aus dieser Zeit kamen erst vor wenigen Jahren bei Ausgrabungen zum Vorschein. Die Burganlage war gut befestigt, so war die **Eroberung durch die Kreuzritter** unter Afonso Henriques, dem ersten König Portugals, langwierig und schwierig. Unter den christlichen Königen wurde die Anlage bis Ende des 15. Jh. genutzt und ausgebaut. Die ehemalige Moschee wurde durch die Kirche Menino de Jesus ersetzt, die maurische *Alcaçova* („Zitadelle") durch den Königspalast. Durch den Bau des Bischofspalasts und einiger Paläste des Stadtadels wurde der militärische Charakter der Burganlage aufgeweicht. Mit dem Umzug des Königs in den neuen Palast in der Baixa Anfang des 16. Jh. verlor die Burg an Bedeutung und verfiel.

Lange Zeit wurde sie als Gefängnis, später als Stützpunkt des Militärs genutzt. Ihr heutiges Aussehen geht auf Umbauarbeiten in den 1930er-Jahren zurück. Die Burg erhielt ihr mittelalterliches Antlitz und Lissabon eine der heute wichtigsten Sehenswürdigkeiten zurück. Vom Vorplatz der Burg hat man eine herrliche Aussicht über die Unterstadt und den Tejo. Unerwartete Blicke über ganz Lissabon eröffnet ein Spaziergang entlang der Wehrmauer mit ihren zehn Türmen. Die Wehrmauer zum ehemaligen Wachturm Torre de Lourenço führt fast bis in die Unterstadt. Sie verband die Burg mit der mittelalterlichen Stadtmauer. Im Torre de Ulisses war die Schatzkammer der Stadt untergebracht, hier wurde die Staatskasse mit ihren Steuereinnahmen gehütet.

Das Castelo de São Jorge thront über der Stadt

Spaziergang auf den Burgmauern

Heute kann man in der **Camera Obscura** über einen Spiegel ein 360-Grad-Bild der Stadt sehen und ahnungslose Passanten auf den Straßen beobachten. In einem **Museum** veranschaulichen Keramiken, Münzen und andere Fundstücke das frühere Alltagsleben in der Burg. Im archäologischen **Ausgrabungsgebiet** gibt es u. a. Überreste der ersten Siedlungsperiode um 700 v. Chr. sowie Teile der maurischen Stadt aus dem 11. Jh. zu sehen.

Unter den Schutz des heiligen Georg, Patron der Krieger und des christlichen Glaubens, wurde das Kastell übrigens erst Ende des 14. Jh. gestellt.

Info

Hinkommen: Straßenbahn 12, 28; Bus 737. Zu Fuß lässt sich der Aufstieg aus der Unterstadt mit dem Elevador do Castelo (S. 80) abkürzen, der Aufstieg aus dem Viertel Mouraria künftig über ein für 2017 geplantes Rolltreppen-System (S. 22). [D3]

Information: **Burg São Jorge**, Eingang über Rua de Santa Cruz, www.castelodesaojorge.pt/de, März bis Okt. tgl. 9–21, sonst bis 18 Uhr; Eintritt 8,50 €, Camera Obscura, tgl. 9–17 Uhr, Museum und Ausgrabungsstätte, Öffnungszeiten wie Burg.

Essen & Trinken:

Restaurante Casa do Leão, Tel. 21 888 0154, tgl. 12.30–15 und 20–22.30 Uhr. In der ehemaligen Waffenkammer der Burg ist eines der edelsten Restaurants Lissabons untergebracht. Im Sommer genießt man von der Terrasse einen wunderbaren Ausblick auf die ganze Stadt. Angenehmes Ambiente. Gehobene Preisklasse.

Café do Castelo, Selbstbedienungscafé im Burghof, die preiswertere Variante, täglich wechselnde Tagesgerichte sowie Sandwiches.

Kiosk, auf dem Vorhof. Hier werden kalte Getränke und Eis verkauft.

In der Nähe: 18 Sé Patriarcal (S. 48), 41 Miradouros Santa Luzia und Portas do Sol (S. 98), 7 Alfama (S. 24), 8 Graça (S. 26).

20 Igreja São Domingos – Pracht, Macht und Verfall

Die Grundmauern der Igreja São Domingos stammen aus dem 13. Jh. Nach dem Erdbeben von 1755 in barockem Stil wiederaufgebaut, wurde die reich verzierte Kirche später Schauplatz zahlreicher königlicher Hochzeiten und Taufen. 1959 wurde sie durch einen **Brand** fast komplett zerstört und nach langjährigen Bauarbeiten erst Anfang der 1990er-Jahre wiedereröffnet. Die kahlen, dunkelroten Wände mit letzten Rauchspuren des Brandes sowie der fast geschmolzene, steinerne Altar schaffen eine ganz besondere Atmosphäre.

In früheren Zeiten war die Dominikaner-Kirche auch Schauplatz dunkler Seiten der Geschichte Lissabons. So war sie Anfang des 16. Jh. Ausgangspunkt für ein Judenpogrom. **Juden** bildeten lange Zeit einen wesentlichen Teil der intellektuellen Elite und reichen Kaufmannsschicht Portugals. Auch in der Verwaltung spielten sie zeitweise eine große Rolle. Unter den Schutz der Krone gestellt, wurden sie von der christlichen Bevölkerung mit Neid betrachtet. Im 14. Jh. wurden sogenannte *Judiarias* eingerichtet, in denen die Juden von da an leben sollten. Abgesehen von einigen Auflagen lebten sie dort bis Mitte des 15. Jh. relativ unbehelligt. Als Spanien 1492 die Juden des Landes verwies, erklärte sich der portugiesische König João II. zunächst bereit, gegen Bezahlung 50.000 spanische Juden aufzunehmen. Mit den ankommenden Flüchtlingsströmen verschärfte sich jedoch das Klima. 1496 erließ König Manuel I. ein Gesetz zur Zwangskonvertierung, im Folgejahr wurden die nicht konvertierten Juden des Landes verwiesen. Die Judenviertel wurden aufgelöst.

Igreja São Domingos und Denkmal für das Judenpogrom

1506 kam es zu einem **Pogrom**. Der Überlieferung nach vermeinte ein Gläubiger während einer Messe in der Kirche São Domingos das erleuchtete Gesicht Jesu am Altar zu sehen. Dies wurde als göttliches Zeichen gedeutet, das Land von der Dürre, dem Hunger und der Pest zu erlösen, die zu dieser Zeit herrschten. Auf die Erklärung eines anderen Messebesuchers, es handele sich dabei nur um einen Sonnenstrahl, wurde dieser als Neu-Christ (zwangskonvertierter Jude oder Maure) beschimpft. Geistliche wie Kirchenbesucher stürzten sich sofort auf ihn.

Die aufgebrachte Menge stürmte aus der Kirche, das Morden und Plündern hielt fünf Tage an. Man hatte einen Sündenbock für die anhaltende Dürre gefunden. Die Drahtzieher des Aufruhrs, dominikanische Mönche, wurden von König Manuel I. später zum Tod verurteilt, weitere Beteiligte zur Verantwortung gezogen und enteignet. Etwa 2.000 Juden wurden damals ermordet. Seit 2008 erinnert ein Denkmal auf dem Kirchplatz an die Opfer des Pogroms. Im ehemaligen Judenviertel der Alfama erinnert heute nur noch der Straßenname Rua da Judiaria an die jüdische Geschichte der Stadt. In unmittelbarer Nähe, am Largo São Miguel, soll künftig ein jüdisches Museum entstehen.

Tipp

Lesetipp:

Richard Zimler: **Der Kabbalist von Lissabon**. Historischer Hintergrund ist das Judenpogrom in Lissabon 1506. Auf der Suche nach dem Mörder seines Onkels gerät Berekia immer tiefer in die geheimnisvollen Kreise der Kabbala. Wunderlich 1999, nur noch antiquarisch. Englische Ausgabe: The Last Kabbalist of Lisbon, Corsair 2014.

Der Dominikaner-Orden wird auch noch mit einem anderen dunklen Kapitel der Lissabonner Geschichte in Verbindung gebracht: Er stellte hauptsächlich die Inquisitoren. Unter König João III. war 1538 die **Inquisition** ins Land geholt worden. Der Palast des Inquisitionsgerichtes stand gleich gegenüber der Dominikaner-Kirche am Rossio, dort, wo heute das Nationaltheater D. Maria II zu finden ist. Verfolgt wurden damals vor allem Neu-Christen, aber es gab auch Anklagen wegen Hexerei, Bigamie und Wahrsagerei. Die *Auto da Fé* (Verbrennungen nach Verurteilung durch die Inquisition) fanden unter reger Beteiligung der Bevölkerung auf dem Rossio sowie dem Terreiro do Paço (dem heutigen Praça do Comércio) statt. Unter Marquês de Pombal schon stark in ihren Aufgaben beschnitten, wurde die Inquisition 1821 offiziell abgeschafft.

Die Spuren des Brandes von 1959 sind noch heute zu sehen

Info

Hinkommen: Metro Rossio (grüne Linie); Straßenbahn 15. [D3]
Information: **Igreja São Domingos**, Largo São Domingos, tgl. 7.30–19 Uhr, Messen etwa sechs mal täglich zur vollen Stunde.

Essen & Trinken: **Ginjinha**, Mini-Verkaufsstelle für Lissabons Kirschlikör, direkt gegenüber der Kirche (S. 194).
In der Nähe: 43 Rossio (S. 102), 27 Bahnhof Rossio (S. 66), 58 Nationaltheater D. Maria II (S. 134).

21 Der Torre de Belém – Wahrzeichen und Weltkulturerbe

Der Turm von Belém gilt als das am häufigsten fotografierte Denkmal Lissabons und zählt seit 1983 zum Weltkulturerbe der UNESCO. Erbaut wurde er zwischen 1514 und 1521 unter König Manuel I., zusammen mit einer zweiten Anlage am gegenüberliegenden Ufer des Tejo. Die **Zwillingswachtürme** dienten dem Schutz der Hafeneinfahrt. Feindliche Schiffe konnten so ins Kreuzfeuer genommen werden. Das Erdbeben von 1755 zerstörte den Turm auf der anderen Flussseite und änderte den Flusslauf so, dass der Turm in Belém nun über eine kleine Brücke zugänglich ist. Im manuelinischen Stil erbaut, ist der Turm trotz seiner ursprünglich militärischen Funktion reich dekoriert.

Abstecher zur Ermida de São Jerónimo

Von der Terrasse des Torre de Belém lässt sich die auf dem Berg über Belém thronende Wallfahrtskapelle des heiligen Hieronymus ausmachen, die Ermida de São Jerónimo. Sie wurde 1514 nach Plänen von Diogo de Boitaca gebaut, ganz im manuelinischen Stil. Die Kapelle liegt abseits der Touristenströme und ist meist geschlossen. Der etwas beschwerliche Aufstieg lohnt sich wegen der wunderbaren Aussicht auf die Tejo-Mündung und den Atlantik dennoch.
Ermida de São Jerónimo, Rua Pêro da Covilhã, zu Fuß oder Bus 714 (Haltestelle Rua Pêro de Alenquer) bzw. Bus 728 (Haltestelle Estádio de Restelo). [Karte Belém]

Über einen Steg zu erreichen – der Torre de Belém

Eine Kuriosität ist das **Nashorn** unten an der nordwestlichen Ecke des Turms. Es erinnert an ein Geschenk, das König Manuel I. einst aus Indien erhielt. Angeblich sollte das Nashorn gegen einen Elefanten kämpfen, der aber von seinem Gegner so erschreckt war, dass er floh. Das siegreiche Nashorn sollte als Geschenk an Papst Leo X. nach Italien verschifft werden, erlitt aber Schiffbruch und erreichte sein Ziel nur noch verspätet und als ausgestopfte Trophäe. Diese hat übrigens **Albrecht Dürer** zu seinem berühmten Holzschnitt „Rhinoceros“ inspiriert.

Das Innere des fast arabisch anmutenden Gebäudes ist eher kahl. Im Keller lassen sich die Schicksale und Qualen politischer Gegner und Verbrecher erahnen, die hier einsaßen, als der Turm während der spanischen Fremdherrschaft (1580–1640)

Reich geschmückt bis in die Spitzen

als Gefängnis genutzt wurde. Bei Flut standen die Gefangenen bis zur Hüfte im Wasser. Das Erdgeschoss umfasste Vorrats- und Waffenkammer, die darüberliegenden Stockwerke dienten als Gouverneurssaal, Königssaal und Kapelle. Von der oberen Terrasse hat man einen herrlichen Blick auf Belém und den Tejo.

Heute wird der Turm als **Wahrzeichen** für die Zeit gesehen, in der sich das kleine Portugal anschickte, zur **See- und Kolonialmacht** aufzusteigen. Auslöser für den damaligen Expansionswillen der Portugiesen war vor allem wirtschaftliche Not. Chronischer Mangel an Gold, Lehensland, Getreide und Arbeitskräften veranlasste sie Anfang des 15. Jh., bereits bekannte Gebiete in Nordafrika zu erobern. Als mit dem Fall Konstantinopels 1453 auch der einträgliche **Gewürzhandel** in die Hände des Osmanischen Reiches fiel, kamen noch andere Interessen hinzu. Die Entwicklung hochseetauglicher Karavellen sowie Fortschritte in der Kartografie ermöglichten es den Portugiesen, als Erste den **Seeweg nach Asien** für den einträglichen Gewürzhandel zu finden und zu einer bedeutenden Kolonialmacht aufzusteigen. Die neuen Handelswege und die Kolonien spülten ungeahnten Reichtum ins Land. Unter der Regentschaft von König Manuel I. erlebte Portugal seine geopolitisch machtvollste Zeit. Dabei füllten die Einnahmen aus dem überseeischen Handel die Staatskassen, 1518 machten sie 68 % aller staatlichen Einkünfte Portugals aus.

Hinkommen: Straßenbahn 15; Zug Belém; Fähre Belém. [Karte Belém]
Information:
Torre de Belém, Praça da Torre de São Vicente, www.torrebelem.pt, Di–So 10–17.30, im Sommer bis 18.30 Uhr, Einzeleintritt 6 €, Kombitickets s. S. 240.

Essen & Trinken: s. S. 39.
In der Nähe: 14 Belém (S. 38), 29 Jerónimos-Kloster (S. 72), 31 Padrão dos Descobrimentos (S. 76), 62 Centro Cultural de Belém (S. 142), 63 Museumsmeile in Belém (S. 144).

Info

22 Praça dos Restauradores und Palácio da Independência – Erinnerung an das Ende der spanischen Fremdherrschaft

Der **Praça dos Restauradores** 22a ist einer der drei großen, zentralen Plätze in der Unterstadt und markiert gleichzeitig den Anfang der Avenida da Liberdade. Zwei besonders auffällige Gebäude bestimmen den Platz. Das eine ist das ehemalige **Kino-Theater Eden** mit seiner herrlichen Jugendstilfassade aus den 1930er-Jahren. Es war einst Lissabons prächtigstes Großkino und bis 1989 in Betrieb. Inzwischen beherbergt es ein Apart-Hotel. Von dem ursprünglichen Gebäude steht nur noch die denkmalgeschützte Fassade.

Gleich daneben leuchtet der **Palácio Foz** in zartem Rosa. Hier ist heute die Zentrale von Lissabons Touristeninformation untergebracht. Das Gebäude wurde nach dem Erdbeben 1755 erbaut und gehörte später der Familie des Marquês da Foz. Die in üppigem Barockstil dekorierten Säle in den oberen Etagen lassen sich bei gelegentlich stattfindenden Konzerten und Ausstellungen bewundern.

Der Praça dos Restauradores markiert den Anfang der Avenida da Liberdade

Der Name des Platzes und der Obelisk in seiner Mitte erinnern an die Aufständischen, die 1640 die Fremdherrschaft Spaniens über Portugal beendeten. Am Fuße des Obelisken stellen zwei allegorische Figuren die „Unabhängigkeit“ und den „Sieg“ dar. Außerdem sind die Namen und Daten der wichtigsten Schlachten der Unabhängigkeitskriege verewigt.

1578 hatte das 18.000 Mann starke portugiesische Heer bei der Schlacht von Alcácer-Quibir während der portugiesischen Invasion in Marokko eine vernichtende Niederlage erlitten. Auch König Sebastião I. kam bei dieser Schlacht um. Der gefallene König war gerade erst 23 Jahre alt und kinderlos. Kardinal Dom Henrique wurde sein Nachfolger. Als dieser zwei Jahre später starb, ebenfalls kinderlos und ohne eine offizielle Regelung für seine Nachfolge, war der nächste legitime Verwandte des portugiesischen Königshauses der spanische König Filipe II. Damit begann die 60 Jahre währende spanische Fremdherrschaft, in der die spanischen Könige in Personalunion auch das kleinere Portugal regierten.

Die Unabhängigkeit von Spanien – noch heute ist der 1. Dezember ein Feiertag

Erst 1640 wurde Portugal wieder unabhängig von Spanien. Der Herzog von Bragança wurde zum König gekrönt. Als João IV. begründet er die **Dynastie Bragança**. Die Unabhängigkeitskriege sollten allerdings noch bis 1668 andauern, bis schließlich auch Spanien Portugals Unabhängigkeit anerkannte.

Ganz in der Nähe, an der nördlichen Seite des benachbarten Largo São Domingos, erinnert der **Palácio da Independência** („Palast der Unabhängigkeit“) 22b an diese im portugiesischen Gedächtnis wichtige Phase der nationalen Geschichte. Im 15. Jh. direkt über die mittelalterliche Stadtmauer gebaut, wurde der Palast seitdem mehrmals erweitert. Von der ursprünglichen Bausubstanz sind neben einigen Toren nur noch zwei kegelförmige Kamine übrig geblieben, die stark an die des Königspalasts in Sintra (S. 218) erinnern. Ab dem 17. Jh. galten sie als Symbol für das unabhängige Portugal, denn in diesem Palast sollen sich die adeligen Verschwörer getroffen haben, die die Aufstände gegen die spanische Krone anzettelten. Besichtigt werden kann der Palast heute nur selten, aber es gibt ein nettes Restaurant, dessen Küche auch heute noch die alten Kamine nutzt.

Info

Hinkommen: Metro Restauradores (blaue Linie) oder Rossio (grüne Linie); Zug Rossio. [D3]

Information: **Touristeninformation**, Praça dos Restauradores, Palácio Foz, Tel. 21 3463314, tgl. 9–20 Uhr.

Einkaufen: **Loja dos Museus**, Palácio Foz, Mo–Sa 9.30–13 und 14–18.30 Uhr, Artikel aus Shops vieler Lissabonner Museen. Gute Adresse für Souvenirs.

Essen & Trinken: **Kantina Inatel – Chaminés do Palácio**, Largo de São Domingos 11, im Palácio da Independência, Tel. 91 2321391, Mo–Sa 12–15 und 19–22 Uhr. Kleine Karte mit wechselnden regionalen und portugiesischen Spezialitäten in modernisierten Varianten – von der Kleinigkeit bis zum kompletten Menü. Plätze im Innenhof. Nette Adresse in der Unterstadt, abseits des Touristentrubels.

In der Nähe: 20 Igreja São Domingos (S. 52), 86 Ginjinha (S. 194), 3 und 4 Baixa (S. 16ff.), 11 und 12 Avenida da Liberdade (S. 32ff.).

23 Praça Marquês de Pombal – ein Platz für den Krisenmanager des Erdbebens von 1755

Marquês de Pombal hat immer noch die ganze Baixa im Blick

Der Praça Marquês de Pombal bildet den nördlichen Abschluss der Avenida da Liberdade. Hier thront seit 1934 in über 30 m Höhe eine Statue des streitbaren Politikers Marquês de Pombal. Er blickt in Richtung Baixa, dem augenfälligsten Ergebnis seines Wirkens. Gebieterisch ruht seine Hand auf einem Löwen, seinem Wappentier, das Stärke und Willenskraft symbolisiert. Am Sockel stellen allegorische Figuren politische Projekte dieses wichtigsten portugiesischen Politikers des 18. Jh. dar: Reformen in Wirtschaft und Handel sowie den **Wiederaufbau Lissabons** nach dem großen Erdbeben von 1755 (S. 16).

Geboren wurde der spätere Marquês de Pombal 1699 als **Sebastião José de Carvalho**. Zunächst war er Diplomat, stieg dann unter dem als schwach geltenden **König José I.** (1750–77) zunächst zum Außenminister auf und

Von versalzener Erde und der Grabstätte des Marquês de Pombal

Im Stadtviertel Ajuda erinnert seit 1760 die Gedächtniskirche Igreja da Memória an den Versuch eines Attentats auf König José I. Der König entging hier 1758 nur knapp einem Anschlag. Die Aufarbeitung dieses Ereignisses nutzte der machtbewusste Pombal, um einen Teil seiner Widersacher aus Adel und Klerus aus dem Weg zu räumen. Dem angeblichen Drahtzieher, dem Herzog von Aveiro und vier weiteren Mitgliedern der Familien Mascarenhas und Távoras machte Pombal den Prozess. Am 12. Januar 1759 wurden sie hingerichtet, die Leichen in den Fluss geworfen. Das Anwesen des Herzogs wurde verwüstet und der Boden versalzen, auf dass an dieser Stelle nie wieder etwas wachsen oder gebaut werden solle. Eine Säule in der Rua do Chão Salgado („Straße des versalzenen Bodens") im benachbarten Stadtteil Belém erinnert an die Opfer. Pombal verwies außerdem die ihm verhassten Jesuiten des Landes. Eine Beteiligung am Attentat konnte ihnen jedoch nie nachgewiesen werden. Ironie des Schicksals oder Absicht: Seit 1923 werden die sterblichen Überreste des rachsüchtigen Marquês de Pombal in der Gedächtniskirche aufbewahrt.

Igreja da Memória, Largo da Memória, Calçada do Galvão, unregelmäßige Öffnungszeiten. Straßenbahn 18; Bus 727, 729. [Karte Belém]

Lesetipp: Die Jesuitin von Lissabon (S. 17).

konzentrierte später die Macht des Staates als Premierminister auf sich. Als Anhänger des aufgeklärten Absolutismus versuchte er mit einem umfangreichen **Reformprogramm** das rückständige und unter Misswirtschaft leidende Portugal zu modernisieren. Mit teils drastischen Maßnahmen schwächte er die Vormachtstellung von Adel und Klerus. Damit machte er sich die bisherige Elite zum Feind. Er unterstellte die Inquisition der Krone und reformierte Bildungswesen und Verwaltung. Nach dem Tod José I. bestieg 1777 dessen wesentlich machtbewusstere und zudem religiöse Tochter Maria I. den Thron. Sie setzte den zu diesem Zeitpunkt fast allmächtigen Pombal ab, verordnete ihm Hausarrest und nahm einen Teil seiner Reformen wieder zurück.

Der Praça Marquês de Pombal gedenkt dieses durchaus umstrittenen Reformers. Die Gebäude rund um den stark befahrenen Kreisverkehr zeugen heute von den letzten bedeutenden Bauprojekten der 1950er-Jahre. Der Platz selbst ist nicht unbedingt sehenswert, aber ein ganz interessanter Stopp bei einem Spaziergang vom Parque Eduardo VII (S. 108) hinunter zur Avenida da Liberdade (S. 32). Für Freunde moderner Fotografie lohnt sich ein Abstecher in den **Espaço Banco Novo**.

Symbol für das wieder aufgebaute Lissabon – Frauenfigur am Sockel der Statue

Info

Hinkommen: Metro Marquês de Pombal (blaue und gelbe Linie). [C2]

Sonstiges:

Espaço Banco Novo, Praça Marquês de Pombal 3, Tel. 21 3501112, Mo–Sa 9–19 Uhr, Eintritt frei, wechselnde Ausstellungen moderner Fotografie aus der Sammlung der umstrukturierten Skandalbank Espírito Santo, die 2014 pleite ging.

Sightseeing per Bus: Die Unternehmen **Grayline** und **City Sightseeing** haben am Praça Marquês de Pombal den Startpunkt für ihre Hop-On-Hop-Off-Bustouren (S. 162).

In der Nähe: 11 und 12 Avenida da Liberdade (S. 32ff.), 46 Parque Eduardo VII (S. 108).

24 Vilas Operárias – von verlassenen Palästen, Industrialisierung und Arbeitersiedlungen

Ab der Mitte des 19. Jh. begann die **Industrialisierung** in Portugal. Angelockt durch neue Verdienstmöglichkeiten zogen viele Arbeitssuchende aus dem Hinterland in die Hauptstadt, die diesem Bevölkerungsansturm jedoch nicht gewachsen war. So besetzte die neue Arbeiterschicht verlassene Paläste und schlug in den Hinterhöfen regelrechte Zeltlager auf. Untragbare hygienische Verhältnisse führten 1894 zu einer Tuberkulose-epidemie. Es war wohl eher die Angst vor Ansteckung, als das soziale Gewissen, was die Fabrikbesitzer und andere Wohlhabende der Stadt dazu bewegte, in privater Initiative **Wohnanlagen für die Arbeiter** zu bauen. Einige wurden komplett neu errichtet, andere versteckten sich hinter den Fassaden alter Paläste. Die Wohnungen in diesen Anlagen wurden symmetrisch um einen Innenhof angelegt und besaßen meist keinen direkten Zugang zur Straße. Jede Siedlung hatte einen Namen – meist den des Besitzers oder eines Angehörigen. Viele dieser sogenannten Vilas Operárias gerieten in Vergessenheit. Rund 300 solcher Arbeitersiedlungen existierten einmal in der Stadt. Im Viertel **Graça** waren es wegen der Nähe zum Hafen und zu den Fabriken besonders viele, hier sind auch heute noch einige Anlagen erhalten und bewohnt.

Die **Vila Sousa** 24a gehört zu den schönsten Bauten dieser Zeit. Der ehemalige Stadtpalast wurde zu mehreren Wohnungen umgebaut, sein Äußeres mit auffällig blauen Kacheln dekoriert. Den Eingang ziert ein riesiges, schmiedeeisernes Tor. Die Laterne in der Mitte des Innenhofs lässt die Anlage wie ein kleines Dorf inmitten der Stadt erscheinen.

Vila Berta – eine der alten Arbeitersiedlungen im Stadtviertel Graça

Die **Vila Berta** 24b wurde Anfang des 20. Jh. als eine Art Luxusanlage für Angestellte gebaut. Sie umfasst einen kompletten Straßenzug. Sehenswert sind die schmiedeeisernen Gitter der Balkone und die Kachelverzierungen im Jugendstil.

Die Siedlung **Estrela d´Ouro** 24c, die „Goldstern-Siedlung", ist eine typische Arbeitersiedlung: zwei- bis dreistöckige Häuser, deren insgesamt 160 Wohnungen über Außengalerien zu betreten sind. Die Bürgersteige sowie einige Häuser sind mit Sternen bzw. Kacheln im Jugendstil verziert. Am Eingang der Siedlung weist ein Schild auf den ehemaligen Besitzer hin: Agapito da Serra Fernandes. Dieser residierte übrigens in gebührendem Abstand zur Fabrik und zu seinen Angestellten in einer imposanten Villa mit Gartenanlage.

Eine auffällige Jugendstil-Fassade an der Rua da Graça gehörte früher zum **Royal Cine** (24d). Der Architekt Norte Júnior hat dieses einstige Kino entworfen. Es bot 900 Zuschauern Platz und verfügte als erstes Kino Lissabons über eine Lautsprecheranlage. Im Inneren weist ein Stern darauf hin, dass es einst zur Arbeitersiedlung Estrela d´Ouro gehörte. In den 1980er-Jahren ist das komplette Innere Umbauarbeiten zu einem Supermarkt zum Opfer gefallen.

A Voz do Operário – Lissabons ältester Arbeiterverein 24e

Eine der Verbindungsstraßen zwischen den Vierteln Alfama und Graça ist heute noch nach dem Sitz des ältesten Arbeitervereins Lissabons benannt. Der bekannte Architekt Norte Júnior hatte 1914 das Gebäude für den Verein A Voz do Operário („Stimme des Arbeiters") entworfen. Der Bau gehört zu den prächtigsten im Viertel, was zunächst nicht vermuten lässt, dass hier ein Arbeiterverein sein Zuhause hat. Heute finden manchmal wechselnde Ausstellungen zeitgenössischer, regionaler Künstler sowie andere kulturelle Veranstaltungen statt.

A Voz do Operário, Rua Voz do Operário 13–15. Straßenbahn 28. [E3]

Der Erbauer hat sich am Eingang zur „Goldstern-Siedlung" selbst verewigt

Info

Hinkommen:
Straßenbahn 28. [D–E3]
Information: **Vila Sousa** 24a, Largo da Graça 82. **Vila Berta** 24b, Travessa Pereira/Rua Vila Berta. **Estrela d´Ouro** 24c, Zugang über Rua da Senhora do Monte 14 oder über Rua da Graça. **Royal Cine** 24d, Rua da Graça 106–110.
Essen & Trinken: s. S. 26.
In der Nähe:
8 Graça und Mouraria (S. 26), 7 Alfama (S. 24).

25 Câmara Municipal – Lissabons Rathaus und die Ausrufung der Republik

In der Unterstadt, unweit des Praça do Comércio, findet sich Lissabons Rathaus, die Câmara Municipal. Seit dem Wiederaufbau der Baixa nach dem Erdbeben von 1755 hat sie hier ihren Sitz. Zweimal ist das Rathausgebäude seitdem durch einen Brand zerstört worden. Der heutige Bau wurde 1880 fertiggestellt, die Fassade nüchtern neo-klassisch gestaltet. Im Giebel ist in der Mitte das **Stadtwappen** abgebildet, umgeben von den personifizierten Darstellungen des Amor und der Freiheit sowie der Wissenschaft, Seefahrt, Industrie und des Handels. Im Inneren des Rathausgebäudes beeindruckt der riesige Treppenaufgang aus Marmor, der kunstvoll von einem Oberlicht sowie einem riesigen Lüster beleuchtet wird. Sehenswert ist auch die von den Künstlern José Malhoa und Columbano Bordalo Pinheiro geschaffene Deckenbemalung.

Vom Balkon des Rathauses aus wurde die Republik ausgerufen

Das geschichtsträchtigste Ereignis spielte sich am **5. Oktober 1910** ab, als vom Balkon des Rathauses die **Republik ausgerufen** wurde. Seit dem Ende des 19. Jh. war die republikanische Bewegung in Portugal erstarkt. Zulauf erhielt sie auch wegen der Unzufriedenheit vieler Portugiesen mit der Politik ihrer Monarchen. Die wirtschaftliche Entwicklung hinkte weit hinter denen anderer europäischer Länder hinterher. Der historisch starke Einfluss Großbritanniens auf die Außenpolitik der portugiesischen Krone tat sein Übriges. Die Spannungen zwischen Befürwortern und Gegnern der Monarchie gipfelten in einem Attentat, bei dem am 1. Februar 1908 nicht nur Kronprinz Luís Filipe, sondern auch der König selbst, Carlos I., getötet

A Portuguesa – die Entstehung der portugiesischen Nationalhymne

Die portugiesische Nationalhymne ist aus einem patriotischen Marsch hervorgegangen. Dieser entstand 1890 als Reaktion auf das englische Ultimatum an Portugal, seine Truppen aus Afrika zurückzuziehen. Der Text stammt von Henrique Lopes de Mendonça (1856–1931), einem portugiesischen Admiral. Die Melodie komponierte Alfredo Keil (1850–1907). Schnell wurde der Marsch nicht nur zum Sinnbild für das Aufbegehren gegen den britischen Einfluss, sondern auch zum Symbol aufkommender republikanischer Strömungen. Nach Ausrufung der Republik 1910 wurde die Portuguesa zur Nationalhymne erkoren. Der Ausdruck „gegen die Briten“ wurde durch „gegen die Kanonen“ ersetzt, der Refrain „an die Waffen“ blieb. Sowohl Text als auch Melodie wurden seitdem immer wieder verändert, bis 1957 vom Ministerrat die bis heute gültige Version festgelegt wurde.

wurden. Gut zweieinhalb Jahre später musste dessen Nachfolger Manuel II. abdanken und ins Exil gehen – das Ende der portugiesischen Monarchie.

Der Vorplatz des Rathauses ist mit der typischen Calçada Portuguesa gepflastert, die Mitte ziert ein *Pelourinho*, ein symbolischer Schandpfahl. Im 18. Jh. aus einem einzigen Stein gemeißelt, diente er weniger der Schändung von Gefangenen, sondern symbolisiert bis heute die herrschende Rechtsprechung. Skulpturen des Künstlers Jorge Viera beleben seit 1998 den Platz.

Seit 2007 stellt die sozialdemokratisch ausgerichtete PS (Partido Socialista) den Bürgermeister. António Costa, der Ende 2015 zum Premierminister des Landes aufstieg, regierte die Stadt fast acht Jahre. Wichtige – zum Teil auch umstrittene – Entscheidungen zur Entwicklung der Stadt wurden in dieser Zeit gefällt, etwa die Ausrichtung auf den Tourismus. Seit April 2015 ist Costas Parteikollege Fernando Medina Chef im Lissabonner Rathaus.

Figuren am Giebel – Symbole der Stadtgeschichte

Info

Hinkommen: Metro Baixa/Chiado (blaue und grüne Linie), Terreiro do Paço (blaue Linie); Straßenbahn 15, 18, 25. [D4]

Information: **Câmara Municipal**, Paços do Concelho, Praça do Município, Tel. 21 3236200, geführte Touren (auch auf Englisch) regelmäßig jeden 1. So um 11 Uhr, Eintritt kostenlos.

Essen & Trinken: Es gibt einen **Kiosk** direkt auf dem Rathausplatz, hier ist es ruhiger als direkt auf dem Praça do Comércio und in den Straßen der Baixa (S. 200).

In der Nähe:

3 und **4** Baixa (S. 16ff.), **2** Praça do Comércio (S. 14), **34** Kirchen in der Baixa (S. 82).

26 Palácio da Assembleia Nacional – Portugals Parlament und Regierung

Seit 1834 hat das portugiesische Parlament seinen Sitz in einem ehemaligen Benediktinerkloster im Stadtteil Lapa. An die früheren Besitzer erinnert heute noch die ebenfalls gebräuchliche Bezeichnung **Palácio São Bento**. Dabei kann man von den ursprünglichen Strukturen des Ende des 16. Jh. erbauten Klosters nach zahlreichen Umbaumaßnahmen heute nicht mehr viel erkennen. Die Fassade samt dem imposanten Treppenaufgang ist heute im neoklassischen Stil gehalten. Zwei Löwenstatuen bewachen den Aufgang, vor dem Gebäude halten zwei Soldaten Wache. Am Eingang zu den Arkaden gemahnen Statuen die Parlamentarier an die vier Kardinaltugenden: Klugheit, Gerechtigkeit, Tapferkeit und Mäßigung. Im Inneren sind zum Beispiel die pombalinischen Azulejo-Vertäfelungen im ehemaligen Refektorium sehenswert.

Die hinteren Gebäude sowie die Gartenanlage bilden den offiziellen Sitz des portugiesischen Premierministers und sind nicht öffentlich zugänglich. Ende 2015 zog hier der ehemalige Bürgermeister Lissabons, **António Costa** von der PS, als neuer Premier ein.

Portugals politisches System ist eine **parlamentarische Demokratie**. Die 230 Abgeordneten des Einkammerparlaments werden nach dem Verhältniswahlrecht für vier Jahre gewählt. Nach knapp 50 Jahren Diktatur und der Nelkenrevolution 1974 hat sich das Land zu einer stabilen Demokratie entwickelt. Eine pluralistische Parteienlandschaft musste sich jedoch erst herausbilden. Nach anfänglich sozialistischen Tendenzen lenkten die Verfassungsreformen der 1980er-Jahre das Staatsziel in Richtung Sozialer Marktwirtschaft.

Das Parlament hat seinen Sitz im Palácio São Bento

Die Regierung wird geleitet vom *Primeiro Ministro* („Premierminister"), der vom Parlament gewählt wird. Seit den 1980er-Jahre regierten in wechselnden Koalitionen immer Premierminister einer der beiden größten Parteien, der bürgerlich-konservativen Partido Socialdemocrata **PSD** oder der sozialdemokratischen Partido Socialista **PS**.

Statuen der vier Kardinaltugenden zieren den Eingang – hier die „Prudência", die Klugheit

Seit dem Ende der 2000er-Jahre ist die Politik Portugals von den Folgen der **Wirtschafts- und Finanzkrise** bestimmt. Dabei kommen die zum Teil rigiden **Sparmaßnahmen** nicht bei allen Bürgern gut an. Bei den Parlamentswahlen im Oktober 2015 konnte die PSD des damaligen Premiers Passos Coelho zwar knapp wieder stärkste Partei werden, seine Mitte-Rechts-Koalition verlor aber die Mehrheit im Parlament. Die folgende Regierungsbildung gestaltete sich äußerst zäh. Die erstarkten Parteien aus dem linken Lager versagten Passos Coelho die Unterstützung für eine Minderheitsregierung. Deshalb wurde letztlich António Costa, Chef der zweitstärksten Partei PS, vom damaligen Präsidenten unter Auflagen mit der Regierungsbildung beauftragt. Eine Koalition mit den anderen Linksparteien wie dem **Bloco de Esquerda** (Linksblock) oder dem Bündnis **CDU** (Demokratische Einheitskoalition aus ehemaligen Kommunisten und Grünen) konnte Costa zwar nicht schmieden, aber er erhielt die Zusage zur inhaltlichen Unterstützung. Und so regiert seit Ende 2015 die sozialdemokratische PS mit einer Minderheitsregierung. Wie stabil dieses lose Bündnis arbeitet, bleibt abzuwarten.

Info

Hinkommen: Straßenbahn 28; Bus 706, 727, 773. [C4]

Information: **Palácio da Assembleia Nacional**, Praça São Bento, Tel. 21 3919625, www.parlamento.pt, geführte Besichtigungen nach Voranmeldung jeden letzten Sa im Monat jeweils um 15 und 16 Uhr. Gebäude gelegentlich bei Sonderausstellungen zugänglich, Programm siehe Internetseite, Führungen auch auf Englisch, Voranmeldung nötig.

Einkaufen:

Centro de Apoio Social de S. Bento, direkt gegenüber dem Parlament, Mo–Fr 9–17.30 Uhr. Zu kaufen gibt es Produkte aus den Werkstätten der Wohlfahrtsorganisation Santa Casa Misericórdia. Hier kann man für kleines Geld handgemachte Lissabon-Andenken erstehen.

In der Nähe: 45 Jardim und Basílica da Estrela (S. 106), 44 Praça Príncipe Real (S. 104), 10 Bairro Alto (S. 30).

27 Der Rossio-Bahnhof und der Zweite Weltkrieg – Flüchtlinge, Spione und Propaganda

Heute kommen am Bahnhof Rossio (S. 86) nur noch die Vorortzüge aus Sintra an, während des Zweiten Weltkriegs stellte er jedoch die direkte Verbindung nach Paris her. Nachdem Portugal 1939 seine **Neutralität** erklärt und Frankreich 1940 kapituliert hatte, wurde Lissabon zu einer wichtigen Zwischenstation vieler Flüchtlinge auf dem Weg in die USA – und gleichzeitig auch zum Umschlagplatz von Geheimdienstinformationen vieler am Krieg beteiligter Länder.

Lissabon als Hauptstadt des neutralen Portugal wurde zum Zentrum für Spionage- und Gegenspionage. Die Gerüchteküche brodelte und die beiden Gegenspieler Deutschland und England buhlten um die Gunst der portugiesischen Bevölkerung, ein regelrechter **Propagandakrieg** begann. Die portugiesische Regierung verstand es derweil, ungeachtet ihrer offiziell verkündeten Neutralität, Geschäfte mit beiden Kriegsparteien zu machen. So lieferte Portugal zum Beispiel das für die Kriegsindustrie wichtige Wolfram an Nazi-Deutschland. Den Alliierten wurden 1943 Stützpunkte auf den Azoren überlassen.

Der heute bekannteste Spion im Lissabon der 1940er-Jahre dürfte der Brite **Ian Fleming** gewesen sein. Er war zu der Zeit für den britischen Geheimdienst MI6 in Lissabon

Heute halten am geschichtsträchtigen Bahnhof Rossio nur noch Vorortzüge

Tipp

Lesetipps:

Leopoldo Brizuela: **Nacht über Lissabon**. Lissabon in einer Novembernacht 1942. Die Stadt ist der letzte Hafen Richtung Freiheit und hier liegt das Schiff Boa Esperança. Die Gespräche verschiedener fiktiver und realer Personen kreisen um Fragen der Weltpolitik sowie um Fado und Tango. Insel 2011.

Jose-Alain Fralon: **Der Gerechte von Bordeaux. Wie Aristides de Sousa Mendes 30.000 Menschen vor dem Holocaust bewahrte**. Als portugiesischer Generalkonsul in Bordeaux stellte Mendes Tausende Visa für Portugal aus und widersetzte sich damit den Anweisungen von Diktator Salazar. Econ 2001, nur noch antiquarisch erhältlich.

Erich M. Remarque: **Die Nacht von Lissabon**. Portugal 1942, der Lissabonner Hafen bietet Flüchtlingen den letzten Ausweg aus dem Europa des Zweiten Weltkriegs. Der Roman schildert das Gespräch zweier vor dem Naziregime Geflüchteter in einer Bar. KiWi 1998.

Antonio Tabucchi: **Erklärt Pereira**. Schauplatz der Handlung ist Lissabon 1938, während der Diktatur Salazars. Pereira ist Redakteur einer Zeitung und interessiert sich nicht sonderlich für aktuelle politische Geschehnisse, bis er den jungen Monteiro Rossi kennenlernt. Dtv 1997.

Robert Wilson: **Tod in Lissabon**. Eigentlich muss Kommissar Zé Coelho den Mord an einem Teenager aufklären, seine Ermittlungen führen ihn jedoch ins Portugal der 1940er-Jahre. Interessant sind vor allem die Einblicke in die Nazi- und Geheimdiensttätigkeiten in Portugal, wenn auch kein Anspruch auf Authentizität erhoben wird. Goldmann 2002.

tätig. Seine regelmäßigen Aufenthalte im Casino Estoril (S. 212) und seine Freundschaft zum berühmten Triple-Agenten Dušan Popov haben ihn wohl zur Schaffung des Doppelnull-Agenten 007 alias James Bond und insbesondere zu „Casino Royale“ inspiriert.

In diesen Jahren wurde Lissabon auch zur Durchgangsstation für viele deutschsprachige Künstler und Intellektuelle. Darunter waren u. a. die Schriftsteller Franz Werfel, Lion Feuchtwanger, Golo und Heinrich Mann sowie die Philosophen Hannah Arendt und Heinrich Blücher. Auch das Künstlerpaar Peggy Guggenheim und Max Ernst gelangte über Lissabon in die USA. Die billigen Pensionen und Cafés rund um den Rossio wurden damals zum Wartesaal vieler, die das kriegsgebeutelte Europa verlassen wollten oder mussten. Vor allem die Cafés **Nicola** und **Suiça** (S. 198) wurden als Treffpunkt und zum Informationsaustausch genutzt.

Mit den vielen Flüchtlingen veränderte sich die Stadt. In den Straßen hörte man jetzt Sprachen verschiedenster Länder Europas. Die Lissabonner staunten über die neueste Mode und fremde Sitten, zum Beispiel darüber, dass Frauen auch ohne Begleitung ihrer Männer im Café saßen. Als kulinarische Erinnerung an diese Zeit sind heute in den Auslagen der Cafés und Konditoreien u. a. noch die *Bolas de Berlim* („Berliner“) zu finden, die damals von einem Berliner Flüchtlingspaar erstmals in Lissabon verkauft wurden.

28 Largo do Carmo – Schauplatz der Nelkenrevolution

Der Largo do Carmo, gelegen an den Ruinen der Carmo-Kirche und am oberen Ausgang des Aufzugs Santa Justa, ist heute ein bei Einheimischen wie Touristen beliebter Platz mit einigen schönen Cafés und Restaurants. Am 25. April 1974 war er der wichtigste Schauplatz der Nelkenrevolution, mit der das **Ende der Diktatur** in Portugal eingeleitet wurde.

Geplant wurde der Aufstand gegen die Diktatur von Teilen des Militärs. Das Salazar-Regime hatte auf die ab Anfang der 1960er-Jahre erstarkenden Unabhängigkeitsbewegungen in den portugiesischen Kolonien Angola, Mosambik und Guinea-Bissau mit Krieg reagiert. Diese Kolonialkriege waren verlustreich und verschlangen Unsummen. Portugal verarmte zusehends, machten die Kriegskosten Anfang der 1970er-Jahre doch fast die Hälfte der Staatsausgaben aus. Da die Regierung unter dem Salazar-Nachfolger **Marcelo Caetano** unnachgiebig an dieser Kolonialpolitik festhielt, beschlossen einige Offiziere, das Ende der Kriege durch den Sturz der Regierung selbst herbeizuführen. 1973 gründeten sie die „Bewegung der Streitkräfte“ MFA (Movimento das Forças Armadas).

Am 25. April 1974 war es dann soweit. Rádio Renascença sendete kurz nach Mitternacht das verbotene Lied „**Grândola, vila morena**“ von Zeca Afonso. „In dir, oh Stadt, regiert das Volk“, heißt es da in einer Zeile. Für die Aufständischen war es die geheime Bestätigung – der Umsturz hatte begonnen. Im Morgengrauen trafen mehrere MFA-Einheiten in Lissabon ein, der Flughafen und das staatliche Fernsehen wurden besetzt. Ministerpräsident Caetano und einige Kabinettsmitglieder verschanzten sich am

Feier zum Jahrestag der Nelkenrevolution

Largo do Carmo im Hauptquartier der als regimetreu geltenden Nationalmiliz GNR. Gegen Mittag stellten die aufständischen Offiziere unter Leitung des Hauptmanns Salgueiro Maia Diktator Caetano ein Ultimatum, sich zu ergeben. Der Carmo-Platz war zu diesem Zeitpunkt bereits übervoll mit Zivilisten, die lauthals das Ende des Regimes forderten. Nach zähen Verhandlungen erklärte sich Caetano schließlich zum Rücktritt bereit und verließ die Carmo-Kaserne in einem Panzer. Als eine kleine Gruppe von Menschen vor dem Hauptquartier der gefürchteten Geheimpolizei PIDE die Freilassung politischer Gefangener forderte, fielen Schüsse. Vier Menschen kamen ums Leben, die einzigen Toten der Revolution.

Heute ist der Largo do Carmo ein ruhiges, schattiges Plätzchen

Zum Symbol und Namensgeber der ansonsten **weitgehend friedlichen Revolution** wurden Nelken. Den ganzen Tag über verteilte die Bevölkerung die roten Frühlingsblumen. Sie steckten in Gewehrläufen, zierten Uniformen und Panzer. Zum Jahrestag der Nelkenrevolution fanden 1975 die ersten freien Wahlen statt.

Museu do Aljube – Resistência e Liberdade

Seit April 2015 können sich Besucher im Aljube-Museum über das Thema „Widerstand und Freiheit" informieren. Das ehemalige Gefängnis, ursprünglich für abtrünnige Priester und Ordensbrüder gebaut, wurde später als Frauengefängnis und unter Diktator Salazar für politische Häftlinge genutzt. In der ständigen Ausstellung wird die Geschichte Portugals zwischen 1890 und 1976 dokumentiert: der soziale und politische Kampf gegen Ende der Monarchie, die Ausrufung der Republik sowie das Aufkommen des Faschismus und die Repressionen des Estado Novo. Ehemalige Gefängniszellen können besichtigt werden, die Organisation des Widerstands ist ebenso dokumentiert wie die Auswirkungen der Diktatur in den damaligen portugiesischen Kolonien. Angeschlossen sind eine Cafeteria und ein Auditorium. Zusätzlich finden Wechselausstellungen statt.
Museu do Aljube, Rua de Augusto Rosa 42, www.museudoaljube.pt, Di–So 10–18 Uhr, Eintritt frei. Straßenbahn 12, 28; Bus 737. [D4]

Noch heute hat die Portugiesische Nationalgarde ihr Hauptquartier am Largo do Carmo. Wachposten in Paradeuniformen zeugen davon. Eine Bodenplatte vor der Carmo-Kaserne erinnert an Hauptmann Salgueiro Maia. Das ehemalige Gebäude der Geheimpolizei PIDE in der Rua António Maria Cardoso wurde übrigens mittlerweile, trotz Protesten aus der Bevölkerung, in eine Luxus-Apartmentanlage verwandelt.

Info

Hinkommen:
Metro Baixa/Chiado (blaue und grüne Linie); Aufzug Santa Justa. [D4]
In der Nähe: 9 Chiado (S. 28), 33 Aufzug Santa Justa (S. 80).

Architektur erleben

29 Mosteiro dos Jerónimos – Kronjuwel der Manuelinik

Das Jerónimos-Kloster (Hieronymiten-Kloster) in Belém gehört seit 1984 zum Weltkulturerbe der UNESCO. Die mehr als 300 m lange, eigentlich schlichte Kalkstein-Fassade weist spätgotische Einflüsse sowie erste Anzeichen der aufkommenden Renaissance auf. Portale, Fenster und Simse sind jedoch in der typisch portugiesischen, einzigartigen Stilrichtung der Manuelinik (S. 74) dekoriert. Das eindrucksvolle Bauwerk ersetzte eine kleine Kapelle des Christusritterordens. Seefahrer und Fischer holten sich hier den letzten Segen, bevor sie in See stachen. 1501 wurde der Grundstein für ein 100-jähriges Bauvorhaben gelegt. Der Westflügel (heute Sitz des Archäologischen Museums und eines Teils des Marinemuseums) sowie die Kuppel wurden erst im 19. Jh. fertiggestellt. Finanziert wurde das kostspielige Bauvorhaben durch die *vintena da pimenta*, das „Pfeffer-Zwanzigstel", eine fünfprozentige Steuer auf Einnahmen aus dem Pfefferhandel. Sie brachte etwa 70 kg Gold jährlich ein.

Das **imposante Südportal** (1) zeigt Szenen aus dem Leben und Wirken des heiligen Hieronymus. Darüber thront die Jungfrau Maria mit dem Christuskind. Die restlichen Figuren stellen Kirchenväter, Apostel, Propheten und Engel dar.

Das **Westportal** (2), der heutige Eingang zur Kirche, ist mit Engeln und Cherubinen bereits von der aufkommenden Renaissance beeinflusst. Im Tympanon sind Szenen der Weihnachtsgeschichte dargestellt. Links und rechts des Eingangs sind Statuen von Manuel I. und seiner zweiten Gattin Maria von Kastilien zu sehen.

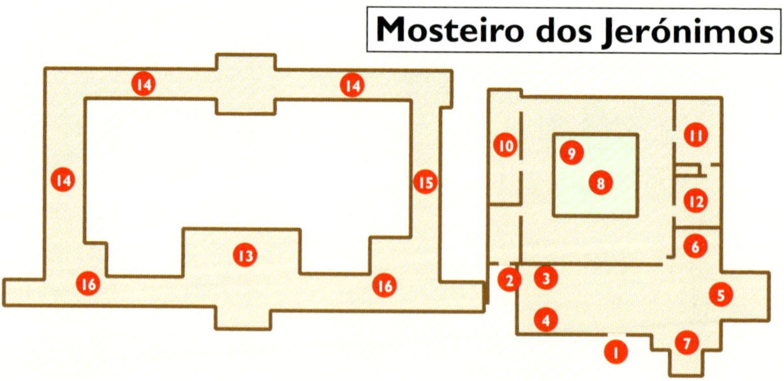

1 Südportal
2 Westportal/Haupteingang
3 Sarkophag von Vasco da Gama
4 Kenotaph von Luiz de Camões
5 Hauptchor
6 nördliches Querschiff
7 südliches Querschiff
8 Kreuzgang
9 Löwenbrunnen
10 Refektorium
11 Kapitelsaal
12 Sakristei
13 Saal der Könige
14 Marinemuseum
15 Zentralbibliothek des Marinemuseums
16 Archäologiemuseum

Innen überrascht die Kirche durch eine ungewöhnliche Raumwirkung. Die drei Kirchenschiffe sind gleich hoch. Die organisch anmutenden Säulen, die an einen Palmengarten erinnern, laufen in einem gotischen Netzgewölbe zusammen. Zusätzliche Leichtigkeit wird durch die **filigrane Verzierung der Säulen** erreicht. Im Eingangsbereich wird seit dem Ende des 19. Jh. zwei großen Persönlichkeiten des Entdeckungszeitalters Tribut gezollt: Links befindet sich der Sarkophag des berühmten Entdeckers **Vasco da Gama** (3), rechts der Kenotaph des Nationaldichters **Luís de Camões** (4).

Das Jerónimos-Kloster gehört zum Weltkulturerbe der UNESCO

Auffällig ist der **Hauptchor** (5). Der bunte Marmor sowie die geometrische Anordnung der Gemälde sind ganz im Stil des Manierismus gehalten und heben sich deutlich von der restlichen Kirchendekoration ab. Hier ist das Mausoleum der Dynastie Avis untergebracht. In den Seitenkapellen sind weitere Mitglieder der Familie begraben. Von der Empore, die man über den Kreuzgang erreicht, hat man einen sehr schönen Blick in das Kircheninnere.

Der **Kreuzgang** (8) gehört mit Sicherheit zu den schönsten Europas und ist der Inbegriff der Manuelinik. Der quadratische Innenhof wird von einer zweistöckigen Galerie umgeben, die über und über mit Reliefs versehen ist. In einer Ecke plätschert der **Löwenbrunnen** (9), der das Wappentier des heiligen Hieronymus zeigt. Das Obergeschoss des Kreuzgangs ist von einer Galerie umgeben, in deren Nischen 20 lebensgroße Statuen Heilige und personifizierte Kardinalstugenden darstellen.

Im Untergeschoss ist das ehemalige **Refektorium** (10) mit seinem gotischen Netzgewölbe sehenswert. Der ehemalige **Kapitelsaal** (11) wurde als einer der wenigen Teile des Klosters durch das Erdbeben 1755 zerstört und erst 1884 wiederaufgebaut. Aus dieser Zeit stammt der Sarkophag des großen Dichters und Historikers Alexandre Herculano (1810–77). Als Tribut an den größten portugiesischen Lyriker des 20. Jh. wurden 1985 die Gebeine Fernando Pessoas vom Prazeres-Friedhof nach Belém umgebettet. Seine Grabtafel befindet sich auf der nordöstlichen Seite.

Info

Hinkommen: Straßenbahn 15; Zug Belém; Bus 728 (ab Praça do Comércio). [Karte Belém]
Information: Mosteiro dos Jerónimos, Praça do Império, www.mosteirojeronimos.pt, Kreuzgang: Di–So 10–17.30, im Sommer bis 18.30 Uhr, Einzeleintritt 10 €, Kombiticket z. B. Kloster und Torre de Belém 12 €. Online-Kauf möglich.
Essen & Trinken:
Pastéis de Belém (S. 184).
In der Nähe: 14 Belém (S. 38), 21 Torre de Belém (S. 54), 63 Museumsmeile in Belém (S. 144), 31 Padrão dos Descobrimentos (S. 76).

30 Manuelinik – Kunst als Gedächtnis

Die Liste kunsthistorischer Arbeiten darüber, ob es sich bei der Manuelinik um einen eigenen Baustil oder um bloßes Dekor handelt, ist lang und soll hier nicht weiter diskutiert werden. Fakt ist, dass diese **rein portugiesische Kunstform** einmalig auf der Welt ist und seit einem halben Jahrtausend die Menschen beeindruckt. Die Manuelinik (oder auch der Manuelismus) kombiniert **spätgotische Architektur mit Einflüssen aus Spanien, Flandern und Italien**. Sie entstand Anfang des 16. Jh. und markiert den Übergang zur Renaissance. Zu dieser Zeit befand sich die portugiesische Machtausdehnung auf ihrem Höhepunkt und umfasste Kolonien und Handelsstützpunkte fast überall auf der Welt. Die tatsächliche Schaffensperiode war relativ kurz und erreichte ihren Höhepunkt während der zweiten Hälfte der Regentschaft von König Manuel I. (1495–1521). Unter dessen Sohn João III. wurde sie noch ansatzweise fortgeführt, bald jedoch von der Renaissance verdrängt.

Den Begriff „*Manuelismo*", der 300 Jahre nach Manuels Tod ein Fundament für die nationale Identität schaffen sollte, prägte der Historiker Francisco A. Varnhagen erst 1842. Typisch für die Stilrichtung sind **schlichte Fassaden** und Innenräume, während Elemente wie Säulen, Fenster, Türen, Nischen und Decken **reichhaltig verziert** sind. Oft wurden auch bestehende Gebäude und Kirchen nachträglich dekoriert.

Inspiriert von Erzählungen der Seefahrer wurden Korallen, Muscheln, Schiffe und exotisch anmutende Pflanzen als Symbole für die Entdeckungsreisen integriert. Die Vorstellung, dass sich die Ornamentik der Manuelinik nur der Seefahrt widmet, stammt von Edgar Quinet (1857) und wurde schnell zum Allgemeinplatz. Tatsächlich aber ist ihre Symbolik viel komplexer. Als Gründer der neuen Dynastie Avis-Beja wollte Manuel I. seine politische wie persönliche Macht demonstrieren, die an der Haltbarkeit und Dimension der Bauwerke sowie an dem betriebenen finanziellen Aufwand zu messen sei.

Verzierungen im Kreuzgang des Jerónimos-Klosters

Eine „Kunst für die Zukunft" und gleichzeitig eine „Kunst als Gedächtnis" war das Ziel. Allgegenwärtig ist die Armillarsphäre, die Manuel bereits als Graf von Beja in seinem Wappen trug. Es handelt sich um ein astronomisches Instrument, das einem Globus ähnelt. Als *spera mundi* im Altportugiesischen lässt sie die Deutung *esperança mundi* („Hoffnung der Welt") sowie *esfera mundi* („Weltkugel") zu. Die Armillarsphäre drückt die perfekte Symbiose von Himmel und Erde, von staatlicher und persönlicher Macht aus, sie symbolisiert gleichzeitig Hoffnung auf eine glückliche Zukunft sowie das portugiesische Weltreich. Ebenso häufig findet man das Kreuz des Christusritterordens, unter dem die Schiffe segelten, um „die Heiden zu bekehren und die Welt zu erlösen".

Der christliche Glaube wird auch in weiteren verwendeten Motiven sichtbar: Weinreben symbolisieren das Blut Christi, sie stehen für Erneuerung und Ewigkeit oder stellen als kunstvoll geschwungene Pflanzen das Paradies dar. Sie sind hauptsächlich an Kirchenportalen zu finden, wo sie das Tor von der realen Welt zum Paradies und zum ewigen Leben versinnbildlichen. Fantastische Tiere und Monster verkörpern das Böse und fungieren als Warnung vor der Hölle. Man findet sie in den unteren Bereichen, wo sie die Unterwelt repräsentieren, beherrscht von den Heiligenfiguren weiter oben. Alternativ symbolisieren sie an den Dächern als Wasserspeier die Bekämpfung des Bösen durch das Böse.

Die wichtigsten **Beispiele der Manuelinik** in Lissabon sind der Torre de Belém (S. 54) und das Jerónimos-Kloster im gleichen Stadtteil (S. 72). Außerdem findet sich, neben dem Hauptportal der Kirche Conceição Velha (S. 82), hier und da noch ein Portal, das vom Erdbeben 1755 verschont wurde, beispielsweise das der Kapelle Nossa Senhora dos Remédios im Stadtteil Alfama. Als **Neo-Manuelinik** wurde der Baustil im 19. Jh. wieder aufgegriffen und etwa für die Außendekoration des Rossio-Bahnhofs (S. 86) und des Portals der Magdalena-Kirche in der Baixa (S. 83) verwendet.

Detail am Portal der Igreja da Conceição Velha

31 Padrão dos Descobrimentos – das Denkmal der Entdeckungen und die „Ausstellung der portugiesischen Welt“ von 1940

Den 800. Jahrestag der portugiesischen Nationenwerdung sowie den 300. Jahrestag der Wiederherstellung der portugiesischen Unabhängigkeit von Spanien nahm die Regierung Salazar 1940 zum Anlass, dem vom Weltkrieg erschütterten Europa in einer Ausstellung die „portugiesische Welt“ zu zeigen. Zu Gast waren die damals noch zu Portugal gehörenden afrikanischen Kolonien Mosambik und Angola sowie die Ex-Kolonie Brasilien. Das Gelände zwischen Jerónimos-Kloster und Tejo wurde dazu komplett umgestaltet, die Markthalle und ein Großteil des Zentrums von Belém wurden abgerissen. Lediglich die Rua Vieira Portuense, die heutige Restaurantmeile, blieb verschont. Riesige Pavillons – ganz im Stil der Zeit eine Mischung aus Moderne und Monumentalität – beschworen die Zeiten des Kreuzrittertums sowie das goldene Zeitalter der Entdeckungen herauf. Der Architekt Cottinelli Telmo legte den heute noch existierenden Platz **Praça do Império** an. In dessen Mitte befindet sich die **Fonte Luminosa** („beleuchteter Brunnen“), deren Beckenrand mit den 32 Wappen der Provinzen Portugals und des ehemaligen Imperiums im Mosaikstil verziert ist.

Das im Rahmen der Weltausstellung nur provisorisch errichtete **Denkmal der Entdeckungen** wurde 1960 – Anlass war der 500. Geburtstag von Heinrich dem Seefahrer – in witterungsbeständigem Beton gegossen. Geschaffen wurde eine steinerne Ode an die große Entdeckernation Portugal, ganz im Stil der Salazar-Zeit. Vom Wasser aus betrachtet, mutet das Gebäude wie der Bug einer Galeere an, mit Heinrich dem Seefahrer an der Spitze. Die hinter ihm aufgereihten Figuren stellen weitere große Persönlichkeiten des goldenen Zeitalters dar, so z. B. Afonso V., Vasco da Gama und den

Das Padrão dos Descobrimentos bei Ebbe

Dichter Luís de Camões. Im Inneren wird eine Multimedia-Show über die portugiesische Geschichte gezeigt. Von der Plattform im obersten Stockwerk kann man eine herrliche Aussicht über Belém, die Brücke und die andere Flussseite genießen.

Der Vorplatz des Monuments ist mit Marmor gepflastert. Die **stilisierte Windrose**, ein Geschenk der südafrikanischen Regierung, zeigt in ihrem Inneren auf einer riesigen Weltkarte die portugiesischen Entdeckungsfahrten.

Mosaik am Entdeckerdenkmal, mit einer Karte portugiesischer Seefahrten

Einer der wichtigsten Auftraggeber der frühen Entdeckungsreisen – zu den Inselgruppen Madeira und Azoren, zu den Kapverden und entlang der Küste Westafrikas bis zum Kap Blanc – war **Heinrich der Seefahrer** (1394–1460). Die angeblich von ihm gegründete escola náutica („Seefahrtsakademie") in Sagres, in der geheimes Wissen gelehrt worden sein soll, ist nach heutigem Stand der Wissenschaft allerdings eine romantische Erfindung des 19. Jh. Der „Seefahrer" selbst ist übrigens nie weiter als bis nach Nordafrika gesegelt.

Anders **Vasco da Gama** (1469–1524): Er entdeckte im Auftrag von König Manuel I. den Seeweg nach Indien. Mit vier Schiffen kam er am 14. April 1498 in Kalkutta an, später wurde er Gouverneur und Vizekönig Indiens (1504–1524). Seit 1880 sind seine sterblichen Überreste im Jerónimos-Kloster (S. 72) beigesetzt. Auch auf dem ehemaligen Expo-Gelände wird des erfolgreichen Entdeckers gedacht (S. 92).

Info

Hinkommen: Straßenbahn 15; Zug Belém; Bus 728 (ab Praça do Comércio). [Karte Belém]

Information: Padrão dos Descobrimentos, Av. de Brasília, tgl. 10–19, im Winter Di–So 10–18 Uhr, Eintritt 4 €.

Essen & Trinken: À Margem, Doca do Bom Sucesso, tgl. 10–1, Fr–Sa bis 2 Uhr. Zwischen dem Denkmal der Entdeckungen und dem Torre de Belém, moderne Glaskonstruktion mit Blick auf den Tejo. Nicht ganz günstig.

Restaurante Marisqueira, Doca Recreio de Belém, Tel. 21 3642711, Di–So 12–15 und 19.30–23 Uhr, So nur mittags. Wunderbar frischer Fisch wird im ersten Stock des Jachtclubs mit Blick auf den Fluss serviert.

In der Nähe:
14 Belém (S. 38), 29 Jerónimos-Kloster (S. 72), 21 Torre de Belém (S. 54), 63 Museumsmeile in Belém (S. 144), 81 Pastéis de Belém (S. 184).

32 Igreja São Roque – barocker Goldrausch hinter schlichter Fassade

Die eindrucksvolle manieristische Holzdecke

Fassade der Igreja São Roque

Das schlichte Äußere der Kirche lässt kaum vermuten, welch üppige Pracht sich im Inneren verbirgt. Tatsächlich gehört die einschiffige Igreja São Roque zu den am prächtigsten ausgestatteten Gotteshäusern der Stadt. Zudem sie ist die einzige, in der noch eine der großen bemalten, manieristischen Holzdecken zu bewundern ist. Auf dem Platz der heutigen Kirche stand einst eine kleine Kapelle, die dem **heiligen Rochus**, dem Schutzpatron der Pestkranken, geweiht war. Im Jahr 1553 übernahm der Jesuitenorden die Kapelle und errichtete die heutige Kirche. Im Gegensatz zur strengen Struktur des Hauptraums sind die **Seitenkapellen** überaus reich ausgeschmückt. Sie entstanden zum größten Teil erst im 17. und 18. Jh.

Ein Beispiel für den Überfluss, in dem die Herrschenden der Zeit schwelgten, ist die Kapelle für Johannes den Täufer. Sie gilt heute als ein **Juwel der europäischen Kunst**. König João V. gab die Kapelle 1740 in Rom in Auftrag. Über hundert italienische Künstler und Handwerker sollen an ihr gebaut haben. Verwendet wurden nur die edelsten Materialien wie Silber, Gold und verschiedene Edelsteine. Nach rund vier Jahren Bauzeit war die Kapelle fertig. Sie wurde von Papst Benedikt XIV. geweiht, komplett in ihre Einzelteile zerlegt, auf mehreren Schiffen nach Lissabon transportiert und dort wiederaufgebaut. Die offizielle Einweihung 1752 erlebte ihr Auftraggeber nicht mehr: König João V. starb zwei Jahre zuvor.

Der vergoldete Hauptaltar stammt aus den 1620er-Jahren. In den beiden Seitenaltären ist eine der bedeutendsten **Reliquiensammlungen** der Stadt untergebracht. Neben den Eingängen am Hauptportal finden sich zum Teil noch Beispiele von **Fliesen aus dem 16. Jh.** Sie gelten als die ersten, die in Portugal hergestellt wurden.

Direkt neben der Kirche befindet sich das **Museu de São Roque**, das sakrale Kunst zeigt. In der permanenten Ausstellung sind zahlreiche aufwendig gearbeitete Priestergewänder, sehr schöne italienische Schmiedearbeiten sowie Gemälde und Statuen aus dem 16. bis 18. Jh. zu sehen.

Santa Casa da Misericórdia und die barmherzige Lotterie

Bereits 1498 gründete **Dona Leonor**, die Witwe von König João II., einen säkularen Orden, der sich der Mildtätigkeit widmen sollte. Daraus entstand die Santa Casa da Misericórdia de Lisboa. Ihr soziales Engagement verhalf Dona Leonor zu ungeheurer Beliebtheit im Volk. Nach der Ausweisung der Jesuiten wurde die Kirche São Roque samt Nebengebäuden 1768 der Santa Casa als Schenkung überlassen. Dennoch plagte die Organisation ein Problem: Es fehlte an Mitteln. 1783 wurde ihr deshalb erlaubt, ihre Einnahmen mit Lotterien aufzubessern. Daraus entstanden die ersten nationalen Lotterien. Noch heute ist die Wohlfahrtsorganisation eine der wichtigsten im Land und betreibt unter dem Namen Jogos Santa Casa noch mehrere Lotterien. Von deren Umsätzen gehen 20 % an soziale Projekte. Den emsigen Losverkäufern, den *cauteleiros*, ist auf dem Largo Trindade Coelho eine Bronzestatue gewidmet. An den glänzend polierten Stellen lässt sich erkennen, dass die Figur als Glücksbringer gilt.

Losverkäufer-Statue auf dem Platz vor der Igreja São Roque

Info

Hinkommen: Aufzug Elevador da Glória; Bus 758, 790. [C–D3]

Information:

Igreja São Roque, Largo Trindade Coelho, Mo 14–19, Di–So 9–19, Do bis 20 Uhr, im Herbst und Winter jeweils nur bis 18 Uhr, Führungen (auch auf Englisch) Do–So ein- bis zweimal tgl. Mehr Infos im Museum und unter www.museudesaoroque.com, Tel. 21 3240866.

Museu de São Roque, www.museu-saoroque.com, Öffnungszeiten wie die Kirche, allerdings immer erst ab 10 Uhr.

Essen & Trinken: Die **Cafeteria** im Museum bietet ein ruhiges Plätzchen. Lebendiger geht es am **Kiosk** auf dem Kirchplatz zu.

In der Nähe: 9 Chiado (S. 28), 10 Bairro Alto (S. 30), 40 Miradouro de São Pedro de Alcântara (S. 96).

33 Elevador de Santa Justa – 360-Grad-Ausblick und Verbindung zwischen Ober- und Unterstadt

Die Wendeltreppe zur Aussichtsplattform

Der Kopf dieses auffälligen Bauwerks ist von vielen Punkten der Stadt aus zu sehen. Von seiner Aussichtsplattform hat man einen wunderbaren Rundumblick auf die Stadt am Tejo. Seit 1902 verbindet der **Aufzug** Santa Justa die Unter- mit der Oberstadt und ist zudem eines der Wahrzeichen Lissabons. Seine filigrane Gusseisen-Konstruktion in neugotischem Stil erinnert an den Eiffelturm in Paris. Sein Erbauer, der Ingenieur **Raoul Mesnier de Ponsard**, wurde 1848 als Sohn französischer Immigranten in Porto geboren. Ausgebildet wurde er unter anderem in Frankreich. Ob er tatsächlich ein Schüler Gustave Eiffels war, ist nicht genau belegt, sicherlich hat ihn aber die französische Bauweise der Zeit beeinflusst. In Lissabon gehen alle historischen Aufzüge und Standseilbahnen auf ihn zurück. Ursprünglich gab es neun dieser *elevadores* und *ascensores*, die den Lissabonnern den Alltag in den schönen, aber beschwerlich steilen Hügeln ihrer Stadt erleichtern sollten. Heute sind noch vier in Betrieb, drei davon sind Standseilbahnen (S. 160).

Moderne Aufzüge

In den vergangenen Jahren hat die Stadt ihre Leidenschaft für Aufzüge wiederentdeckt. So gibt es z. B. inzwischen ein **zweiteiliges Aufzugsystem**, das den **Aufstieg aus der Unterstadt zum Burghügel** erleichtert (Elevador do Castelo). Beide Aufzüge sind kostenlos, liegen aber etwas versteckt. Der Eingang zum unteren Aufzug verbirgt sich hinter einer Häuserfassade in der Rua dos Fanqueiros, an der Ecke zur Rua da Vitória. Von den drei Kabinen ist i. d. R. eine für die Mitarbeiter der Gemeindeverwaltung reserviert, die in dem Gebäude ihren Sitz hat. Im Aufzug selbst ist mit Grün die Etage 3b markiert, für den Weg zur Burg. Oben endet der Aufzug in der Rua da Madalena. Von dort geht es leicht links in das hinter einem kleinen Platz gelegene Gebäude des ehemaligen Marktes Chão do Loureiro. Heute sind dort ein Parkhaus und eine Filiale der Supermarktkette Pingo Doce untergebracht, und eben der obere Aufzug. An dessen Ausgang in der 7. Etage lohnt sich ein kurzer Abstecher nach links auf die Aussichtsplattform neben dem Café-Restaurant Zambeze (S. 100). Entlang der Beschilderung gegenüber dem Aufzug geht es dann den restlichen Weg hoch zur Burg.
Letzter Neuzugang in Sachen Aufzüge: 2016 hat die Stadt mit dem Bau eines kleinen Aufzugs begonnen, der den Weg zwischen **Kathedrale und Flussufer** auf Höhe der Casa dos Bicos verkürzen soll.

Die zwei Kabinen des Aufzugs Santa Justa verbinden die Rua do Ouro in der Baixa mit dem gut 30 m höher gelegenen Largo do Carmo im Viertel Chiado, an dem sich die Ruinen der Carmo-Kirche befinden. Am oberen Ausstieg lässt sich auf einer ersten Plattform schon der wunderbare Ausblick genießen. Von hier geht es über eine enge Wendeltreppe noch eine Etage höher zur kostenpflichtigen **Aussichtsplattform**. Der Aufzug, eigentlich als profanes öffentliches Transportmittel geplant, ist inzwischen bei Touristen so beliebt, dass sich bei über eine Million Nutzern pro Jahr oft lange **Warteschlangen** bilden. Das gilt vor allem für die Fahrt von unten nach oben. Deshalb der **Tipp:** Fans historischer Aufzüge können sich meist das Warten sparen, wenn sie den Aufzug einfach in umgekehrter Richtung nutzen. Inzwischen gibt es auch eine praktische Treppenverbindung zwischen dem Largo do Carmo und der Unterstadt. Die kann auch nutzen, wer einfach nur die Aussicht genießen möchte.

Der Aufzug Santa Justa ist von vielen Punkten der Stadt aus zu sehen

Info

Hinkommen: Metro Baixa/Chiado (blaue und grüne Linie), Terreiro do Paço (blaue Linie). [D4]

Information: **Elevador de Santa Justa**, Rua da Santa Justa, tgl. 7–22, im Sommer bis 23 Uhr, es gelten die Tickets 7 Colinas/ Viva Viagem, Ticket im Aufzug 5, 15 € inkl. Eintritt Aussichtsplattform und Rückfahrt; Aussichtsplattform tgl. 9–21 Uhr, Einzelticket 1,50 €, mit Lisboa Card oder Yellow-Bus-Ticket kostenlos (S. 240).

Essen & Trinken:

Bellalisa Elevador, direkt am oberen Zugang zum Aufzug, tgl. 9–24, Fr/Sa bis 1 Uhr, nicht günstig, aber mit schöner Aussicht.

TOPO Chiado, Terraços do Carmo, tgl. 10.30–0.30, Fr/Sa bis 2 Uhr. Im Sommer 2016 eröffnete In-Location auf drei Ebenen, direkt unter dem Aufzug auf den Terrassen unterhalb der Carmo-Ruinen gelegen. Abends sehr schönes Ambiente, was sich allerdings in den Preisen niederschlägt.

In der Nähe:

3 und **4** Baixa (S. 16ff.), **28** Largo do Carmo (S. 68), **9** Chiado (S. 28).

34 Kirchen in der Baixa – eingereiht ins Schachbrettmuster der Unterstadt

„Für jeden Sonntag im Jahr gibt es in Lissabon eine Kirche“, so sagte man vor dem großen Erdbeben 1755. Heute kann man die Anzahl der Kirchen in der Baixa an zwei Händen abzählen, dafür hat Marquês de Pombal gesorgt, der Wiedererbauer der Stadt nach dem Erdbeben. Als Aufklärer und Machtpolitiker wollte er den Einfluss der Kirche schmälern, die Anzahl der Gotteshäuser beträchtlich reduzieren und auch deren Präsenz im Stadtbild mindern. Beim Wiederaufbau wurde deshalb auf weithin sichtbare

Kirche, Parkhaus und Museum – die Igreja de São Julião

Kirchtürme verzichtet, einladende Vorplätze wurden abgeschafft. Die Kirchen sollten sich vollkommen dem Schachbrettmuster der Stadt fügen, auch wenn dadurch teilweise die traditionelle Ost-West-Ausrichtung aufgegeben werden musste.

So werden in der Rua da Alfândega die regelmäßigen Fassaden der typisch pombalinischen Häuser unvermittelt durch das Hauptportal der **Igreja da Conceição Velha** unterbrochen. Das Kirchengebäude wurde durch das Erdbeben komplett zerstört, nur das prachtvolle manuelinische Portal blieb erhalten. Besonders interessant ist die Figurengruppe über der Eingangstür: Unter dem schützenden Mantel Marias sind König Manuel I. und Papst Alexander VI. in Augenhöhe dargestellt. Die Figur des Erzengels Michael, des Hüters der Pforte zum Paradies, stammt aus der nahe gelegenen Synagoge, die Ende des 15. Jh. – nach der Zwangskonvertierung der jüdischen Bevölkerung – abgerissen wurde.

Die Igreja da Nossa Senhora da Oliveira ist klein und gut versteckt

In unmittelbarer Nähe befindet sich die **Igreja da Madalena** (Largo da Madalena). Auffällig ist vor allem ihr neo-manuelinisches Portal. Lange Zeit wurde fälschlicherweise angenommen, dass dieses Portal aus dem 16. Jh. stamme und ursprünglich ein Seitenportal der Kirche Conceição Velha sei. Das aktuelle Kirchengebäude wurde nach dem Erdbeben in spätbarockem Stil erbaut, aber erst 1833 fertiggestellt. Die Decke der einschiffigen Kirche ist kunstvoll von Pedro Alexandrino (1730–1810) bemalt worden. In früheren Zeiten sollen hier übrigens die Gefangenen des nahe gelegenen Gefängnisses Limoeiro um Gnade gebetet haben.

Einige der Kirchen in der Baixa sind so gut versteckt, dass sie nur dem aufmerksamen Betrachter auffallen. Wer zur Metrostation Baixa/Chiado geht, sollte kurz vor dem Eingang einen Blick nach rechts werfen. Hier befindet sich, eingereiht zwischen einem Café und einem Geschäft, die **Igreja de Nossa Senhora da Vitória** (Rua da Vitória). Die reiche Kachelverzierung, die prunkvolle Orgel sowie die künstlerisch wertvolle Marienstatue am Altar, die aus der Schule von Mafra (S. 226) stammt, lohnen einen kurzen Besuch.

Für die **Igreja de Nossa Senhora da Oliveira** (Rua de São Julião) wurde einfach ein pombalinisches Mietshaus angepasst: Die Sakristei befindet sich im ersten Stock, die weiteren Stockwerke werden als Wohnraum genutzt. Lediglich Glocke und Kreuz lassen auf eine Kirche schließen.

Beim großen Erdbeben komplett zerstört, fand auch die **Igreja de São Julião** (Largo São Julião) keinen Platz im Schachbrettmuster. Erst 1810 wurde sie neben dem Lissabonner Rathaus neu erbaut, sechs Jahre später brannte sie ab, um dann 1855 letztlich fertiggestellt zu werden. In den 1930er-Jahren kaufte die Banco de Portugal, die portugiesische Nationalbank, das Gotteshaus. Pläne der 1970er-Jahre, die Kirche an anderer Stelle wieder aufzubauen, führten dazu, dass alle Steine nummeriert wurden. Doch dazu kam es nie – die Kirche wurde als Tresor und Parkhaus von der Bank genutzt, was ihr den Spitznamen „Heilige Jungfrau der Mercedes" einbrachte. Bei Umbauarbeiten 2010, als die ehemalige Kirche in das Münzmuseum Museu do Dinheiro umgewandelt wurde, kamen Reste der alten Stadtmauer zum Vorschein (S. 46).

Info

Hinkommen: Metro Rossio (grüne Linie), Baixa/Chiado (blaue und grüne Linie), Terreiro do Paço (blaue Linie); Straßenbahn 12, 15, 28. [D4]

In der Nähe:
3 und **4** Baixa (S. 16ff.), **6** Sé und Castelo (S. 22), **9** Chiado (S. 28).

35 Igreja São Vicente de Fora und Panteão Nacional – wo Könige und Nationalhelden ihre letzte Ruhestätte finden

Weithin sichtbar zeichnen sich die eleganten weißen Zwillingstürme der Vinzenz-Kirche sowie die weiße Kuppel des Nationalpantheons gegen den Himmel ab.

Die **Kirche** und das **Kloster São Vicente de Fora** 35a sind dem Stadtheiligen São Vicente gewidmet. Der Beiname „de Fora" („außerhalb der Stadtmauern") lässt das Alter der Kirche erahnen: Während der Reconquista wurden hier die gefallenen Kreuzritter begraben, 1147 wurde der Grundstein zur ursprünglichen Kapelle gelegt. Unter der spanischen Fremdherrschaft wurde die alte Kapelle durch die heutige Anlage im Renaissance-Stil ersetzt. Diese gilt als **das wichtigste Bauwerk Lissabons aus dem 16. Jh**. Teile der Anlage wurden durch das Erdbeben 1755 zerstört. Der erneuerte Altar stammt von Machado de Castro, die Zisterne und Überreste des Originalkreuzgangs aus dem 16. Jh. sind erhalten geblieben. Hier sind zahlreiche Azulejos aus dem 17. und 18. Jh. zu bewundern, die historische Schlachten, religiöse Themen und Fabelszenen aus dem Werk von La Fontaine zeigen. Das ehemalige Refektorium wurde 1885 in das Pantheon des Hauses Bragança umgewandelt. Hier sind die Grabstätten der portugiesischen Könige von João IV. (1640–56) bis zum letzten König Manuel II. (1908–10) untergebracht. Vom Dach hat man einen wunderbaren Blick, angeschlossen ist eine nette Cafeteria. Das restliche Klostergebäude beherbergt heute übrigens den Sitz des Bischofs und Patriarchen von Lissabon.

Gleich nebenan befindet sich das **Nationalpantheon** 35b. Der Innenbereich der Haupthalle ist komplett mit Marmor gestaltet. Hier werden mit symbolischen Grabmälern Nationalhelden wie Nuno Álvares Pereira, Infante Dom Henrique, Vasco da Gama

Weithin sichtbar: die Igreja São Vicente de Fora und das Nationalpantheon

Pause im Innenhof des Klosters

und Luís Vaz de Camões geehrt. In den Seitenflügeln sind Grabmäler vieler portugiesischer Präsidenten sowie die Grabstätten namhafter Künstler wie Almeida Garrett und Amália Rodrigues untergebracht. Seit Sommer 2015 wird hier auch Portugals berühmter Fußballikone Eusébio gebührende Ehre erwiesen.

Das Nationalpantheon ist übrigens in der **ehemaligen Kirche Santa Engrácia** untergebracht. Um die Baugeschichte rankt sich eine der vielen Legenden der Stadt: Im Jahr 1630 wurden geweihte Hostien aus der Sakristei gestohlen. Als Dieb wurde der konvertierte Jude Simão Pires verhaftet, denn er war in der Nähe der Kirche gesehen worden. Der Beschuldigte nahm eine Verurteilung in Kauf, da er den wahren Grund seines Aufenthalts, ein Stelldichein mit einer Nonne, nicht preisgeben wollte. Zum Tode verurteilt und bereits auf dem Scheiterhaufen stehend, soll er gerufen haben: „Es ist genauso wahr, dass ich unschuldig sterbe, wie es wahr ist, dass die Arbeiten an der Kirche niemals enden werden." Er sollte beinahe Recht behalten, denn der Neubau der Kirche wurde erst 284 Jahre später, 1966, beendet, obschon das Gebäude bereits seit 1916 als Nationalpantheon genutzt wurde. Noch heute wird der Ausdruck „*Obras de Santa Engrácia*" für Bauvorhaben und Projekte verwendet, die sich ewig hinziehen.

Info

Hinkommen: Straßenbahn 28. [E3]

Information:

Igreja São Vicente de Fora 35a, Largo de São Vicente, Mo–Sa 9–18, So sowie im August 9–12.30 und 15–17 Uhr, Eintritt 5 €.

Panteão Nacional 35b, Campo de Santa Clara, Di–So 10–17 Uhr, Eintritt 4 €.

Einkaufen: Gebrauchtes auf der **Feira da Ladra** (S. 154), Recyceltes bei **Garbags** (S. 159).

Essen & Trinken: Kiosk-Café **Clara Clara** und Restaurant **Santa Clara dos Cogumelos** (S. 155).

In der Nähe: 7 Alfama (S. 24), 8 Graça (S. 26), 24 Vilas Operárias (S. 60).

36 Lissabons Bahnhöfe – von Klassizismus bis Postmoderne

Vier der Lissabonner Bahnhöfe liegen an touristischen Routen. Drei davon sind Kopfbahnhöfe in Vierteln im Zentrum. Der älteste dieser Bahnhöfe ist der **Estação Santa Apolónia** 36a mit seiner klassizistischen Fassade. Er befindet sich am südöstlichen Rand des Altstadtviertels Alfama. Für den Bau des 1865 in Betrieb genommenen Bahnhofs wurde ein ehemaliges Klostergebäude genutzt, das der heiligen Apolónia geweiht war. Heute hat der Bahnhof etwas an Bedeutung verloren, ist aber immer noch Endstation etlicher regionaler und nationaler Zugverbindungen. Ein Supermarkt sowie wie einige andere Geschäfte und Restaurants versorgen Reisende, Pendler und Anwohner. Die blaue Metrolinie hat hier ihren Endpunkt und einer der Anleger für Kreuzfahrtschiffe befindet sich gleich nebenan. Auf dem Bahnhofsvorplatz erinnert seit 2010 ein Denkmal an die portugiesischen Emigranten, die sich früher oft auf Schiffen vom nahen Anleger aufmachten, um ihr Glück in der Fremde zu suchen.

Die **Estação do Rossio** 36b ist in der Unterstadt zu finden, zwischen dem Praça dos Restauradores (S. 56) und dem Rossio (S. 102). Ende des 19. Jh. von José Luís Monteiro entworfen, ist der Bahnhof eines der wenigen im **neomanuelinischen Stil** gehaltenen, öffentlichen Gebäude Lissabons. Zwei riesige Hufeisen bilden den Eingang. Heute fahren hier die Züge nach Sintra ab. Immer wieder wurde der Bahnhof Rossio Schauplatz historischer Ereignisse: So fiel hier am 21. Dezember 1918 der damalige portugiesische Präsident, Sidónio Pais, einem Anschlag zum Opfer. Während des Zweiten Weltkriegs kamen hier viele Flüchtlinge an (S. 66).

Die Fassade des **Bahnhofs am Cais do Sodré** 36c ist im Art-déco-Stil gehalten und wurde in den 1920er-Jahren von Pardal Monteiro gestaltet. Der Bahnhof selbst wurde

Der Bahnhof Santa Apolónia befindet sich am Fuße der Alfama

bereits in den 1890er-Jahren eröffnet und seitdem mehrmals umgebaut und erweitert. Heute ist er der Endpunkt der **Linha de Cascais** mit den Nahverkehrszügen aus Richtung Estoril und Cascais. In unmittelbarer Nähe befinden sich die gleichnamige Metrostation und ein Fähranleger. Nur wenige Meter entfernt steht die zentrale Markthalle der Stadt, der Mercado da Ribeira (S. 156). In den vergangenen Jahren hat das vorher eher etwas heruntergekommene Viertel rund um den Bahnhof einige städtebauliche Aufwertung erfahren, nicht zuletzt durch die neue Promenade entlang des Tejo (S. 36).

Der neueste Bahnhof Lissabons wurde von dem spanischen Stararchitekten **Santiago Calatrava** anlässlich der Weltausstellung 1998 für das Expo-Gelände (S. 92) entworfen.

Militärmuseum

Gegenüber dem Bahnhof Santa Apolónia liegt das **Museu Militar**. Früher diente der Komplex als Waffenarsenal des Militärs, zeitweise auch als Waffenfabrik und Gießerei. In dem Militärmuseum ist vor allem Kriegsgerät aus fünf Jahrhunderten ausgestellt. An den Wänden im Innenhof sind die wichtigsten Schlachten Portugals auf Azulejos verewigt. Hier wurde übrigens das Reiterstandbild von König José I. gegossen, das auf dem Praça do Comércio steht. Der Wagen, mit dem die Statue gezogen wurde, ist im Keller zu sehen.

Museu Militar, Largo do Museu da Artilharia, Di–Fr 10–19, Sa/So 10–12.30 und 13.30–17 Uhr, Eintritt 3 €. Metro Santa Apolónia (blaue Linie).

Der Bahnhof Oriente wurde von dem spanischen Stararchitekten Santiago Calatrava entworfen

Der viel gelobte Bahnhof **Estação do Oriente** 36d hat sich zu einem wichtigen nationalen und internationalen **Verkehrsknotenpunkt** entwickelt. Kommt man in der Metrostation an, lohnt es sich, zunächst die Kachelgemälde zu bewundern. **Künstler aus fünf Kontinenten** haben die Azulejo-Bilder geschaffen, darunter z. B. Friedensreich Hundertwasser. Über der Metro liegen auf zwei Ebenen Busbahnhof und Einkaufspassage. Die Baumwurzeln ähnelnden Betonpfeiler tragen den darüberliegenden eigentlichen Bahnhof. Dessen Stahlträger und das Glasdach wirken wie ein symmetrisch angeordneter Palmenhain. Von außen wirkt die ganze Konstruktion sehr hell, leicht und fast schwebend.

37 Prémio Valmor – Lissabons Architekturpreis und die Avenidas Novas

Der Prémio Valmor ist ein Architektur-Preis und wurde vom **Visconde de Valmor** (1837–1898) ins Leben gerufen. Nach seinem Tod hinterließ dieser der Akademie der schönen Künste in Lissabon ein stattliches Erbe. Die Hälfte davon ging in eine Stiftung über. Mit den Zinsen sollte eine Prämie für Architekten und Bauherren des schönsten Hauses in Lissabon finanziert werden. Der Stifter formulierte allerdings klare Bedingun-

Preisträger 1906: Av. da República 38

Beispiele für Preisträger des Prémio Valmor:

Clube dos Empresários, Av. da República 38, Architekt: Miguel Ventura Terra, 1906.
Central do Banco de Investimento, Av. da República 23, Ecke Av. João Crisóstomo 19, Architekt: Miguel Nogueira, 1913.
Gebäude Luís Rau, Av. da República 49, Architekt: Porfírio Pardal Monteiro, 1923.
Gebäude Félix Ribeiro Lopes, Av. 5 de Outubro 207–215, Architekt: Porfírio Pardal Monteiro, 1929.
Fundação Calouste Gulbenkian, Av. da Berna 45, Architekten: Rui Jervis Atouguia, Alberto Pessoa, Pedro Cid, 1975.
Amoreiras Shopping, Av. Engenheiro Duarte Pacheco, Architekt: Tomás Cardoso Taveira, 1993, Infos s. S. 40.
Atrium Saldanha, Praça Duque de Saldanha 1–1 C, Architekten: João Paciência, Ricardo Bofill, 2001.
Estação de Metro do Terreiro do Paço, Av. Infante Dom Henrique/Praça do Comércio, Baixa, Architekt: Artur Rosa, 2007, s. S. 14.

gen: Das neue oder restaurierte Haus solle klassisch, griechisch, romanisch oder gotisch gehalten sein, alternativ der Renaissance oder einem portugiesischen Baustil verpflichtet, jedenfalls einem Stil angehören, der einer zivilisierten Stadt würdig sei. Im Jahr 1982 wurde die Valmor-Auszeichnung mit dem Prémio Municipal de Arquitectura, dem Städtischen Architektur-Preis, zusammengelegt und heißt seitdem **Prémio Valmor e Municipal de Arquitectura**.

Preisträger 1993: Amoreiras Shoppingcenter

Einige der ausgezeichneten Häuser sind an den **Avenidas Novas**, einem relativ jungen Viertel, zu finden. Die ersten städtischen Bauten entstanden, wie so oft in Lissabon, nach dem großen Erdbeben 1755. Hier fand der Stadtadel unbebautes, erdbebensicheres Bauland. Rund um die heutige Avenida da República wurden die ersten Villen und Kirchen konstruiert. Ende des 19. Jh. wurden nach dem zeitgenössischen Vorbild französischer Stadtplanung **breite Boulevards** gebaut. Die Errichtung der Häuser fand unter städtischer Leitung statt und orientierte sich an der Nachfrage nach Büro- und Wohnraum. Rund 40 Jahre später kam es zu einer erneuten Umstrukturierung: Mehr Bürofläche für das wachsende Lissabon sollte geschaffen werden. Wohnungen wurden durch Büro- und Geschäftsflächen ersetzt, der traditionelle Einzelhandel durch internationale Ketten verdrängt. Ein Spaziergang lohnt sich insbesondere wegen der **sehr sehenswerten Museen**, etwa dem Museu Gulbenkian (S. 140), und viel interessanter Architektur.

Info

Hinkommen: Metro Saldanha (gelbe und rote Linie), Campo Pequeno und Entrecampos (gelbe Linie). [C–D1]

Essen & Trinken:

Café Versailles, eine der ersten Adressen der Stadt in Sachen Cafés (S. 199).

À Parte, Av. Defensores de Chaves 14 C, Tel. 21 3543068, www.a-parte.com, Mo–Sa 12–15 und 19.30–24, Sa ab 13 Uhr. Sehr gemütliches Restaurant mit leckerer portugiesischer und internationaler Küche. Mittlere Preisklasse.

Laurentina, Av. Conde Valbom 71A, Tel. 21 7960260, www.restaurantelaurentina.pt (auch dt.). Hier ist der Lieblingsfisch der Portugiesen, der Bacalhau, König.

Restaurante Paladar Zen, Av. Barbosa du Bocage 107 C, Tel. 21 7950009, www.paladarzen.pt, Mo–Sa 12–15 und 19.30–22.30 Uhr. Veganes und vegetarisches Buffet für 8–10 €.

In der Nähe: 61 Museu Gulbenkian (S. 140), 46 Parque Eduardo VII (S. 108).

38 Ponte 25 de Abril und Ponte Vasco da Gama – die Brücken über den Tejo

Die **Ponte 25 de Abril** 38a war die **erste Brücke**, die Lissabon mit der Südseite des Tejo und der Stadt Almada verband. Abends ist sie besonders schön, wie eine geschwungene Lichterkette bildet ihre Beleuchtung dann eine schwebende Verbindung zwischen Lissabon und der Christus-Statue (S. 208) am südlichen Tejo-Ufer. Tagsüber fällt die Ähnlichkeit mit der Golden Gate Bridge in San Francisco auf und diese kommt nicht von ungefähr: Beide Brücken wurden von der New Yorker Firma United States Steel International gebaut. Während der vierjährigen Bauzeit der Ponte 25 de Abril waren bis zu 3.000 Arbeiter in luftiger Höhe beschäftigt, liegt die Fahrbahn doch 70 m über dem Fluss. Bis zur Eröffnung der Brücke 1966 waren Fähren die einzige Möglichkeit, den Tejo zu überqueren. Viele Pendler leben in den Städten am südlichen Tejo-Ufer und arbeiten in Lissabon.

Heute ist die Brücke sechsspurig ausgebaut und um eine Trasse für den Zugverkehr unter der Fahrbahn erweitert. Ein Teil der Fahrbahnen besteht auch heute noch aus Gitterkonstruktionen, die beim Darüberfahren ein eigentümliches Summen erzeugen. Ein Geräusch, dass man in den Vierteln in unmittelbarer Nähe der Brücke gut hören kann. Die Brücke ist nur für den motorisierten Verkehr zugelassen. Die Stadtverwaltung plant jedoch, an einem der Pfeiler auf der Lissabonner Seite einen Aufzug samt Aussichtsplattform zu bauen, damit die schöne Aussicht von der Brücke auch für Fußgänger zugänglich wird.

Früher hieß die Brücke übrigens Ponte Salazar, benannt nach dem Begründer und langjährigen Diktator des Estado Novo. Diesen dürfte es postum noch ärgern, dass die Brücke später ausgerechnet nach dem Datum der Nelkenrevolution benannt wurde, die die Diktatur des Estado Novo beendete (S. 68).

Die Ponte 25 de Abril ist Lissabons älteste Tejo-Brücke

Noch die längste Brücke Europas: die Ponte Vasco da Gama

Obwohl es inzwischen eine zweite Tejo-Brücke gibt, ist die Ponte 25 de Abril weiterhin eines der Verkehrsnadelöhre der Stadt. Regelmäßig staut sich hier der Autoverkehr.

Die zweite Tejo-Brücke, **die Ponte Vasco da Gama** 38b wurde zur Weltausstellung 1998 gebaut. In einer lang gestreckten Rechtskurve überquert die Brücke das riesige Mündungsbecken des Tejo zwischen dem Expo-Gelände und dem Südufer des Flusses bei Montijo. Mit 17,2 km Länge (davon ca. 12 km über dem Fluss) hält sie momentan noch den Rekord als **längste Brücke Europas**. Das gigantische Projekt hat knapp 900 Millionen Euro gekostet, wovon die EU rund ein Drittel beisteuerte und für ein weiteres Drittel Kredite gab. Allein die beiden Hauptteile der Brücke werden von über 160 Pfeilerpaaren getragen. Insgesamt wurden 730.000 m^3 Beton und 100.000 t Stahl verbaut.

Auch wenn die Lissabonner sehr stolz auf ihre neue Brücke sind, gab es schon in der Planungsphase zahlreiche **kritische Stimmen**, zum einen, weil für die Brücke ausgerechnet eine der breitesten Stellen des Mündungsbeckens gewählt wurde und so die Baukosten erheblich in die Höhe stiegen, zum anderen stehen die Brückenpfeiler auf der südlichen Flussseite direkt in einem **Natur- und Vogelschutzgebiet**.

Bei der kilometerlangen Fahrt über den Fluss hat man ein wenig den Eindruck, über das Wasser zu gleiten. Lissabon-Besucher, die per Mietwagen beispielsweise Richtung Algarve oder ins Hinterland des Alentejo unterwegs sind, kommen in den Genuss dieser Aussicht.

Beide Brücken sind **mautpflichtig** und werden von der Gesellschaft Lusoponte verwaltet. Die Gebühr wird nur für die Fahrt in Richtung Lissabon fällig. Die Mautstationen befinden sich jeweils an den Zufahrten am Südufer des Tejo.

Info

Information: Ponte 25 de Abril und **Ponte Vasco da Gama**, www.lusoponte.pt, Mautstellen jeweils am Südufer, Preis 1,75 € bzw. 2,75 € für PKW, Spuren mit der Kennzeichnung *„Via Verde“* sind für Abonnenten reserviert. [Karte Umgebung]

39 Parque das Nações – das Lissabon des 21. Jahrhunderts?

Während die Viertel der Lissabonner Innenstadt den Charme zu Stein gewordener Geschichte ausstrahlen, erprobt die Stadt mit dem Park der Nationen architektonische Zukunft. Das heutige Viertel Parque das Nações entstand aus dem ehemaligen Gelände der Weltausstellung 1998. Die **Expo 98**, die unter dem Motto „**Ozeane – Erbe für die Zukunft**“ stand und damit das **500-jährige Jubiläum** der Entdeckungsfahrten von Vasco da Gama feierte, erstreckte sich auf einer Fläche von rund 5 km Länge im Nordosten der Stadt entlang des Tejo. Errichtet wurde das Ausstellungsgelände auf Industriebrachen, deren verseuchte Böden zunächst saniert werden mussten. Rund elf Millionen Besucher zählte die Expo 98, das waren weniger als erwartet. Für Kritik sorgte ein Unterschlagungsskandal – und dass Portugals Steuerzahler auf einem Defizit von gut einer halben Milliarde Euro sitzen blieben. Trotzdem kann das Projekt als Erfolg gewertet werden, denn der Plan für die spätere Verwendung des Geländes ging auf und das Viertel drumherum ist in den letzten Jahren immer weiter gewachsen, auch wenn die Wirtschafts- und Finanzkrise einigen Plänen einen Dämpfer versetzte.

Entsprechend dem Motto der Expo wurden für viele der Bauten die Themen Wasser, Meer und Seefahrt aufgegriffen, so z. B. bei den beiden emblematischen, riesigen **Zwillingstürmen São Rafael und São Gabriel**. Beide sind nach Schiffen benannt, mit denen Vasco da Gama Ende des 15. Jh. den Seeweg nach Indien erkundete. Tatsächlich erinnert die geschwungene Front der Türme an den langgezogenen Bug eines Schiffs.

Ausblick vom Shoppingcenter auf den Parque das Nações

Zwischen den futuristischen Gebäuden sorgen mehrere Parkanlagen für etwas Grün. Vor allem am Wochenende ist das Viertel bei den Lissabonnern sehr beliebt. Ausgangspunkt für die Erkundung ist der sehenswerte **Bahnhof** samt Metrostation des spanischen Stararchitekten Calatrava (S. 86). Daran schließt sich das in der ehemaligen Eingangshalle der Expo untergebrachte **Shoppingcenter** Vasco da Gama an, das mit rund 170 Geschäften, Restaurants und Kinos aufwartet. Von der Terrasse der Restaurant-Etage aus kann man sich einen guten Überblick über das Gelände verschaffen, das sich in einen nördlichen und südlichen Teil gliedert.

Die Zwillingstürme und der Pavilhão de Portugal

Unbestrittener Publikumsliebling ist das **Ozeanarium** (S. 168). Ein weiteres Highlight, vor allem für Familien mit Kindern, ist das **Wissenschaftsmuseum** (S. 168) mit seinen vielen Experimenten zum Ausprobieren. Ebenfalls in südlicher Richtung ist das **Casino Lisboa** zu finden. Das **Teatro Camões** (S. 135) hat vor allem Ballettaufführungen im Programm. Der ehemalige portugiesische Pavillon **Pavilhão de Portugal** beeindruckt mit seiner 60 m langen, freischwebenden Betondecke. Der Endpunkt der Seilbahn **Telecabine Lisboa** verbindet den Südteil des Geländes mit dem Norden.

Im nördlichen Teil fällt die Meo-Arena auf, deren ovale Form an den Panzer einer Hufeisenkrabbe erinnert und die als erste große Mehrzweckhalle der Stadt Platz für 16.500 Zuschauer bietet. Daneben liegt das Messegelände. Am nördlichen Ende des Viertels, direkt am Ufer, ragt der **Torre Vasco de Gama** in den Himmel. Mit 145 m gilt er als das höchste Gebäude des Landes. Die Panoramaplattform des Turms soll künftig auch wieder für Besucher zugänglich gemacht werden, bis Anfang 2017 waren diese Pläne allerdings noch nicht umgesetzt.

Ein Besuch des Geländes lohnt sich vor allem für Architekturfans und für Familien mit Kindern.

Info

Hinkommen: Metro Oriente (rote Linie); Zug Gare do Oriente. [Karte Umgebung]
Information: **Touristeninformation**, kleiner Kiosk zwischen Shoppingcenter und Meo-Arena, tgl. 10–13 und 14–18, im Sommer bis 19 Uhr.
Teleférico Telecabine Lisboa, Passeio de Neptuno bzw. Passeio das Iágides, Tel. 21 8956143. Die Seilbahn fährt im Sommer 10.30–20, sonst je nach Jahreszeit bis 18 bzw. 19 Uhr, einfache Fahrt für Erwachsene 3,95 €, Hin- und Rückfahrt 5,90 €, Kinder von 7–12 Jahre 2 bzw. 3,35 €.
Essen & Trinken: Restaurants, Bars und Cafés konzentrieren sich vor allem in der obersten Etage des Shoppingcenters, an der Uferpromenade auf Höhe des Messegeländes und im Bereich zwischen Casino und Ozeanarium.

Aussichtspunkte, Plätze und Parks

40 Miradouros I – Aussichtspunkte westlich der Baixa

Ob in einer der steilen Straßen oder auf den Dachterrassen der Hotels und Sehenswürdigkeiten – Punkte mit immer wieder schönen und überraschenden Ausblicken über Stadt und Fluss findet man in Lissabon reichlich (S. 20). Besonders schöne Aussichten bieten die vielen Miradouros.

Terraços do Carmo 40a

Direkt neben dem oberen Ausgang des berühmten Aufzugs Santa Justa (S. 80) gibt es seit 2015 einen Neuzugang in Sachen schöne Aussicht. Zusammen mit einer Treppenverbindung hinunter zur Rua Garett im Chiado-Viertel wurden nach jahrelanger Planungs- und Bauphase die Terrassen am Fuße der Ruinen der Carmo-Kirche (S. 28) für die Öffentlichkeit zugänglich gemacht. Von der obersten Ebene hat man einen tollen Blick auf die Stadt, auf den unteren lässt sich der besonderen Atmosphäre an den Ruinen der Kirche nachspüren. 2016 hat auf den Terrassen das Lokal TOPO Chiado (S. 44) eröffnet.

Terraços do Carmo, *zu Fuß über die Rua Garrett oder den Largo do Carmo, Aufzug Santa Justa. [D4]*

Miradouro de São Pedro de Alcântara 40b

Der Aussichtspunkt São Pedro de Alcântara ist ein in zwei Terrassen angelegter Garten am Fuße des Bairro Alto, mit Blick über die Unterstadt. Eine Fliesentafel erklärt die markantesten Punkte der wirklich herrlichen Aussicht über die Stadt. „*Que bom fresco aqui!*“ – „Welch herrliche Kühle hier!“, ließ schon der Romancier Eça de Queirós eine seiner Figuren in dem 1878 veröffentlichten Roman „*Primo Basílio*“ („Vetter Basilio“) über den kleinen Park sagen. Und tatsächlich, insbesondere im oberen Teil bieten Bäume kühlenden Schatten, eine Brunnenanlage plätschert friedlich vor sich hin. Heute sorgt ein Kiosk-Café für Erfrischungen und – vor allem an den Wochenenden – oft auch für Live-Musik. Ein paar Andenkenverkäufer bieten ihre Ware an. Auf der unteren Ebene, zwischen angelegten Beeten, geht es meist ruhiger zu. Entstanden ist die Anlage 1864. Renoviert wurde sie zuletzt vor ein paar Jahren und hat seitdem enorm gewonnen: eine sehr schöne Adresse zum Entspannen und Schauen.

Auch im Winter schön: der Miradouro de São Pedro de Alcântara

Miradouro de São Pedro de Alcântara, *Rua de São Pedro de Alcântara, Ecke Calçada da Glória, Aufzug Elevador da Glória. [C3]*

Miradouro de Santa Catarina 40c

Seit den 1880er-Jahren existiert dieser ebenfalls in zwei Terrassen angelegte Aussichtspunkt am anderen Ende des Bairro Alto. Lissabonner wie Touristen schätzen diesen Miradouro, und mit Recht: Er bietet von der Anhöhe hinunter einen wunderschönen Blick auf den Fluss, auf die gegenüberliegende Uferseite, die Tejo-Brücke und die Hafenanlagen. Ein paar Bäume auf der oberen Ebene bieten Schatten, ein Kiosk verkauft Getränke und Snacks. Eine Statue des Adamastor, eines Ungeheuers aus dem Nationalepos „*Os Lusíadas*", wacht mit etwas grimmigem Blick über die Besucher. Eine gute Adresse zum Chillen bei Sonnenuntergang und gleichzeitig ein guter Ausgangspunkt für einen Kneipenbummel im Bairro Alto oder im Bica-Viertel (S. 202).

Miradouro de Santa Catarina, *Alto de Santa Catarina, Straßenbahn 28, Aufzug Elevador da Bica. [C4]*

Blick vom Miradouro de Santa Catarina

Miradouro do Largo das Necessidades 40d

Ein Aussichtspunkt aus der Kategorie „jenseits touristischer Routen": Wer sich gerade in der Nähe befindet und Lust auf eine Ruhepause im Grünen hat, dem sei ein Abstecher zu diesem Aussichtspunkt samt Park am Palácio Real das Necessidades empfohlen. Er liegt im Westen des Stadtteils Lapa. Anstelle einer Kapelle ließ König João V. 1742 eine Klosterkirche mit Palast erbauen. Als Residenz wurde der Palast jedoch nur von wenigen Königen genutzt. Mit dem Ende der Monarchie ging das Gelände in Staatsbesitz über. Seit 1916 ist in dem Palast das Außenministerium untergebracht, daher ist er Besuchern nicht zugänglich.

Miradouro und Park am Largo das Necessidades, *Largo do Rilvas/Largo das Necessidades, Park Mo–Fr 8–19, Sa/So und an Feiertagen ab 10, im Winter bis 18 Uhr, Straßenbahn 28, Bus 773. [A4]*

41 Miradouros II – Aussichtspunkte östlich der Baixa

Miradouro de Santa Luzia 41a

Strategisch günstig für Spaziergänge durch die Altstadtviertel östlich der Baixa liegt der Miradouro de Santa Luzia. Hier kann man die Aussicht über die Dächer der Alfama und den Tejo genießen. Die Kirche des Malteserordens sowie der obere, ältere Teil des Miradouros stehen auf den Resten der maurischen Stadtmauer. Azulejo-Fans dürften die blau-weißen Kacheln begeistern. Das Kachelbild an der Außenmauer der Kirche zeigt den Praça do Comércio vor dem großen Erbeben sowie Martim Moniz, einen legendären Helden der Reconquista. Die untere Ebene des Aussichtspunkts wurde erst in den 1960er-Jahren fertiggestellt. Seit 2015 führt ein kleiner Aufzug, der Elevador de Santa Luzia, 15 m tiefer an die Treppengassen in der Alfama, zur Rua Norberto Araújo. Das Restaurant auf dem Miradouro bietet leider nicht gerade das beste Preis-Leistungs-Verhältnis. Eine ähnlich gute Aussicht und günstigere Getränke gibt es nebenan, am Kiosk auf den Portas do Sol.

Miradouro de Santa Luzia, *Largo de Santa Luzia, Straßenbahn 12, 28, Aufzug Elevador de Santa Luzia. [E4]*

Miradouro das Portas do Sol 41b

Dieser Aussichtspunkt liegt am Largo das Portas do Sol. Platz wie Aussichtspunkt verdanken ihren Namen dem Umstand, dass hier einst das „Sonnentor" der Cerca Moura stand, der maurischen Stadtmauer. Von der großen Aussichtsplattform hat man einen wunderbaren Blick über die Alfama, das Nationalpantheon, die mächtige Kirche São Vicente de Fora und den Tejo. Ein Kiosk bietet Getränke und Snacks.

Miradouro das Portas do Sol, *Largo Portas do Sol, Straßenbahn 12, 28, Aufzug Elevador de Santa Luzia. [E4]*

Aussicht vom Miradouro da Graça

Miradouro da Graça 41c

Den Schienen der historischen Straßenbahnlinie 28 in das Viertel Graça folgend, gelangt man zum Aussichtspunkt an der Igreja da Graça. Der helle Innenraum der Kirche mit schönen Deckenfresken und Seitenaltären mit vergoldeten Schnitzereien (*Talha Dourada*) ist im spätbarocken Stil gehalten. Das dazugehörige Kloster zählte einst zu den größten der Stadt. Vom Aussichtspunkt hat man einen herrlichen Blick auf den Burgberg, über die Baixa und die gegenüberliegenden Hügel bis hin zum Tejo und zur anderen Flussseite. Ein Kiosk-Café hat ein paar Tische unter den Pinien der Aussichtsplattform aufgebaut. Dort kann man wunderbar im Schatten sitzen. 2017 soll ein kleiner Aufzug fertiggestellt werden, der einen direkten Zugang zu den tiefer gelegenen ehemaligen Klostergärten ermöglicht.

Miradouro da Graça, *Largo da Graça /Calçada da Graça, Straßenbahn 28. [D3]*

Café am Miradouro das Portas do Sol

Miradouro da Nossa Senhora do Monte 41d

Noch ein Stück weiter bergauf hat man an diesem Miradouro, der auf einem der höchsten Hügel Lissabons liegt, eine noch bessere Aussicht über die ganze Stadt. In der Mitte des Platzes befindet sich eine der „lieben Frau vom Berg" („*Nossa Senhora do Monte*") gewidmete Marienstatue, die von den Anwohnern immer reichlich mit frischen Blumen geschmückt wird. Etwas zurückgesetzt erhebt sich die gleichnamige Kapelle. Der Legende nach starb hier São Gens, der erste Bischof Lissabons, im 4. Jh. den Märtyrertod. Seinen Bischofsthron gibt es noch heute und dieser wird rege „benutzt": Schwangeren, die dort Platz nehmen, soll eine leichte Geburt vergönnt sein. Angeblich haben auch schon Königinnen den Thron besucht. Das Innere der kleinen Kapelle ist reichlich mit Azulejos und vergoldeten Holzschnitzereien im barocken Stil verziert. Leider ist sie jedoch oft geschlossen.

Miradouro da Nossa Senhora do Monte, *Largo do Monte, Straßenbahn 28. [D3]*

Miradouro do Torel 41e

Nicht weit von der Endstation des Elevador da Lavra betritt man durch ein Eisentor einen der weniger bekannten und gleichzeitig schönsten Aussichtspunkte Lissabons. Springbrunnen, Parkbänke und schattenspendende Bäume findet man in dieser grünen Oase. Gemütlich kann man den Blick bis hinab zum Praça do Comércio und zum Tejo schweifen lassen. Einst diente die Anlage dem Gerichtsrat Cunha Torel als pompöses Anwesen. Aus Zeiten, in denen sich hier die Polizeistation befand, hat sich der Ausdruck „zum Torel gerufen werden" erhalten, der nichts Gutes verheißt. Heute versüßt direkt nebenan ein nettes Café mit Terrasse den Aufenthalt.

Miradouro do Torel, *Rua Júlio de Andrade, im Jardim de Torel, tgl. 7–19 Uhr, Aufzug Elevador da Lavra. [D3]*

42 Rooftops – auf und über den Dächern von Lissabon

Neben den vielen Miradouros (S. 96ff.) bieten auch die Dachterrassen vieler Hotels, Bars und Restaurants herrliche Ausblicke auf die Stadt. Hier eine wirklich kleine Auswahl an Locations:

Terrasse am Restaurante Zambeze

Restaurante Zambeze 42a, Calçada Marquês de Tancos, Tel. 21 8877056, www.zambezerestaurante.pt, tgl. 11–23 Uhr, Aufzug Elevador do Castelo. Café-Restaurant mit riesiger Terrasse auf dem Dach der ehemaligen Markthalle Chão do Loureiro. Die Aussicht über die Stadt ist wunderbar – vor allem zum Sonnenuntergang kann man hier angenehm bei Kaffee oder einem Drink und Snacks sitzen. Das Innere des Restaurants ist luftig, hell und mit Keramiken von Bordalo Pinheiro dekoriert. Portugiesisch-mosambikanische Küche. Mittlere Preisklasse. [D4]

Pollux 42b, Rua dos Fanqueiros 276–286, www.pollux.pt, Mo–Sa 10–19 Uhr, Metro Rossio (grüne Linie). Traditionsreiches Haushaltswarengeschäft auf neun Etagen. Im obersten Stockwerk gibt es eine Cafeteria mit einer kleinen Terrasse, die 2017 renoviert wurde. Hier hat man eine tolle Aussicht auf die Baixa und den Elevador Santa Justa. Günstig. [D3]

Sky Bar 42c, Avenida da Liberdade 185, Tel. 21 3198832, von April bis Sept. tgl. 17–1 Uhr, Metro Avenida (blaue Linie). Die Bar befindet sich in der 9. Etage des Tivoli-Hotels. Hier gibt es Cocktails (mit und ohne Alkohol, ab 12 €) und leichte Gerichte, aber vor allem eine der besten Panorama-Aussichten der Stadt. Gehobene Preisklasse. [C3]

TOPO Chiado 42d, direkt an den Ruinen der Carmo-Kirche und am oberen Ausgang des Aufzugs Santa Justa (S. 80). Schon länger gibt es den Ableger auf dem Dach des Centro Comercial Martim Moniz (S. 111), Praça Martim Moniz, Di–So 12–24 Uhr, Fr/Sa bis 2 Uhr. [D3]

Bar Entretanto 42e, Rua Nova do Almada 114, Tel. 21 3256100, www.hoteldochiado.pt, tgl. 11–24 Uhr, Metro Baixa/Chiado (blaue und grüne Linie). Bar und Restaurant mit großer Terrasse in der 7. Etage des Hotel Chiado. Neben À-la-carte-Kreationen von Küchenchef Igor Martinho gibt es auch kleine Snacks und Salate. Die hervorragende Aussicht über die Stadt lässt sich auch einfach bei einem Getränk genießen. Mittlere bis gehobene Preisklasse. [D4]

Noobai Café 42f, Miradouro de Santa Catarina, Di–Do 12–22, Fr/Sa 12–24, So 12–20 Uhr, Straßenbahn 28, Aufzug Elevador da Bica. Das Café mit zwei Terrassen und einem gemütlich eingerichteten Raum befindet sich gleich neben dem Miradouro de

Bar Entretanto im Hotel Chiado

Santa Catarina, über den Dächern des Bica-Viertels mit wunderbarer Aussicht auf den Fluss und die Brücke. Hier tummelt sich eine etwas alternative Szene. Es ist oft voll, daher etwas längere Wartezeiten. Beliebter Ausgangspunkt für eine Tour durch das Ausgehviertel. Günstige bis mittlere Preisklasse. [C4]

Park Bar 42g, Calçada do Combro 58, Tel. 21 5914011, tgl. ab 13 Uhr, Straßenbahn 28, Aufzug Elevador da Bica. Lounge-Bar auf dem Dach eines Parkhauses am Rande des Bairro Alto, gehört gerade zu den In-Bars der Stadt. Chillige Dachgarten-Atmosphäre mit groben Holzmöbeln. Neben Getränken gibt es auch Snacks und Hamburger. Das Bier kostet ab 2 €, Cocktails ab rund 7 €. Öfter Events und DJs. Sehr schöne Aussicht Richtung Fluss und Brücke, vor allem zum Sonnenuntergang. Mittlere Preisklasse. [C4]

Le Chat 42h, Jardim 9 de Abril, www.lechatlisboa.com, Di–So 12–24, Do–Sa bis 3 Uhr, Straßenbahn 15, 18, 25, Zug Santos. Bar-Restaurant direkt neben dem Museum für Alte Kunst (S. 146). Moderne Glaskonstruktion mit Terrasse und herrlichem Blick über Tejo und Hafen bis hin zur Brücke. An den Wochenenden legen häufig DJs auf. Cocktails ab 7 €. Mittlere Preisklasse. [B4]

O Insólito 42i, Rua São Pedro de Alcântara 83, Tel. 21 1303306, theinsolito.pt, Di–Mi 18–24, Do–Sa 18–1 Uhr, Straßenbahn 28, Aufzug Elevador da Glória. Mit einem Aufzug aus längst vergangenen Zeiten kommt man zum Restaurant und zur Bar im Obergeschoss eines Hauses aus dem 19. Jh. Die Dachterrasse bietet einen zauberhaften Blick über ganz Lissabon. Moderne portugiesische Küche. Mittlere Preisklasse. [C3]

Amoreiras 360° Panoramic View 42j, im Amoreiras Shopping Center, www.amoreiras360view.com. Neuzugang in Sachen schöne Aussicht, grandioser Rundumblick über ganz Lissabon, allerdings kostenpflichtig (S. 40). [B2]

43 Rossio – Lissabons „Wohnzimmer" und sein Nachbar

Der Praça D. Pedro IV, von den Lissabonnern schlicht „**Rossio**" 43a genannt, ist **das Herz der Unterstadt** und wird auch gerne als Lissabons „Wohnzimmer" bezeichnet: Er ist Treffpunkt für Touristen und Geschäftsleute, aber auch die meisten Stadtbusse halten hier und Autokolonnen quälen sich um den Platz. Er bildet eine Achse mit den anderen beiden großen Plätzen der Unterstadt, dem Praça do Comércio (S. 14) am Tejo-Ufer im Süden und dem Praça dos Restauradores (S. 56), der im Norden den Übergang zur Avenida da Liberdade bildet.

Bis ins 18. Jh. markierte der Rossio das nördliche Ende Lissabons. Hier fanden Märkte, Ketzerverbrennungen und Stierkämpfe statt. Während des 19. Jh. zogen die unzähligen Straßencafés Lissabons Künstler und Literaten an. Viele der traditionellen Cafés wurden in den 1970er-Jahren geschlossen, einige haben aber überlebt und neue sind dazugekommen.

Auf der Nordseite des Platzes befindet sich das Nationaltheater D. Maria II (S. 134). In der Mitte thront hoch oben auf einer Säule die Statue von **Dom Pedro IV.** (1798–1834), dem **Namensgeber des Platzes**. Seinen Beinamen „der Ehrliche" erhielt er, nachdem er erfolgreich die liberale Verfassung gegen seinen Bruder Miguel verteidigt hatte. Eigens dafür kehrte er 1828 mit einem kleinen Heer nach Portugal zurück, obwohl er zu dieser Zeit bereits Kaiser des unabhängigen Brasilien war. Lange Zeit rankten sich Gerüchte um die Authentizität der Statue: Angeblich sollte die abgebildete Person nicht Pedro IV., sondern Maximilian von Mexiko sein. Demnach sollte die Statue im Jahr 1867 nach Mexiko verschifft werden, als die Nachricht der Absetzung des Kaisers eintraf. Da niemand Ansprüche auf die Statue erhob, soll diese dann einfach auf dem so-

Der Rossio von oben

eben fertig gebauten Platz auf die Säule gestellt und als Pedro IV. ausgegeben worden sein. Erst bei der Restaurierung im Jahre 2001 konnte man das Gerücht über die „Bauernschläue" der Portugiesen entkräften, denn sogar die bronzenen Knöpfe der Statue tragen das portugiesische Wappen.

Brunnen und Denkmal für Dom Pedro IV.

Gleich neben dem Rossio befindet sich ein weiterer zentraler Platz der Unterstadt, der **Praça da Figueira** 43b, der „Platz des Feigenbaums". Hier fand früher ein täglicher Markt statt, allerdings erst nach dem großen Erdbeben 1755. Bis Mitte des 18. Jh. befand sich hier mit dem Hospital de Todos os Santos („Allerheiligen-Krankenhaus") das größte Krankenhaus Portugals. Als dieses komplett durch das Erdbeben zerstört worden war, sah man von einem Wiederaufbau ab und legte stattdessen einen weiteren großen Platz an. Die wunderschöne **Markthalle** von 1885 fiel Baumaßnahmen der 1950er-Jahre zum Opfer. Auf dem kahlen Platz wurde ein Reiterstandbild von Dom João I., dem ersten König der Dynastie Avis, aufgestellt, obwohl die Statue eigentlich für den Nachbarplatz Martim Moniz (S. 110) vorgesehen war. Heute ist der Praça da Figueira ein Treffpunkt der Skater-Szene. Und mittlerweile verwandelt er sich an manchen Wochenenden wieder zum Marktplatz: Neben Kunsthandwerk werden hier portugiesische Spezialitäten wie Schinken, Käse und Olivenöl direkt von den Erzeugern angeboten.

Info

Hinkommen: Metro Rossio (grüne Linie), Baixa/Chiado (grüne und blaue Linie); Straßenbahn 15; Zug Bahnhof Rossio. [D3]
Information: Am südlichen Ende des Rossio befindet sich ein Ableger der Touristeninformation, tgl. 10–13 und 14–18 Uhr.
Einkaufen:
Traditionelle Geschäfte (S. 152).
Supermarkt Mercado do Figueira, Praça da Figueira 10 B, Mo–Sa 8.30–20 Uhr. Der Eingang liegt hinter dem Obststand versteckt, große Weinauswahl, in der Bäckerei gibt es belegte Brötchen und frisch gepresste Säfte.

Essen & Trinken:
Traditions-Cafés **Pastelaria Suiça**, **Café Nicola** und **Confeitaria Nacional** (S. 198).
Casa das Bifanas, Praça da Figueira 6, Mo–Sa 6–24 Uhr, einfaches Restaurant mit Außenbestuhlung, Spezialität des Hauses sind *bifanas*, kleine Schweineschnitzelchen im Brötchen, täglich wechselnde Tagesgerichte, günstig.
In der Nähe: 3 und 4 Baixa (S. 16ff.), 20 Igreja São Domingos (S. 52), 33 Aufzug Santa Justa (S. 80), 22 Praça dos Restauradores (S. 56), 27 Rossio-Bahnhof (S. 66).

44 Rund um den Praça Príncipe Real – am schönsten Baumdach der Stadt

Am nördlichen Ende des Bairro Alto befindet sich der Praça do Príncipe Real. Nach dem Erdbeben 1755 waren hier die Truppen stationiert, die für die Aufräumarbeiten im Bairro Alto abkommandiert waren. Der kleine Park auf dem Platz wurde in den 1860er-Jahren angelegt und verfügt über einen schönen Bestand an europäischen und exotischen Bäumen. Im Zentrum steht eine **uralte Zypresse**, die ein 26 m breites „Sonnendach" bildet. Darunter sitzen häufig ältere Damen und Herren aus der Nachbarschaft, Touristen und andere, die Erholung und Ruhe suchen.

Unter dem Platz ist das **Reservatório da Patriarcal**, ein Wasserreservoir des einstigen Versorgungssystem der Stadt zu besichtigen (S. 172). Umgeben ist der Platz von einigen Stadtpalästen, vornehmlich aus dem späten 19. Jh. Am auffälligsten ist der Palácio Ribeiro da Cunha mit seinen Kuppeln im neo-maurischen Stil. Heute beherbergt er die **Embaixa-**

Schattenplätzchen auf dem Praça do Príncipe Real

Schwule & Lesben

Homosexuelle und ihre Rolle in der modernen Gesellschaft werden in Portugal erst seit Anfang der 1980er-Jahre öffentlich thematisiert. Ein Meilenstein in Richtung Gleichberechtigung war 1995 die Gründung der ILGA Portugal, des portugiesischen Ablegers der International Lesbian and Gay Association. Ende Juni wird der Christopher Street Day als „Arraial Pride" auch in Lissabon gefeiert. Seit 2010 ist die gleichgeschlechtliche Ehe erlaubt, seit 2015 auch die gemeinsame Adoption von Kindern. Eine kleine, aber sehr belebte Gay-Szene ist vor allem rund um den Príncipe Real und im Bairro Alto entstanden. Tagsüber trifft man sich in den Cafés des Stadtteils Chiado.

ILGA, *Rua dos Fanqueiro 40, www.ilga-portugal.pt. Informationen über ILGA-Projekte und Termine von Partys und anderen kulturellen Veranstaltungen. Die Internetseite www.portugalgay.pt informiert über aktuelle Themen der Community sowie über kulturelle Veranstaltungen.*

da, ein edles, kleines Shoppingcenter mit Boutiquen und einigen Restaurants. Seit 1915 heißt der Park offiziell Jardim França Borges, benannt nach dem Begründer der Zeitschrift „O Mundo". Die Lissabonner verwenden aber – wie so oft – weiterhin die alte Bezeichnung. Zwei kleine Kioske und ein Café-Restaurant offerieren Getränke und Snacks.

Die Rua da Palmeira am südlichen Ende des Platzes mündet in den **Praça das Flores**. Dieser kleine Platz verbreitet eine angenehm ruhige Wohnviertel-Atmosphäre: wenig Autoverkehr, einige Bäume und ein Brunnen in der Mitte. Direkt auf dem Platz bietet ein kleiner Kiosk Erfrischungen. Drumherum gibt es ein paar nette Cafés und Restaurants, zum Teil mit Terrassen.

Tipp

Ausgehen in der Gay-Szene:

Finalmente, Rua da Palmeira 38 C, www.finalmenteclub.com, tgl. 0.30–6 Uhr, Travestie-Show tgl. um 3 Uhr. Die Travestie-Shows zählen zu den besten des ganzen Landes. Sehr kleiner Kellerraum mit entspannter und netter Atmosphäre. Bar und Diskothek. Nähe Príncipe Real. [C3]

Trumps-Bar, Rua da Imprensa Nacional 104 B, www.trumps.pt, Fr–Sa 0–6 Uhr. Eine der In-Diskos Lissabons, zwei Stockwerke mit verschiedenen Bars und Tanzflächen, auch Shows. Príncipe Real. [C3]

Purex, Rua das Salgadeiras 28, tgl. 22–2, Fr/Sa bis 3 Uhr. Ständig wechselnde DJs, vor allem House und Elektro, Themenabende, gemischtes Publikum, gibt sich das Label *„hetero friendly"*. Bairro Alto. [C4]

Embaixada: Shopping in restauriertem Stadtpalast

Info

Hinkommen: Metro Rato (gelbe Linie); Bus 758 (ab Cais do Sodré); Aufzug Elevador da Glória. [C3]

Einkaufen:

Jeden Samstag findet auf dem Príncipe Real ein Biomarkt statt, einmal im Monat gibt es einen Kunsthandwerksmarkt (S. 157).

Embaixada Concept Store, Praça do Príncipe Real 26, www.embaixadalx.pt, tgl. 12–20 Uhr. In den ehemaligen Räumen eines Palastes finden sich edle Boutiquen, Design made in Portugal und internationale Marken. Zudem gibt es noch einige Restaurants, etwa das **Atalho Real** (S. 189) im schönen Garten.

In der Nähe:

76 Reservatório da Patriarcal (S. 172), **50** Botanischer Garten (S. 116), **10** und **90** Bairro Alto (S. 30 und 202), **40** Miradouro de São Pedro de Alcântara (S. 96).

45 Jardim und Basílica da Estrela – romantische Gartenanlage und spätbarocke Kirchenpracht

Mitte des 19. Jh. wurde mit dem **Jardim da Estrela** der erste große Stadtpark Lissabons auf den früheren Nutzgärten eines Klosters angelegt. Er war ein Ort zum Erholen, Entspannen und Flanieren für die betuchten Bürger der Stadt. Als ganz besondere Attraktion galt **ein Löwe**, der in einem Gehege zur Schau gestellt wurde. Seit der Spielplatz vor Kurzem renoviert wurde, ist auch der Löwe wieder in den Estrela-Park zurückgekehrt, diesmal jedoch in Form einer großen Kinderrutsche. Mit seinem mittlerweile alten Baumbestand, seinen Teichen und seiner künstlichen Grotte ist der Estrela-Park auch heute noch bei den Lissabonnern sehr beliebt. Ein Pavillon, der zuvor im Passeio Público – der heutigen Avenida da Liberdade – stand, diente früher regelmäßig als Veranstaltungsort musikalischer Darbietungen. Auch heute finden hier noch gelegentlich Konzerte statt. Mit Bäumen wie Ginko, Palisander, Ombu und Araukarie sowie Drachenbäumen und verschiedenen Zedernarten ist der Park auch für Botaniker ein Genuss. Zudem findet jedes erste Wochenende im Monat hier der Markt „Crafts & Design“ statt (S. 139).

Direkt gegenüber dem Park befindet sich die **Basílica da Estrela** („Sternbasilika“). Mit ihrer großen weißen Kuppel erhebt sie sich über die umliegenden Gebäude und ist von vielen Punkten der Stadt aus zu sehen. Gebaut wurde sie zwischen 1779 und 1789, Initiatorin war Königin Maria I. Bei ihrer Hochzeit 1760 hatte sie ein Gelübde abgelegt: Sollte es ihr vergönnt sein, einen Sohn und Thronerben zur Welt zu bringen, würde sie eine Kirche und ein Kloster für den Karmelitinnenorden erbauen. Bereits im Jahr nach der Hochzeit ging ihr Wunsch in Erfüllung. Das Gelübde erfüllte sie jedoch erst 1777, nach

Kuppel der Basílica da Estrela

Musik im Park: DJs im Parque da Estrela

dem Tod ihres Mannes, König José I. Die spätbarocke Gestaltung, zu Baubeginn eigentlich schon nicht mehr modern, verleiht der Kirche einen romantisierenden Charakter. Die klassizistischen Elemente, die vor allem die Fassade prägen, gehen auf Reinaldo Manuel zurück. Dieser gehörte der Bildhauerschule in Mafra an, weshalb die Kirche gelegentlich mit dem wesentlich pompöseren Klosterpalast in Mafra (S. 226) verglichen wird.

Der Innenraum der Kirche ist vollständig mit Marmor in verschiedenen Farbnuancen ausgestaltet. Die hohe Kuppel und die vielen Fenster geben dem Raum eine helle Leichtigkeit. Einige der Statuen stammen von dem berühmtesten portugiesischen Bildhauer der Zeit, Machado de Castro. Vom Dach der Kirche hat man einen wunderbaren Blick über die angrenzenden Stadtviertel.

Das Gelübde nützte der frommen Königin übrigens wenig. Ihr Sohn starb zwei Jahre nach Fertigstellung der Kirche. Der Sarkophag der Königin ist in „ihrer" Kirche untergebracht, obwohl sich die Familiengruft der Dynastie Bragança eigentlich im Mosteiro de São Vicente de Fora (S. 84) befindet.

Info

Hinkommen: Straßenbahn 25, 28; Bus 774. [B3]

Information: **Parque da Estrela**, Praça da Estrela, tgl. 7–24 Uhr, Haupteingang gegenüber der Basilika.

Basílica da Estrela, Largo da Estrela, Tel. 21 3960915, tgl. 7.30–13 und 15–20 Uhr, Eintritt Dachterrasse 4 €.

Essen & Trinken:

Quiosque Gengibre da Estrela und **Café Jardim da Estrela**, beide im Park, Getränke, Eis und Snacks, familienfreundliche Atmosphäre. In der **Cantina da Estrela** gibt es portugiesische Küche mit mediterranen Einflüssen, im Sommer auch Picknick (S. 189).

In der Nähe:

15 Campo de Ourique (S. 40), **59** Prazeres-Friedhof (S. 136), **68** Markthalle Campo de Ourique (S. 156), **76** Wasserreservoir Mãe d'Água (S. 172).

46 Parque Eduardo VII – Park in Hanglage mit schöner Aussicht

Die natürliche Verlängerung der Avenida da Liberdade (S. 32ff.) ist in nördlicher Richtung der Parque Eduardo VII. Neben dem Nationalpark Monsanto (S. 116) bildet er die grüne Lunge Lissabons. Seinen ursprünglichen Namen „Parque da Liberdade" verlor der Park 1903, als König Edward VII. mehr oder weniger unangekündigt Lissabon besuchte. Mangels eines Gastgeschenkes ehrte man den englischen König mit der Umbenennung der Grünanlage. In den 1940er-Jahren wurde der Park von dem Künstler Francisco Keil do Amaral umgestaltet, einem Enkel des Komponisten der Nationalhymne (S. 62). Seitdem führen über die leichte Anhöhe zwei Alleen rechts und links der riesigen, mit Rosen bepflanzten Grünfläche hinauf. Vom oberen Aussichtspunkt, auf dem seit 1997 ein Denkmal in Form einer Brunnenanlage an die Nelkenrevolution (S. 68) erinnert, genießt man eine wunderbare Aussicht auf die gesamte Innenstadt und auf den Tejo.

Ungefähr auf halber Höhe des Parks befindet sich die **Metrostation Parque**, die mit Sicherheit eine der schönsten Lissabons ist. Ende der 1990er-Jahre wurde das Innere von den Künstlerinnen Françoise Schein und Federica Matta zu einem wahren unterirdischen Azulejo-Paradies umgestaltet. Auf der Fahrt hinunter zu den Gleisen wird man von Zitaten aus der Weltliteratur begleitet. Die Wände zieren historische Karten der portugiesischen Entdeckungsfahrten, sogar das Dürersche Nashorn ist hier nachgebildet. An der kobaltblauen Decke ist die komplette Menschenrechtserklärung zu sehen.

Toller Blick über Lissabon vom Parque Eduardo VII

Unweit der Metrostation fällt der **Sportpalast Pavilhão Carlos Lopes** auf. Als 1922 die Weltausstellung in Rio de Janeiro stattfand – anlässlich des 100. Jahrestags der Unabhängigkeit Brasiliens – waren die Portugiesen dort mit diesem Sportpalast vertreten. Zehn Jahre später wurde er anlässlich der Portugiesischen Industrieausstellung hier wieder aufgebaut. Aufgrund seiner Baufälligkeit wurde der Palast 2003 geschlossen, unzählige Projekte wurden angedacht, aber nicht verwirklicht. Anfang 2016 wurde der Palast schließlich für 3,5 Millionen Euro für 50 Jahre an die ATL, die Lissabonner Tourismus-Vereinigung, verpachtet. Das Gebäude soll Mitte 2017 eröffnet werden und als Mehrzweckhalle für diverse Veranstaltungen dienen. Der Bau an sich ist schon sehenswert: Schöne blau-weiße Azulejos mit historischen Motiven sowie antikisierende Statuen zieren ihn.

Metrostation „Parque" – Menschenrechtsdeklaration und Entdeckungsfahrten auf Azulejos

Am nordöstlichen Ende des Parks befindet sich das **Estufa Fria**, das „kalte Gewächshaus". Ursprünglich wurde hier Basalt abgebaut. Als man auf eine natürliche Quelle stieß, musste der Steinbruch um 1900 stillgelegt werden. Ein Gärtner setzte Pflanzen aus aller Herren Länder, die später teilweise für die Begrünung der Avenida da Liberdade genutzt wurden. In den 1930er-Jahren wurde die Anlage in das heutige Gewächshaus umgewandelt. Das Gebäude wird nicht beheizt, es ist lediglich mit Holz abgedeckt, um die Pflanzen vor zu großen Temperaturschwankungen zu schützen. 1975 wurde die Anlage um die **Estufa Quente** und die **Estufa Doce** erweitert, die tropische und äquatoriale Pflanzen beherbergen.

Info

Hinkommen: Metro Marquês de Pombal, Parque (blaue und gelbe Linie). [C2]

Information:

Estufa Fria, im Park, tgl. 9–17, im Sommer 10–18 Uhr, Eintritt 3,10 €.

Essen & Trinken:

Botequim do Rei, Parque Eduardo VII, Di–So 10–22 Uhr. Ausflugscafé und Restaurant mit portugiesischer Küche. Hier lässt es sich gemütlich am Ententeich entspannen.

Linha D´Água, Rua Marquês de Fronteira, tgl. 10–20 Uhr. Das Café „Wasserlinie" mit seinem künstlich angelegten See lädt zu einer Kaffeepause ein. Auf der Karte sind kleine Gerichte und Kuchen zu finden.

In der Nähe: 11 und 12 Avenida da Liberdade (S. 32ff.), 23 Praça Marquês de Pombal (S. 58).

47 Rund um den Praça Martim Moniz

Am Fuße der Mouraria befindet sich der Praça Martim Moniz. Um den Namensgeber dieses Platzes rankt sich eine der Legenden der Stadt. **Martim Moniz** soll einer der tapfersten Ritter während der Rückeroberung Lissabons gewesen sein. Als er bemerkte, dass sich das Burgtor wieder schließen sollte, warf er sich dazwischen und konnte so den Einlass der christlichen Ritter und dadurch deren Sieg sichern. Seinen heroischen Alleingang musste er mit seinem Leben bezahlen. Diesen selbstlosen Helden gibt es allerdings nur in der Legende.

Die **Brunnenanlage**, die quer über den Platz verläuft, zeichnet die Linie der mittelalterlichen Stadtmauer nach, die Brunnenköpfe erinnern an Kreuzritter. Das alte Gemäuer, das noch in Ansätzen auf der westlichen Seite des Platzes zu erkennen ist, war ein Wachturm des alten Befestigungsrings der Stadt (S. 46).

Lange Zeit wurde der Platz als „Narbe der Stadt“ bezeichnet. Viele Häuser und Geschäfte wurden im Zuge ehrgeiziger Pläne der 1950er- und 1960er-Jahre abgerissen, zum Wiederaufbau kam es jedoch nicht. Erste **Wiederbelebungsversuche** des einstigen Zentrums der Mouraria fanden erst in den 1980er-Jahren statt. Zwei Einkaufszentren wurden gebaut, der Platz mit Brunnenanlagen und einigen Kiosken verschönert. Bis in die 1990er-Jahre gab es an der Westseite des Platzes noch eines der wenigen illegalen Wohnviertel direkt im Stadtzentrum.

Heute steht hier ein moderner Komplex mit Eigentumswohnungen und Geschäften. In den letzten Jahrzehnten haben sich rund um den Platz viele Einwanderer aus den ehe-

Einfache Open-Air-Bars auf dem Platz – inklusive Kicker

Mietpreisgesetze und Renovierungsbedarf

Als sozialpolitische Errungenschaft wurden unter Diktator Salazar in den 1940er-Jahren die Mieten eingefroren. Dadurch sollte Grundstücksspekulationen entgegengewirkt werden. Diese für die Bewohner zunächst durchaus positive Gesetzgebung hatte eine Schattenseite, die sich besonders dann zeigte, als die steigende Inflation die realen Mieten auf nur noch symbolische Werte schrumpfen ließ. Viele Hauseigentümer hatten bei Mieteinnahmen von einem Gegenwert von etwa 5 Euro weder Interesse noch Mittel, die Häuser und Wohnungen zu modernisieren. Erst in den 1980er-Jahren, als ein neues Mietgesetz eine schrittweise Erhöhung der Mieten bei bestehenden Verträgen erlaubte, begann langsam die Sanierung der Häuser. Hilfreich war dabei auch, dass seit Mitte der 1980er-Jahre viele Bewohner in die komfortableren Neubausiedlungen am Stadtrand abwanderten. Durch den Leerstand und die geänderten Mietpreisgesetze ist in den vergangenen Jahren eine regelrechte Bauwut ausgebrochen. Ausländische Investoren und wirtschaftlich stärkere Bevölkerungsschichten entdecken Viertel wie Alfama und Mouraria. Aber auch dieser Boom hat seine Kehrseite: Viele der jetzigen Bewohner können sich die Mieten nicht mehr leisten.

maligen portugiesischen Kolonien in Afrika sowie aus China, Indien und Bangladesch niedergelassen. Einstige Pläne der Stadtverwaltung, hier eine Moschee zu bauen, wurden Ende 2016 wieder aufgenommen. Der Bau soll 2017 fertiggestellt sein. Seit einigen Jahren findet auf dem Platz der **Fusion Market** statt. In fest installierten Pavillons bieten Bars Gerichte und Getränke aus verschiedensten Ländern an, an den Wochenenden gibt es oft Open-Air-Konzerte.

Brunnenanlage, die an die Kreuzritter erinnert

Info

Hinkommen: Metro Martim Moniz (grüne Linie); Straßenbahn 12, 28. [D3]

Einkaufen: Im Shoppingcenter Centro Comercial da Mouraria direkt am Platz und in den umliegenden Straßen befinden sich vor allem Geschäfte mit Billigimporten aus Fernost. Ganz interessant sind die Supermärkte, die Lebensmittel und Gewürze aus der afrikanischen und asiatischen Küche bieten.

Essen & Trinken:
TOPO, Centro Comercial Martim Moniz, Praça Martim Moniz, Tel. 21 5881322, www.topo-lisboa.pt, So–Mi 13–24, Do–Sa 12–2 Uhr. Restaurant mit Rooftop-Bar und wunderbarer Aussicht auf den Platz und die Burg. Schickes Publikum. Mittlere Preisklasse.

In der Nähe: **8** Graça und Mouraria (S. 26), **48** Largo do Intendente (S. 112), **65** Fotoarchiv Lissabon (S. 149).

48 Rund um den Largo do Intendente – Revitalisierung eines Viertels

Nördlich der Unterstadt befindet sich der Largo do Intendente do Pina Manique. Hier hatte einst Pina Manique, Polizeichef („*intendente*") unter Königin Maria I. und Vertrauter von Marquês de Pombal (S. 58), seinen prachtvollen Palast. Im Volksmund wird der Platz lediglich „Intendente" genannt.

Lange ist die Gegend vernachlässigt worden, sie war Treffpunkt der Drogenszene und des Rotlichtmilieus. Seit einigen Jahren versucht die Stadt jedoch, das zu ändern: Einige der Häuser wurden bereits restauriert und der Platz umgestaltet. So wurde im Oktober 2012 der **Kit Garden** eingeweiht, eine Garteninstallation der angesehenen portugiesischen Künstlerin Joana Vasconcelos. Ein deutliches Zeichen setzte die Stadt damit, dass das Büro des Bürgermeisters für drei Jahre hierher umzog. Seit 2014 ist die Verwaltung der Stadtgemeinde Arroios neuer Untermieter. Mittlerweile gibt es einige nette Cafés sowie einen Fahrradverleih auf dem Platz. Das Künstlerprojekt Largo Residências (*www.largoresidencias.com*) bietet ein nettes, einfaches Hotel und Hostel für Touristen sowie für Künstler, die sich hier während ihrer Projekte einmieten können. Sehr sehenswert ist die über und über mit Kacheln verzierte Fassade der ehemaligen Azulejo-Fabrik **Viuva Lamego**, die bereits 1849 gegründet wurde. Die Produktionsstätten sind mittlerweile außerhalb Lissabons untergebracht, der untere Teil des Gebäudes dient zum Verkauf der schönen Azulejos.

Der Platz wird vor allem in den Sommermonaten für Konzerte und kulturelle Events genutzt. Meist haben diese einen **multikulturellen Charakter** wie z. B. die regelmäßig

Der Largo do Intendente wurde in den letzten Jahren renoviert und neu gestaltet

stattfindenden Bollywood-Treffen. Dies ist nicht verwunderlich, gilt doch die Rua do Benformoso, die in südlicher Richtung vom Platz wegführt, als die internationalste Straße Lissabons. Hier gibt es neben unzähligen Geschäften viele kleine Lokale, deren Besitzer hauptsächlich aus Bangladesch, Indien und China kommen und ein entsprechendes Sortiment bzw. Speisenangebot offerieren. Nördlich des Platzes stößt man auf die **Avenida Almirante Reis**. Zur gleichen Zeit wie die Avenidas Novas (S. 88) entstanden, erinnert die ehemalige Prachtallee an den Pariser Flair vergangener Zeiten. Die Avenida verbindet die Viertel der Unterschicht im Süden mit denen der Mittel- bis Oberschicht im Norden. Sie ist zum einen Hauptverkehrsstraße, zum anderen aber auch Treff- und Schmelzpunkt verschiedener Nationalitäten und sozialer Schichten.

Fassade der ehemaligen Azulejo-Fabrik Viuva Lamego

Info

Hinkommen:
Metro Intendente (grüne Linie). [D2]

Einkaufen:
A Vida Portuguesa, Largo do Intendente 23, www.avidaportuguesa.com, tgl. 10.30–19.30 Uhr. Ableger im Viertel Chiado (Rua Anchieta 11) und kleine Filiale im Mercado da Ribeira (S. 156). Traditionelle portugiesische Produkte und anderes im Retro-Design, sehr schöne Keramiken und Geschirr nach Originaldesigns von Bordalo Pinheiro.
Viuva Lamego, Largo do Intendente 25, www.viuvalamego.com, Mo–Fr 11.30–13 und 14–18 Uhr. Verkaufsstelle der sehr traditionsreichen Azulejo-Manufaktur.

Essen & Trinken:
Restaurant Ramiro, der Meeresfrüchte-Spezialist in Lissabon (S. 181).
O das Joanas, Largo do Intendente 28, Mo sowie Mi–Fr ab 9 und Sa/So ab 10 Uhr. Kleines Café mit Terrasse, leckere kleine Snacks und Gerichte, freundliche Bedienung.
Casa Independente, Largo do Intendente 45, Tel. 21 8872842, www.casaindependente.com, Di–Do 14–24, Fr/Sa bis 2 Uhr. Origineller Alternativ-Laden, Second-Hand-Möbel, gemütlicher Innenhof. Leckere kleine Gerichte und gute Cocktails.

In der Nähe:
47 Praça Martim Moniz (S. 110), 65 Fotoarchiv Lissabon (S. 148), 8 Graça und Mouraria (S. 26), 37 Prémio Valmor (S. 88).

49 Campo dos Mártires da Pátria – Lissabons Wunderdoktor und eine portugiesische Königin aus deutschem Hause

Etwas abseits gelegen, nördlich der Unterstadt befindet sich der Campo dos Mártires da Pátria mit seiner Parkanlage Gomes Freire de Andrade. Ursprünglich hieß der Platz „Praça Sant'Ana", bis er 1880 im Gedenken an die sogenannten zwölf Märtyrer seinen heutigen Namen erhielt. Die „**Märtyrer des Vaterlands**" versuchten, sich gegen die englische Besatzung aufzulehnen und eine Verschwörung gegen General Beresford, der Portugal mit eiserner Hand regierte, anzuzetteln. Am 25. Mai 1817 wurden sie verraten und – eben an diesem Platz – in einem Schauprozess verurteilt und hingerichtet. Gomes Freire de Andrade, der Namensgeber der Parkanlage, galt als einer der Rädelsführer.

In der Mitte des Platzes, direkt gegenüber der medizinischen Fakultät, gibt die geschmückte Statue des Wunderarztes **Sousa Martins** Einblick in den portugiesischen Volksglauben. Brennende Kerzen, frische Blumen, Körperteile aus Wachs und unzählige steinerne Gedenktafeln danken dem Doktor für vollbrachte Heilungen. Als Apotheker und Arzt widmete er sein ganzes Leben (1843–1897) vor allem der Heilung Tuberkulose-Kranker, bis er schließlich selbst dieser Krankheit erlag.

Gedenktafeln und Blumen für Lissabons Wunderdoktor

Schräg gegenüber der Statue befindet sich ein zartrosa Palast, der die Deutsche Botschaft und das Goethe-Institut beherbergt. In westlicher Richtung, vorbei an Villen mit kleinen Vorgärten, kommt man zum Aussichtspunkt der Gartenanlage **Jardim do Torel** (S. 99). Der nahegelegene Aufzug Elevador da Lavra (S. 161) führt hinunter zur Avenida da Liberdade.

Verlässt man den Platz und geht in Richtung Norden weiter, kommt man zum **Largo da Estefânia**, dem Zentrum des gleichnamigen Viertels. Hier finden sich unzählige Restaurants, die überwiegend von den Büroangestellten aus der Nachbarschaft besucht werden. Ein guter Ort für ein günstiges, bodenständiges Mittagessen in untouristischer Atmosphäre.

Der Stadtteilname Estefânia geht übrigens auf Stephanie von Hohenzollern-Sigmaringen (1835–1859) zurück, die 1858 König Pedro V. heiratete. Die Flitterwochen verbrachten die beiden in Sintra, Arm in Arm sollen

Zu jeder Jahreszeit mit schöner Aussicht: der Jardim de Torel

sie durch die Berge gewandert sein. Auch zurück in Lissabon zeigte sich das Paar so auf den Straßen. Das Volk war von der Liebesheirat hingerissen. Das junge Königspaar gründete viele Wohltätigkeitsorganisationen, so auch das Krankenhaus Dona Estefânia. Das Glück währte jedoch nur kurz: Ein Jahr nach der Hochzeit starb die Königin an Diphtherie, nur zwei Jahre später folgte ihr Mann. Ganz Lissabon war in tiefer Trauer – und ehrt die Königin aus deutschem Hause noch heute mit dem nach ihr benannten Stadtteil.

Info

Hinkommen: Aufzug Elevador da Lavra; Bus 723, 730, 760. [D3]
Essen & Trinken: Im Café mit Garten des Goethe-Instituts (s. u.) gibt es Kleinigkeiten in entspanntem Ambiente.
Sonstiges:
Deutsche Botschaft, Campo dos Mártires da Pátria 38, Tel. 21 8810210 (Mo–Fr 9–12 Uhr), in Notfällen Tel. 96 5808092, www.lissabon.diplo.de. Bei Verlust von Ausweispapieren können hier vorläufige Dokumente ausgestellt werden.
Goethe-Institut, Campo dos Mártires da Pátria 37, Tel. 21 8824510, www.goethe.de/ins/pt/lis, Mo/Di/Do 14–20, Fr 14–19, Sa 11–15 Uhr. In der Bibliothek des Instituts liegen deutsche Zeitungen, Bücher und Filme aus. Die Benutzung ist kostenlos. Für die Ausleihe muss man sich gegen geringe Gebühr eine Lesekarte ausstellen lassen.
In der Nähe: 11 und 12 Avenida da Liberdade (S. 32ff.), 48 Largo do Intendente (S. 112).

50 Grünes Lissabon – Botanische Gärten & Co.

In der Innenstadt sorgen Alleen wie die Avenida da Liberdade, Aussichtspunkte, Plätze und Parks für grüne Abwechslung in den Straßen. Lissabon bietet außerdem noch einige weitere schöne Erholungsorte.

Parque Florestal de Monsanto 50a

Mit gut 900 ha Fläche und 600.000 Bäumen ist der Monsanto-Park die grüne Lunge Lissabons und ein Zufluchtsort vieler verschiedener Vogelarten. Insgesamt stehen rund 300 km Rad- und Wanderwege zur Verfügung. Spielplätze, ein Kletter- sowie ein Skate-Park und weitere Einrichtungen sind vor allem bei Kindern und Jugendlichen beliebt. Für Kulturinteressierte gibt's im Sommer im Amphitheater Keil do Amaral Gratis-Konzerte mit Blick auf den Tejo und seine Brücke. Am westlichen Ende des Parks liegt Lissabons einziger Campingplatz, der allerdings rund 40 Minuten Busfahrt vom Zentrum entfernt ist.

Parque Florestal de Monsanto, *Estrada do Barcal, Monte das Perdizes, Tel. 21 8170200, www.cm-lisboa.pt. Bus 711, 723, Haltestelle Cruz Oliveiras, Rest zu Fuß. Auto A5 Richtung Cascais, direkte Ausfahrt zum Park. [A1–4]*

Jardim Botânico de Lisboa 50b

Wer in der Innenstadt unterwegs ist und Lust auf viel Grün hat, dem sei der Botanische Garten unweit des Praça do Príncipe Real (S. 104) empfohlen. Der 1873 gegründete Park ist einer von drei Botanischen Gärten der Stadt. Der heutige Betreiber, das Museu Nacional de História Natural („Nationales Museum für Naturgeschichte der Universität Lissabon"), hat seinen Sitz auf dem Gelände. Der Bestand des Parks wird auf knapp 1.500 unterschiedliche Pflanzenarten aus allen Kontinenten geschätzt. Ein kleines Schmetterlingshaus ist ebenfalls zu besichtigen. Der Park wirkte zuletzt etwas ungepflegt, im Oktober 2016 begann die Stadt deshalb mit der Renovierung. Ab Mai 2017 soll der Garten wieder für Besucher geöffnet sein.

Der Monsanto-Park ist Lissabons grüne Lunge

Jardim Botânico de Lisboa, *Rua Escola Politécnica 58, Tel. 21 3921800, voraussichtlich ab Mai 2017 tgl. 9–20 Uhr, Nov. bis März bis 17 bzw. 18 Uhr, Eintritt 2 €. Metro Rato (gelbe Linie); Bus 758, 773. [C3]*

Jardim Botânico Tropical 50c

1906 als Jardim do Ultramar („Übersee-Garten") gegründet, beherbergt der Tropische Botanische Garten auf einer Fläche von 7 ha mehr als 500 verschiedene Pflanzenarten, vor allem aus den tropischen und subtropischen Zonen. Ein See, lauschige Plätzchen und verschlungene Wege machen aus diesem sehr sehenswerten Park einen Ruhepol im manchmal etwas turbulenten Belém.

Jardim Botânico Tropical, *Largo dos Jerônimos, Tel. 21 3921851, www2.iict.pt/jbt (nur port.), tgl. 10–18, im Sommer bis 20, im Winter bis 17 Uhr, Eintritt 2 €. Straßenbahn 15; Zug Belém. [Karte Belém]*

Jardim Botânico de Ajuda 50d

Im Nachbarviertel Ajuda, in unmittelbarer Nähe zum dortigen Königspalast (S. 38), liegt dieser dritte Botanische Garten der Stadt. Er wurde 1768 auf dem Gelände des ehemaligen königlichen Nutzgartens angelegt und ist damit der älteste Botanische Garten Portugals. Der Garten selbst ist in strengem Renaissance-Stil gehalten, die Treppen und Brunnen im romantischen spätbarocken Stil. Im Laufe der Jahrhunderte wurden mehr als 5.000 verschiedene Baum- und Pflanzenarten aus der ganzen Welt hier heimisch. Ein Mittagessen im Grünen bietet das Restaurant Estufa Real, das in einem der Gewächshäuser untergebracht ist.

Jardim Botânico de Ajuda, *Calçada da Ajuda, Tel. 21 3622503, tgl. 10–18, im Sommer an Wochenenden und Feiertagen bis 20, im Winter bis 17 Uhr, Eintritt 2 €. Straßenbahn 18. [Karte Belém]*

Mitten in der Stadt – der Jardim Botânico am Príncipe Real

Kunst, Kultur und Museen

51 Azulejos – kleines Stück Kunst ganz groß

Azulejos sind die typisch portugiesischen **Kacheln bzw. Wandfliesen**, die das Stadtbild Lissabons prägen. Es gibt sie mit Blumen oder Tieren, manche erinnern an Häkeldeckchen oder moderne Kunst, andere stellen religiöse Szenen oder historische Schlachten dar. Zu sehen sind sie immer und überall: an Wohnhäusern, Palästen und öffentlichen Gebäuden, in Kirchen und Klöstern, sogar in U-Bahn-Stationen und Unterführungen.

Für Freunde der Azulejo-Kunst ist der Besuch des **Museu Nacional do Azulejo** ein Muss. Die ständige Ausstellung ist chronologisch aufgebaut und deckt die komplette Geschichte des Azulejo ab, von den maurischen Anfängen bis heute. Zudem werden die verschiedenen Herstellungsmethoden anschaulich erklärt. Das bekannteste Exponat dürfte die etwa um 1700 entstandene 23 m lange **Stadtansicht** Lissabons vor der Zerstörung durch das Erdbeben 1755 sein. In Wechselausstellungen werden die Werke zeitgenössischer Kachel- und Keramikkünstler vorgestellt. Auch das Gebäude des Museums, das ehemalige Kloster Madre de Deus, mit seinem mit Azulejos verzierten Kreuzgang ist sehr sehenswert. Und die dazugehörige – über und über mit Talha Dourada dekorierte – Kirche aus dem 18. Jh. gilt als ein Juwel der Barockzeit.

Azulejos sind fester Bestandteil der portugiesischen Architektur und Kultur, eine portugiesische Erfindung sind sie aber nicht. Die Mauren brachten diese Kunstform nach Spanien, Ende des 15. Jh. kam sie auch nach Portugal. „Azulejo" leitet sich aus dem arabischen Ausdruck „*al zulaique*" ab und bedeutet soviel wie „polierter Stein". Diese „polierten Steine" gefielen König Manuel I. so sehr, dass er in Sevilla gleich eine ganze Schiffsladung für seinen Palast in Sintra bestellte. Von da an war der **Triumphzug** der Azulejos in Portugal nicht mehr aufzuhalten. Nach und nach eröffneten Produktionsstätten im ganzen Land, Farben und Motive wurden dem portugiesischen Geschmack angepasst.

Auch für Werbung gerne genutzt

Ihren Höhepunkt erreichte die Azulejo-Kunst im 18. Jh. Riesige Gemälde wurden für Kirchen und Paläste auf Azulejos gebannt: Bibelszenen, glorreiche Schlachten oder Gartenszenen nach französischem Vorbild. Die Motivwahl war mannigfaltig, farblich beschränkten sich die Künstler auf blau und weiß, denn die blauweißen Delfter Kacheln sowie das ebenfalls blau-weiße chinesische Porzellan standen in der Adelsgesellschaft hoch im Kurs.

Mit den Wiederaufbauarbeiten nach dem großen Erdbeben von 1755 stieg die Nachfrage nach Azulejos so sehr, dass unter Marquês de Pombal die Real Fábrica („Königliche Manufak-

Azulejos sind an vielen Fassaden Lissabons zu finden

tur") gegründet wurde. **Dekorative Muster**, die aus nur zwei verschiedenen Kacheln zusammengesetzt werden konnten, wurden in Massen hergestellt. Die monoton wirkenden, bislang einheitlichen Fassaden der Unterstadt sollten so aufgepeppt und gleichzeitig vor Feuchtigkeit geschützt werden. Ab 1880 wurde die Siebdrucktechnik eingesetzt, was die Herstellungskosten ein weiteres Mal sinken ließ. Entsprechend wurden die Fassaden vieler in dieser Zeit gebauter Häuser mit Azulejos versehen. Diese – mal mit traditionellen Mustern, mal mit modernen Neuschöpfungen – bedruckten Azulejos prägen bis heute das **Lissabonner Stadtbild**.

Als Ende der 1950er-Jahre die **U-Bahn** gebaut wurde, erlebte die portugiesische Azulejo-Kunst ein weiteres Comeback. Der alltägliche Weg zur Arbeit sollte den Lissabonnern verschönert werden. Die Malerin Maria Keil wurde beauftragt, die Stationen mit ihrer modernen Interpretation der traditionellen Azulejos zu dekorieren. Dem Anspruch, Alltag mit Kunst zu verbinden, blieb man treu und ließ auch die neuen U-Bahnhöfe mit Werken zeitgenössischer Künstler verzieren.

Info

Hinkommen: Bus 718, 742 und 794 direkt am Museum, Bus 728 ca. 5 Gehminuten entfernt, beim Supermarkt Lidl aussteigen. [F2]

Information: Museu Nacional do Azulejo 51, Rua da Madre de Deus 4, Tel. 21 8100340, mnazulejo.imc-ip.pt, Di–So 10–18 Uhr, mit Museumsshop.

Einkaufen:
Tipps zu Geschäften s. S. 158.

Essen & Trinken:
Die Cafeteria des Museums ist im ehemaligen, reich mit Azulejos geschmückten Refektorium untergebracht und verfügt über einen schönen Innenhof.

52 Calçada Portuguesa – „Bürgersteige aus schwarzer Spitze"

„Für mich ist Lissabon, von dem man immer sagt, es sei aus Marmor und Granit, vielmehr eine Hauptstadt der Bürgersteige aus schwarzer Spitze", schrieb der Schriftsteller José Cardoso Pires. Diese „schwarze Spitze", die Calçada Portuguesa, wird in mühevoller Arbeit **mit der Hand verlegt**. Geometrische Muster, Blüten, Pflanzen, Schriftzüge und sogar das Wappen Lissabons werden von so manchem Passanten achtlos mit Füßen getreten. Die kunstvollen Muster sind auf Holzschablonen verewigt, welche den *calceteiros* („Pflasterlegern") als Vorlage dienen. Dann wird jeder Stein – die schwarzen sind aus Basalt, die weißen aus Kalkstein – so lange zurechtgeklopft, bis er sich den Vorstellungen des Pflasterlegers fügt. Und wer genau hinsieht, der kann vielerorts die „Unterschriften" der eigentlich anonymen Handwerker finden, verewigt als kleines Kreuz, Blume oder Herz, welche die Symmetrie des Musters unterbrechen. In Lissabon wurde die Calçada Portuguesa erstmals 1842 verlegt und erfreute sich schnell großer Beliebtheit. Schöne Beispiele sind in der Fußgängerzone der Baixa (S. 16ff.) und auf der Avenida da Liberdade (S. 32) zu finden. Die fast 9.000 m² des zentralen Rossio (S. 102) wurden mit einem **Wellenmuster** gepflastert, so realistisch, dass man meinen könnte, seekrank zu werden. Dies war eine stilistische Neuheit, die regen Anklang bei den Lissabonnern fand und viele Chronisten der Zeit inspirierte. Später wurde das Muster zum Exportschlager in die portugiesischen (Ex-)Kolonien, so zieren die schwarzweißen Wellen z. B. die berühmte Copacabana in Rio de Janeiro.

Calçada Portuguesa in der Fußgängerzone

Die Tage des charakteristischen Straßenpflasters könnten allerdings mancherorts gezählt sein. 2014 beschloss die Stadt, das typische Straßenpflaster durch Platten aus Zement und Kalkstein zu ersetzen. Die Wege sollen so für Fußgänger besser begehbar werden. Tatsächlich sind die Pflastersteine bei Regen oft rutschig, zudem können sie Rollstuhlfahrern und Kinderwagen Probleme bereiten, wenn sie nicht akkurat verlegt und instand gehalten werden. Trotzdem stieß die Entscheidung der Stadt auf viel Kritik. Die Sorge war groß, dass Lissabon eines seiner Wahrzeichen verlieren könnte. Die Stadtverwaltung bemühte sich klarzustellen, dass nur Bereiche ohne besonderen historischen und künstlerischen Wert betroffen seien. Kritiker hielten dagegen, dass allein Kostengründe hinter den Plänen steckten. Unterhalt und Pflege der Calçada Portuguesa sind aufwendig, zumal es an gut ausgebildeten Pflasterlegern mangelt.

Wellenmuster auf dem Rossio

Zufall oder Absicht: Ausgerechnet in der Rua da Vitória in der Baixa, in der eine Statue die Arbeit der Pflasterleger würdigte, wurde die Calçada Portuguesa durch die neuen Platten ersetzt und das Denkmal entfernt. Der neue Straßenbelag brach allerdings nach kurzer Zeit. Wie erfolgreich der vermeintlich bessere Ersatz des traditionellen Straßenpflasters ist, muss sich also erst noch zeigen.

Rafael Bordalo Pinheiro

Die zweite Hälfte des 19. Jh. brachte den Lissabonnern nicht nur eine neue Optik für ihre Bürgersteige, auch in der Kunst tat sich einiges. Ein Beispiel ist der Künstler Rafael Bordalo Pinheiro (1846–1905). Er zählt zu den wichtigsten Persönlichkeiten der kulturellen und politischen Elite Portugals seiner Zeit. Bekannt ist er unter anderem für seine charakteristischen **Keramiken** von Tieren und Pflanzen sowie des **Zé Povinho**, der Personifizierung des einfachen Portugiesen. Seine Grafiken sind oft von politischem Inhalt und zynischem Stil. Keramik-Repliken und Geschirr nach Original-Designs werden inzwischen wieder hergestellt und lassen sich als Andenken erstehen (S. 158). In Lissabon ist Bordalo Pinheiro seit 1916 ein eigenes Museum gewidmet. Es liegt etwas abseits der Touristenrouten, aber in unmittelbarer Nähe zum Museum für Stadtgeschichte (S. 148).

Museu Bordalo Pinheiro, Campo Grande 382, museubordalopinheiro.cm-lisboa.pt (nur port.), Di–So 10–18 Uhr, Einzelticket 3 €, So bis 13 Uhr frei. Angeschlossen ist ein kleiner Shop. Metro Campo Grande (blaue und grüne Linie). [Karte Umgebung]

53 Fado I – Lissabons Sehnsuchtsmusik

„Ruhe, es wird Fado gesungen“, die Lichter werden abgedunkelt und die Vorstellung kann beginnen. Die *viola* („Gitarre“) gibt den Rhythmus vor, die zwölfsaitige *guitarra portuguesa* mit ihrem hellen, lautenähnlichen Klang die Melodie. Der oder die *fadista*, mit geschlossenen Augen und in sich gekehrt, beginnt zu singen: über nicht erwiderte Liebe, die Härten des Lebens, Lissabon, den Tejo und bessere, längst vergangene Zeiten. *Amor* („Liebe“) und *saudade* sind die Schlüsselwörter. Das Wort „*saudade*“, Inbegriff **portugiesischer Gemütsverfassung**, lässt sich nur schwer übersetzen. Es bedeutet soviel wie Sehnsucht und Melancholie. Doch die wehklagende musikalische Untermalung macht eine Übersetzung überflüssig, man kann die *saudade* schier fühlen. Deshalb heißt diese ureigene Lissabonner Traditionsmusik auch Fado, abgeleitet vom lateinischen *fatum* („Schicksal“).

Über den **Ursprung des Fado** gibt es unzählige Theorien, Gewissheit jedoch nicht. Fest steht, dass er Anfang des 19. Jh. in den Arbeiter- und Fischervierteln Alfama, Mouraria und Madragoa entstanden ist und allmählich auch Anerkennung in der Oberschicht fand. Arabische Einflüsse können ausgeschlossen werden, da es an der Algarve, die über ein Jahrhundert länger arabisch dominiert war, keine Fado-Tradition gibt. Auch darf man den Lissabonner Fado nicht mit dem aus Coimbra verwechseln. Letzterer geht auf Troubadour-Gesänge zurück, führt studentische Traditionen fort und darf nur von Männern gesungen werden.

Die rhythmische Ähnlichkeit des Lissabonner Fado mit dem Morna der Kapverden sowie dem brasilianischen Lundum führte zu der Theorie, dass der Fado auf hoher See

Denkmal für Lissabons musikalisches Weltkulturerbe: die Fado-Statue am Rossio-Bahnhof

Dieses Graffiti in der Mouraria ehrt den Fado Vadio

und fern der portugiesischen Heimat entstand. Möglich ist, dass der portugiesische Königshof 1822 bei seiner Rückkehr aus Brasilien – sozusagen im Reisegepäck – eine Musikrichtung mitbrachte, die sich mit lokalen Traditionen mischte.

Mit der Anerkennung des Fado als immaterielles Weltkulturerbe durch die UNESCO Ende 2011 hat die Lissabonner Musik weiteren Aufschwung bekommen. Bekannte **moderne Fadistas** sind z. B. Mariza, Carminho, Mafalda Arnauth, Ana Moura, Camané oder Teresa Salgueiro. Sie alle halten die Fado-Tradition lebendig. Großes Vorbild ist dabei **Amália Rodrigues** (1920–1999), die den Fado mit ihrer unverwechselbaren Stimme international berühmt machte und deren Wohnhaus heute ein **kleines Museum** beherbergt. Viele der jüngeren Künstler öffnen sich gleichzeitig aber auch anderen Einflüssen und mischen Fado mit Pop, Jazz oder gar Tango. Live können die namhafteren Künstler in Lissabon nur noch auf großen Konzerten gesehen werden. Für einen Lissabon-Besuch empfiehlt sich eher ein Abend in einem der vielen Fado-Lokale (S. 164), wo professionelle Musiker oder talentierte Amateure ihr Repertoire präsentieren.

Für Fans und Einsteiger zeigt das am Fuße der Alfama gelegene **Museu do Fado** die Geschichte des Fado und seiner Interpreten, es gibt Hörbeispiele und Audioguides. Eine kleine Abteilung ist der *guitarra portuguesa* und berühmten Gitarrenbauern gewidmet. Seit Herbst 2016 bietet das Museum online Zugang zu einem Audio-Archiv mit zunächst 5.500 historischen Aufnahmen. Dem Museum angeschlossen ist eine Fado-Schule. Im Museumsshop gibt es eine große Auswahl an CDs sowie Souvenirs rund ums Thema Fado.

Information:
Museu do Fado 53, Largo do Chafariz de Dentro 1, Tel. 21 8823470, www.museudofado.pt, digitales Audio-Archiv unter arquivosonoro.museudofado.pt, Di–So 10–18 Uhr, Audioguides (auch engl., span. und frz.), Dokumentationszentrum: Mo–Fr 14.30–18 Uhr (nach Voranmeldung), Eintritt: 5 €. Metro Santa Apolónia (blaue Linie). [E4]

Casa Museu Amália Rodrigues, Rua de São Bento 193, Estrela, www.amaliarodrigues.pt, Di–So 10–13 und 14–18 Uhr, geführte Besichtigungen (nach Voranmeldung) dauern rund 20 Minuten, Eintritt 5 €. Die Räume sollen laut Kuratorin noch fast genau so aussehen, wie zu der Zeit, als die Fado-Ikone hier lebte. Etwas abseits gelegen, für Liebhaber. Metro Rato (gelbe Linie); Straßenbahn 28. [C3]

Info

54 Santo António – Lissabons Volksheiliger und sein Stadtfest

Noivos do Santo António – Hochzeiten unter dem Schutz des heiligen Antonius

Jedes Jahr ist es ein großes Ereignis, wenn sich die „Brautpaare des heiligen Antonius“ am 12. Juni das Jawort geben. Die Trauungen finden in der Kathedrale Lissabons statt. Anschließend werden die Brautsträuße dem Schutzheiligen glücklicher Ehen in der nahegelegenen Antonius-Kirche geopfert. Der Andrang ist groß, die Hochzeit wird im Fernsehen übertragen. Um die 200 Paare bewerben sich jedes Jahr für die inzwischen von der Stadtverwaltung gesponserte Hochzeit. Letztlich werden elf davon ausgewählt. Die Kriterien dafür haben sich in den letzten 50 Jahren etwas gelockert, anfänglich mussten die Bräute noch mit einem ärztlichen Attest ihre Jungfräulichkeit beweisen...

Die kleine **Barockkirche** Igreja de Santo António erinnert noch heute an jenen Ort, an dem 1190 Fernando Bulhão, der spätere Santo António, geboren wurde. Nach seiner Ausbildung in Lissabon beschloss der junge Geistliche, den christlichen Glauben in Nordafrika zu verbreiten. Durch ein Unwetter von seinem eigentlichen Ziel Marokko abgetrieben, strandete er in Italien, wo er bis zu seinem Tod 1231 in Padua als Bischof tätig war.

Die heutige Kirche ersetzte die ursprüngliche Kapelle aus dem 13. Jh., nachdem diese durch das Erdbeben 1755 fast völlig zerstört wurde. Der Wiederaufbau wurde teilweise über Spenden finanziert, die Kinder in den Straßen Lissabons sammelten. In der Kirche hängt auf der linken Seite ein riesiges Antonius-Bild. Der Volksglaube besagt, dass Wünsche, die man beim Berühren des Bildes äußert, in Erfüllung gehen. Wie populär dieser Glaube ist, zeigen die abgegriffenen Stellen des Rahmens.

Kirche und Museum Santo António

Direkt neben der Kirche befindet sich das **Museum Santo António**. Zu sehen ist eine große Sammlung von Dokumenten, liturgischen Objekten, Gemälden, Keramiken und anderen Dingen, die mit dem Leben des Heiligen und mit dem populären Antonius-Kult in Lissabon im Zusammenhang stehen.

Mitte Juni beginnt in Lissabon die „fünfte Jahreszeit“. Viele Altstadtviertel wie Graça, Bairro Alto und Bica legen ihr Festtagskleid an. Vor allem das ehemalige Heimatviertel des Heiligen, die Alfama, verwandelt sich in einen einzigen großen

Zum Fest im Juni: Altar für Lissabons beliebtesten Heiligen

Verkaufsstand für Wein und Sardinen. Bereits Wochen vorher schallt emsiges Hämmern durch die engen Gassen. Laien wie Profis bauen auf den schrägen Plätzen und Gassen Holzpodeste für Verkaufsstände auf. Die Kinder basteln kleine Heiligenaltäre mit integrierten Spardosen und laufen aufgeregt durch die Straßen, um den traditionellen „Groschen für den Santo António" zu erbetteln. Am **Vorabend des 13. Juni** ist es dann endlich soweit: Der Gedenktag des Heiligen wird gefeiert. Die Alfama versinkt unter einer Glocke aus Sardinen-Grilldunst. Überall wird gegessen, gefeiert und getanzt. Vor Ständen, an denen *manjerico*, eine Unterart des Basilikums, verkauft wird, bilden sich Schlangen. Dieses Gewächs wird das ganze Jahr über bis zum nächsten Santo António liebevoll gepflegt: Das verspricht Liebe und Glück. Das Fest wird zwar in ganz Lissabon gefeiert, in der Alfama ist es aber am traditionellsten, weshalb auch halb Lissabon zu Besuch kommt. Ab ca. 21 Uhr beginnen auf der Avenida da Liberdade die *marchas populares*. Viele Stadtviertel nehmen an den Umzügen teil, ein jedes entwirft eigene Kostüme, Musik und Choreografien und am Ende wird ein Gewinner gekürt. Mit Spannung wird in den Vierteln die Rückkehr der Tänzer und Musiker erwartet, die sich dann gebührend feiern lassen.

In vielen Stadtteilen werden die Festivitäten an den folgenden Wochenenden bis zum 1. Juli fortgeführt, dann unter dem Namen **Festas de Lisboa** („Lissabonner Feste"). In dieser Zeit werden in der ganzen Stadt zahlreiche kulturelle Veranstaltungen, viele davon kostenlos, angeboten.

Info

Hinkommen:
Straßenbahn 12, 28. [D4]

Information:
Igreja de Santo António 54, Largo de Santo António à Sé, Mo–Fr 8–19, Sa/So bis 19.45 Uhr.

Museu de Lisboa – Santo António, Largo de Santo António à Sé 24, www.museudelisboa.pt, Di–So 10–18 Uhr, Eintritt 3 €.

In der Nähe:
6 Sé und Castelo (S. 22), 7 Alfama (S. 24), 3 und 4 Baixa (S. 16ff.).

55 José Saramago und die Casa dos Bicos – Portugals Literaturnobelpreisträger und seine Stiftung

Die Casa dos Bicos ist heute Sitz der José-Saramago-Stiftung

3D-Fassade am „Haus der Spitzen"

Die Fassade der **Casa dos Bicos** verzieren pyramidenförmig zugespitzte Steine in geometrischem Muster, daher der Name „**Haus der Spitzen**". Das seltsam anmutende Gebäude wurde 1523 von Brás de Albuquerque in Auftrag gegeben. Der Sohn des ersten portugiesischen Vizekönigs von Indien war selbst Senatspräsident von Lissabon und Schützling König Manuels I. Inspiriert ist der Stadtpalast vom Stil ähnlicher Bauten in Bologna und Ferrara, die den portugiesischen Adeligen auf einer Italienreise beeindruckt hatten. Die oberen Stockwerke wurden beim Erdbeben 1755 komplett zerstört und lange nicht wieder aufgebaut. Die unteren wurden über Jahrzehnte als Lagerhallen bzw. als Verkaufsstelle für Portugals Nationalfisch Bacalhau genutzt.

1981 begann mit Hilfe von Originalzeichnungen die Rekonstruktion des Gebäudes, die insgesamt ein Versuch ist, moderne Materialien mit den Überresten des Originalbaus zu kombinieren. Bei diesen sowie späteren Umbauarbeiten wurden u. a. römische Mauerreste sowie Teile der alten Stadtmauer gefunden (S. 46). Seit 2014 sind diese Ausgrabungen im Erdgeschoss museal aufgearbeitet. Außerdem demonstrieren ein Modell sowie weitere Exponate den ehemaligen Glanz des Stadtpalastes und den ausgewählten Geschmack und luxuriösen Lebensstil seines Erbauers.

Tipp

Lesetipps:

Von José Saramago sind mittlerweile fast alle Romane und Novellen ins Deutsche übersetzt. Hier eine kleine Auswahl:

Geschichte der Belagerung von Lissabon. Der Held dieses Buches ist Korrektor und schreibt einen Text um, den er eigentlich nur korrigieren soll: In seiner Version gewinnen die Mauren 1147 den Kampf um die Stadt Lissabon. Eine fiktive Geschichte Lissabons. Rowohlt 1997, nur noch antiquarisch.

Das Memorial. Geschichte um den Bau des Klosters und Palastes in Mafra, in der es auch um die Lebens- und Arbeitsbedingungen im 18. Jh. geht. Hoffmann und Campe 2012.

Die Stadt der Blinden. Eine rätselhafte Krankheit sucht eine ganze Stadt heim. Nur eine Frau ist nicht von ihr betroffen. 2008 von Fernando Meirelles verfilmt. Btb 2015.

Die Stadt der Sehenden. Pendant zu „Die Stadt der Blinden". Die Ausgangslage der Geschichte: Es ist Wahl und die Wenigen, die kommen, geben leere, weiße Stimmzettel ab. Btb 2015.

Kleine Erinnerungen. Von Saramago als „kleine Autobiografie" bezeichnet. Der Autor erzählt aus seinen Kinder- und Jugendtagen. Hoffmann und Campe 2016.

Die portugiesische Reise. Literarische und kulturelle Reise des Autors durch Portugal. Atlantik 2014.

In den oberen Stockwerken wurde 2012 die **Kulturstiftung** von Portugals bislang einzigem Literaturnobelpreisträger **José Saramago** eröffnet. Neben einer Bibliothek gibt es dort wechselnde Ausstellungen. José Saramago (1922–2010) erzielte seinen internationalen Durchbruch 1982 mit dem Roman „Das Memorial". Sein 1991 erschienenes Werk „Das Evangelium nach Jesus Christus" wurde vom Vatikan als blasphemisch eingestuft. Als das Werk vom damaligen Kulturstaatssekretär Pedro Santana Lopes von der Liste der Kandidaten für den Europäischen Literaturpreis gestrichen wurde, verlegte Saramago aus Protest seinen Wohnsitz auf die kanarische Insel Lanzarote. Er war bekennender Atheist sowie Kommunist und löste immer wieder Skandale aus, etwa mit seinem Vorschlag aus dem Jahr 2007, Portugal und Spanien in einer Iberischen Union zu vereinen. Wegen seiner oft radikalen Ansichten war der Literaturnobelpreisträger bei den Portugiesen nicht uneingeschränkt beliebt.

Für seine Kulturstiftung erwarb Saramago 2009 die Casa dos Bicos. 2011, ein Jahr nach seinem Tod, wurde vor dem Gebäude ein Olivenbaum aus seinem Heimatort Azinhaga do Ribatejo eingepflanzt und ein Teil seiner Asche verstreut. An der Gedenkstätte legen Fans oft Blumen nieder, eine steinerne Bank soll zum Verweilen und Lesen einladen.

Info

Hinkommen: Metro Terreiro do Paço; Straßenbahn 18, 25. [D4]

Information:

Casa dos Bicos/Fundação José Saramago, Rua dos Bacalhoeiros, www.josesaramago.org (nur port./span.), Mo–Fr 10–18, Sa 10–14 Uhr, Eintritt frei.

In der Nähe:

2 Praça do Comércio (S. 14), 7 Alfama (S. 24), 18 Sé Patriarcal (S. 48).

56 Fernando Pessoa – ein Poet mit vielen Namen

Fernando Pessoa (1888–1935) ist der wichtigste Vertreter der portugiesischen Moderne. Zu Lebzeiten verkannt, gilt er mittlerweile als einer der wichtigsten Literaten des 20. Jh. In Lissabon wird auch heute noch an vielen Orten an ihn erinnert.

Eine eigentümliche Besonderheit seines Werks: Pessoa entwickelte ein komplexes System von mehr als **70 Heteronymen**. Alberto Caeiro, Ricardo Reis und Álvaro de Campos sowie der Tagebuch-Autor Bernardo Soares sind davon nur die bekanntesten (Werkauswahl s. S. 132). Hinter den Heteronymen verbergen sich, anders als bei den häufiger verwendeten Pseudonymen, fiktive Personen mit eigenen Biografien, Schreibstilen und philosophischen Kontexten. Diese „schrieben" nicht nur Gedichte und Tagebücher, sondern auch Essays über das Werk der jeweils anderen und unterhielten Briefwechsel, an denen auch eine fiktive Person namens Fernando Pessoa beteiligt war.

Geboren wurde Fernando Pessoa 1888 in Lissabon, in der Rua Serpa Pinto 8, direkt gegenüber dem Nationaltheater São Carlos (S. 134). Eine **Gedenktafel** an der Hauswand sowie eine überlebensgroße **Statue** am Vorplatz des Theaters erinnern daran.

Auch als Graffito unverkennbar – Markenzeichen Hut und Nickelbrille

Seine freie Zeit verbrachte er meist außer Haus, unzählige Spaziergänge führten ihn durch die Baixa. Viele Abende saß er im Restaurant **Martinho da Arcada** in den Arkaden am Praça do Comércio. Noch heute ist dort sein Stammplatz für ihn reserviert. Kaffeetasse, Cognacschwenker und Bücher erwecken den Eindruck, der Literat könne jeden Moment an den Tisch zurückkommen. Die Wände sind mit Fotos des berühmtesten Gastes geschmückt.

Pessoa traf sich häufig mit anderen Intellektuellen der Stadt, etwa im **Café Nicola** oder in den Restaurants **Leão d'Ouro** und **A Licorista**. In letzterem hängt noch heute eine der berühmten Fotografien von Pessoa hinter dem Tresen. Der bekannteste Lieblingsort des Dichters aber dürfte das Café **A Brasileira** (S. 198) sein. Dort sitzt er noch heute auf der vielbesuchten Terrasse – als lebensgroße Statue. Diese wurde 1988 zu seinem 100. Geburtstag von Lagoa Henriques geschaffen.

Pessoa soll mehr als 40 mal umgezogen sein. Eines der Zimmer, in denen er zur Untermiete wohnte, ist mittlerweile unter dem Schlagwort „Fernando Pessoa Xperience“ bei einem privaten Anbieter als **Gästezimmer** zu mieten. Seine letzte Wohnstätte wurde 1993 zum Museum umgewandelt. Die ursprüngliche Einrichtung des Dichters ist nicht mehr komplett erhalten und so gestalten wechselnde Künstler das Arbeitszimmer des Poeten mit ihren „Pessoa-Interpretationen“. Ausgestellt ist dort auch ein Teil seiner Privatbibliothek, außerdem einige seiner Möbel und eine der Truhen, in denen sich Jahre nach seinem Tod über **35.000 Manuskriptseiten** fanden. Pessoas Werk ist immer noch nicht komplett herausgegeben und nur ansatzweise erforscht.

Fernando Pessoa starb im Alter von 47 Jahren an Leberzirrhose. Begraben wurde er ursprünglich auf dem Prazeres-Friedhof (S. 136), seine Gebeine wurden 1985 in das Jerónimos-Kloster (S. 72) überführt.

Pessoas Stammplatz im Martinho da Arcada am Praça do Comércio

Info

Information:
Casa Fernando Pessoa 56, Rua Coelho da Rocha 16–18, Tel. 21 3913270, casafernandopessoa.cm-lisboa.pt, Mo–Sa 10–18 Uhr, Eintritt 3 €. Straßenbahn 25, 28; Metro Rato. [B3]

Essen & Trinken:
Auswahl der Lieblingscafés und -restaurants von Fernando Pessoa:
Café Nicola und **A Brasileira** (S. 198).
O Bacalhoeiro/A Licorista (S. 179).
Martinho da Arcada, Praça do Comércio 3, Tel. 21 8879259, Mo–Sa 7–23 Uhr. Ursprünglich die erste Eisdiele Lissabons, die Casa da Neve („Schneehaus“), eröffnet 1782. Hier ist immer ein Tisch für den Poeten gedeckt. Gute Adresse für einen Kaffee und ein Pastel de Nata im Stehen am Tresen. Klassisch port. Gerichte. Mittlere Preisklasse.
Leão d'Ouro, Rua 1º de Dezembro 103–107, Tel. 21 3426195, www.restauranteleaodouro.com.pt, tgl. 12–24 Uhr. Gewölbebögen, antike Möbel und die charakteristischen blau-weißen Kacheln an den Wänden, dazu typisch port. Küche. Direkt am Rossio-Bahnhof. Mittlere Preisklasse.

57 Praça Luís de Camões – Portugals Nationaldichter und sein Ehrenplatz

Motive aus Camões' Dichtung auf dem Boden

Luís Vaz de Camões ist der Verfasser des portugiesischen Nationalepos „Os Lusíadas". Am westlichen Ende des Künstler- und Literatenviertel Chiado wird ihm Tribut gezollt: Eine 4 m hohe, 1867 eingeweihte **Bronzestatue** ziert den nach ihm benannten Platz. Den achteckigen Sockel umgeben Statuen nationaler Persönlichkeiten aus Wissenschaft und Dichtung. Der Boden ist im typischen Lissabonner Pflaster (S. 122) gehalten und verewigt Motive aus Camões' Dichtung in Stein. Am Kiosk kann man bei einem Kaffee gemütlich sitzen und das städtische Treiben beobachten.

Biografische Daten des Nationaldichters sind kaum bekannt, Originaldokumente nicht vorhanden. Wahrscheinlich wurde er ca. 1524 in Lissabon in eine Familie des niederen Adels hineingeboren und studierte in Coimbra. Später lebte er am Hof von João III. in Lissabon. In Nordafrika leistete er zwei Jahre Kriegsdienst, wobei er im Kampf ein Auge verlor. In den 1550er-Jahren schiffte er sich nach Indien ein, wo er 15 Jahre als Soldat diente und große Teile seines Epos **„Os Lusíadas"** schuf. Von seinen Erfahrungen in dieser Zeit sind die „Lusiaden" stark geprägt. In

Tipp

Lesetipps zur modernen portugiesischen Literatur:

António Lobo Antunes (*1942):
Der Judaskuss. Eine Nacht in einer Lissabonner Bar, ein Soldat erzählt von seinen Erinnerungen und Erfahrungen aus dem Angolakrieg. Btb 2006.
Die Leidenschaft der Seele, **Die natürliche Ordnung der Dinge** und **Der Tod des Carlos Cardell**. Trilogie zum Stadtteil Benfica, in dem der Autor seine Kindheit verbracht hat. Eine Aufarbeitung des Wandels vom ländlichen Viertel hin zu Bettenburgen und Einkaufszentren.

José Saramago (1922–2010):
Lesetipps zu Portugals bislang einzigem Literaturnobelpreisträger s. S. 128.

Fernando Pessoa (1888–1935):
Infos zu Fernando Pessoa und seinen Heteromymen s. S. 130.
Alberto Caeiro: **Poesia – Poesie**. Pessoa nennt sein Heteronym Alberto Caeiro (1889–1915) seinen Meister. Dieser verbringt sein kurzes Leben in völliger Abgeschiedenheit auf dem Lande im Ribatejo, wohin er sich wegen einer Tuberkuloseerkrankung zurückgezogen hat. Fischer 2008.
Fernando Pessoa: **Mein Lissabon. Was der Reisende sehen sollte**. Ein Reiseführer über Lissabon – aus der Sicht des großen portugiesischen Literaten der Moderne. Fischer 2016.
Fernando Pessoa: **Das Buch der Unruhe des Hilfsbuchhalters Bernardo Soares**. Eine lose Sammlung von Fragmenten aus Fernando Pessoas literarischem Nachlass. Fischer 2006.

Der Praça Luís de Camões ist Portugals Nationaldichter gewidmet

Anlehnung an Homers „Ilias“ und Vergils „Aeneis“ schildert Camões die Geschichte Portugals von den Anfängen bis zu seiner Zeit, vor allem aber die Zeit der großen Entdeckungen. Die Legende, Lissabon sei von **Odysseus** gegründet worden, geht auf das Epos zurück, hier tauchte der Name Odysseus – in seiner lateinischen Variante „Ulysses“ – zum ersten Mal in diesem Zusammenhang auf. Camões berief sich dabei auf griechische und römische Quellen. Im 19. Jh. wurde dieses Motiv wieder aufgegriffen, griechische Geschichte vermischte sich mit römischer und die Vorstellung vom Seefahrer Odysseus als Gründer der Hauptstadt der Entdeckernation Portugal etablierte sich.

Nach Lissabon zurückgekehrt, gelang Camões 1572 noch die Veröffentlichung seines Werks. Acht Jahre später starb er verarmt an der Pest.

Symbolisch ist er im Jerónimos-Kloster (S. 72) sowie im Nationalpantheon (S. 84) begraben, eine weitere überlebensgroße Statue des Dichters befindet sich auf dem **Denkmal der Entdeckungen** (S. 76).

Die erste deutsche Fassung der „Lusiaden“ erschien 1806. In Portugal lernt heute noch jedes Schulkind zumindest das erste Lied des Nationalepos auswendig. Seit 1989 wird als höchste Auszeichnung für portugiesischsprachige Literatur der **Prémio Camões** verliehen. Preisträger waren zum Beispiel José Saramago (S. 128) und António Lobo Antunes.

Info

Hinkommen:
Metro Chiado (blaue Linie); Straßenbahn 28. [C–D4]
Essen & Trinken:
Quiosque do Refresco (S. 200), **Café A Brasileira** (S. 198.)
In der Nähe:
9 Chiado (S. 28), **10** Bairro Alto (S. 30).

58 Theater, Oper und Ballett – Lissabons große Häuser

Teatro Nacional D. Maria II 58a

Lissabons Nationaltheater D. Maria II befindet sich in der Baixa, auf dem Rossio (S. 102). Das **klassizistische Gebäude** nimmt die gesamte Nordseite des Platzes ein. In früheren Zeiten hatte hier die Inquisition ihren Hauptsitz (S. 52). Der Bau des Theaters 1842 geht auf die Initiative des Schriftstellers Almeida Garrett zurück. Auf dem Giebel wird mit einer Statue Gil Vicentes gedacht, dem Urvater des portugiesischen Theaters im 16. Jh. Umgeben ist er von den figürlichen Darstellungen der Komödie und Tragödie. Nachdem das Gebäude 1964 komplett ausbrannte, zählt es heute, nach einer langjährigen Renovierungsphase, zu den technisch am besten ausgestatteten Theatern des Landes. Die Vorstellungen finden allerdings fast ausschließlich in portugiesischer Sprache statt. Wer sich trotzdem einen Eindruck – sowohl vor als auch hinter den Kulissen – verschaffen möchte, dem sei eine Führung empfohlen. Angeschlossen ist ein Café, in das man sich gut vor dem Lärm und regen Treiben auf dem Rossio zurückziehen kann.

Teatro Nacional D. Maria II, *Praça D. Pedro IV, Tel. 800213250 (kostenlose Hotline für Infos und Reservierungen), www.teatro-dmaria.pt, hauptsächlich port. Vorstellungen, seltener ausländische Gastspiele, Preise ab 8 € je nach Platz und Vorstellung. Führungen nach Voranmeldung auch auf Deutsch, ca. 1 Stunde, 8 €, Infos und Anmeldung unter Tel. 21 3250829, visitasguiadas@teatro-dmaria.pt. Metro Rossio (grüne Linie). [D3]*

Teatro Nacional São Carlos 58b

Für Opernfans lohnt sich ein Besuch im Nationaltheater São Carlos, der Lissabonner Oper im Viertel Chiado (S. 28). 1793 wurde das sehenswerte **neoklassizistische Gebäude** eröffnet, es ist bis heute das einzige Opernhaus Lissabons. Als Vorbilder dienten die Mailänder Scala sowie das Theater San Carlo in Neapel. In barockem Ambiente werden hier Opern – oft in moderner Inszenierung – aufgeführt und meist vom Lissabonner Sinfonieorchester begleitet. Den ganzen Juli über, also zum Ende der Spielzeit, wird während des **Festival ao Largo** der Vorplatz der Oper zur Bühne. Klassische Konzerte, Opern und auch Ballett-Vorführungen werden dem Publikum dann an den Wochenenden kostenlos dargeboten.

Aufführung auf dem Vorplatz der Oper beim Festival ao Largo

Teatro Nacional São Carlos, *Rua Serpa Pinto 9, Tel. 21 3253045/6, tnsc.pt (nur port.), Spielzeit Okt. bis Juni, 2 Std. vor der Vorstellung gibt es die Restkarten zu vergünstigten Preisen. Auf Anfrage sind Führungen auf Englisch und Französisch möglich. Metro Baixa/Chiado (blaue Linie); Straßenbahn 28. [D4]*

Teatro Camões 58c

Nationale und internationale Ballett- und andere Tanzaufführungen finden seit 2003 im Camões-Theater auf dem ehemaligen Expo-Gelände (S. 92) statt. Das Gebäude ist ein rechteckiger Kubus aus hellem Stein und Glas, an den sich ein Anbau mit blauer Glas-Metall-Fassade anschließt. Entworfen wurde es von Manuel Salgado. Hier gibt es neben Tanzaufführungen auch klassische Konzerte.

Tipp

Es gibt auch zahlreiche kleinere **Theater** in Lissabon. Da die Vorstellungen fast nur in portugiesischer Sprache stattfinden, ist diese Sparte der portugiesischen Kultur jedoch nur Touristen mit sehr guten Sprachkenntnissen zugänglich. Das aktuelle Programm findet man in der Tagespresse sowie in der kostenlosen Kulturzeitschrift „Agenda Cultural", die bei den Touristeninformationen erhältlich ist (nur port.).

Teatro Camões, *Passeio do Neptuno, Tel. 21 8923477, www.cnb.pt, Eintritt je nach Veranstaltung ab 10 €. Metro Oriente (rote Linie). [Karte Umgebung]*

Das Nationaltheater D. Maria II in der Baixa

Absoluten Theater-Fans sei das **Museu Nacional do Teatro e da Dança** empfohlen. 1985 gegründet und in einem Stadtpalast aus dem 18. Jh. untergebracht, verfügt das Nationale Theater- und Tanz-Museum über eine 250.000 Exponate umfassende Sammlung, die die Geschichte des Theaters und der Tanzkultur in Portugal lebendig hält.

Museu Nacional do Teatro e da Dança, Estrada do Lumiar 10–12, Tel. 21 7567418, www.museudoteatroedanca.pt, Di–So 10–18 Uhr, Eintritt 4 €. Metro Lumiar (gelbe Linie); Bus 703.

59 Cemitério dos Prazeres – der „Friedhof der Vergnügungen" und andere letzte Ruhestätten

Während eine Cholera-Epidemie in der Stadt wütete, wurde 1833 der Cemitério dos Prazeres als **erster großer städtischer Friedhof** angelegt. Bis dahin waren die Toten vornehmlich auf den Arealen von Kirchen und Klöstern beerdigt worden, was sich in Zeiten von Epidemien als zu unhygienisch erwies. Der etwas befremdliche Name leitet sich wahrscheinlich von dem Gut und den Ländereien ab, auf denen der Friedhof eingerichtet wurde. Lange Zeit sollen allerdings die Anwohner der Umgebung den Friedhof auch zu Ausflügen und Picknicks genutzt haben – wegen seiner schönen Anlage und der Aussicht auf Fluss und Stadt. Rund 11 ha ist die Anlage groß. Über 7.000 *jazigos* („Grabstätten") sind hier, typisch südländisch, entlang von Straßen angelegt. Viele der Grabstätten sind kleinen Häusern oder Kapellen nachempfunden und zum Teil sogar unterkellert, um weiteren Familienmitgliedern Platz zu bieten. Entsprechend der früher bürgerlich vornehmen Wohngegend haben hier viele berühmte Lissabonner Familien ihre letzte Ruhestätte. Der Maler Rafael Bordalo Pinheiro und der frühere portugiesische Präsident Manuel de Arriaga liegen auf diesem Friedhof begraben. Auch Fernando Pessoa fand hier seine vermeintlich letzte Ruhestätte, bis seine Gebeine in den 1980er-Jahren nach Belém in das Jerónimos-Kloster überführt wurden.

Heute kümmern sich die Museumsabteilung und die Santa Casa da Misericórdia (S. 79) um nicht mehr gepflegte Gräber. Gelegentlich werden lange nicht gepflegte Grabstätten auch von der Stadt versteigert.

An den Friedhof angeschlossen ist ein kleines **Museum**, das wechselnde Ausstellungen zeigt. Auch die alte Pathologie ist zu besichtigen. Gerade bei nordeuropäischen Touristen ist der Friedhof beliebt, weil er eine so andere Bestattungskultur als die unsere zeigt. Die Verzierungen und Beigaben, der Prunk und die Gestaltung geben interessante Einblicke in die Vorstellungen von Tod und Jenseits. Gleichzeitig ist der Friedhof die Endhaltestelle der bei Touristen sehr beliebten historischen Straßenbahnlinie 28.

Typisch südländische Grabstätten auf dem Cemitério dos Prazeres

Sehr viel kleiner und weniger monumental gestaltet als die großen städtischen Friedhöfe ist der **Cemitério Alemão**, der Deutsche Friedhof, der seit 1822 in der Nähe besteht. Der wohlhabende Lübecker Kaufmann Nicolaus Berend Schlick hatte das knapp 3.000 m² große Gelände der Deutschen Evangelischen Kirchengemeinde Lissabons gespendet. Kaufleute, Ärzte,

Symbole der Vergänglichkeit

Künstler und zahlreiche Diplomaten haben hier ihre letzte Ruhestätte gefunden. Der Cemitério Alemão gehört heute immer noch der evangelischen Gemeinde, steht aber auch Deutschen katholischen und jüdischen Glaubens sowie mit Deutschen verheirateten Portugiesen als Friedhof zur Verfügung. Ein ruhiger Ort, an dem sich die Spuren deutscher Einwanderer in Lissabon verfolgen lassen.

Abstecher zum Ostfriedhof

Fast zeitgleich mit dem Cemitério dos Prazeres wurde am damals östlichen Ende der Stadt der **Cemitério do Alto de São João** angelegt. Er liegt etwas abseits der touristisch interessanten Stadtteile und ist deshalb wesentlich weniger besucht. Man erreicht ihn ab der Metrostation Praça Chile in ca. 15 Minuten zu Fuß oder mit den Bussen 718 und 742. [E–F2]

Info

Hinkommen:
Straßenbahn 25, 28; Bus 774. [A3–4]

Information: **Cemitério dos Prazeres** 59, Praça de S. João Bosco, Tel. 21 396 1511, tgl. 9–17, Mai bis Sept. bis 18 Uhr, Museum 9.30–16 Uhr.

Cemitério Alemão, Rua do Patrocínio 59, Campo de Ourique, Tel. 21 4561100, Di–Sa 9–13 und 15–18, So 9–13 Uhr, Führungen nach Voranmeldung möglich. [B3]

Essen & Trinken:
RED Prazeres, Mo–So 12–23 Uhr, direkt vor dem Eingang des Prazeres-Friedhofs. Kiosk mit einigen Tischen.

In der Nähe:
15 Campo de Ourique (S. 40), 45 Jardim und Basílica da Estrela (S. 106), 68 Markthalle Campo de Ourique (S. 156), 76 Wasserreservoir Mãe d'Água (S. 172).

60 Streetart, Alternativkultur & Co.

Lissabon ist ein Freilichtmuseum: nicht nur wegen seiner mit Azulejo verzierten Häuser, dem schwarz-weißen Pflaster der Calçada Portuguesa und dem ganz besonderen Licht, sondern auch wegen seiner Streetart.

Mit einer kleinen offiziellen **Streetart-Galerie** hat die Stadt Lissabon dieser Kunstform einen Platz im Stadtbild eingeräumt, sie befindet sich an der Calçada da Glória, an der Bergstation der Standseilbahn da Glória (S. 161). Seit 2008 stellt die Stadtverwaltung Künstlern dort sieben riesige Leinwände zur Verfügung, welche in regelmäßigen Abständen neu – oft zu einem bestimmten Thema – gestaltet werden.

Das **Parkhaus** der ehemaligen Markthalle Chão do Loureiro (S. 100), auf halbem Weg zwischen Baixa und Castelo, ist ein Museum der anderen Art: die fünf Stockwerke wurden von namhaften Streetart-Künstlern gestaltet und verschaffen einen guten Überblick über die aktuellen künstlerischen Tendenzen.

Ein neueres Werk des Künstlers Alexandre Farto, inzwischen auch international bekannt unter seinem Pseudonym **Vhils**, lässt sich in der Nähe des Aussichtspunkts Portas do Sol (S. 98) in der Calçada do Menino de Deus bestaunen. Hier hat er die Fado-Ikone Amália Rodrigues in Stein verewigt, und zwar im Stil der Calçada Portuguesa.

LX Factory 60a

Die Adresse in Sachen Alternativkultur ist die LX Factory. Ursprünglich nur als Provisorium gedacht, haben sich auf diesem alten Fabrikgelände verschiedene Ateliers, Werkstätten, Geschäfte, Cafés und Restaurants angesiedelt. Die Hallen sind von Künstlern gestaltet worden. Außerdem wird das Gelände für verschiedene Veranstaltungen, Ausstellungen und Märkte genutzt, das Programm findet sich auf der Webseite.

Lissabon hat seit vielen Jahren eine sehr aktive Streetart-Szene

LX Factory, *Rua Rodrigues de Faria 103, Tel. 21 3143399, www.lxfactory.com. Straßenbahn 15, 18. [A4]*

Village Underground Lisboa 60b

In einer Ansammlung von bunten Containern sind Gemeinschaftsbüros untergebracht, zwei alte Doppeldeckerbusse bieten Platz für einen Konferenzraum und ein Café-Restaurant, in dem es tgl. 12–20 Uhr eine große Auswahl an verschiedenen Toasts und Salaten gibt. Außerdem finden auf dem Gelände Ausstellungen, Konzerte und multikulturelle Events statt.

Village Underground Lisboa, *Rua 1º de Maio 103, auf dem Gelände des Carris-Museums (S. 237), gleich neben LX-Factory, Tel. 21 5832469, www.vulisboa.com. Straßenbahn 15, 18. [A5]*

Underdogs 60c 60d

Die Kulturinitiative Underdogs gibt es seit 2010. Sie hat sich ganz der Streetart-Kultur verschrieben. In der Underdogs Gallery finden wechselnde Ausstellungen und auch Workshops statt. Im Art Store gibt es neben Künstlerbedarf auch Drucke und Bücher der beteiligten Künstler. Wer möchte, kann die Werke auch online über die Homepage bestellen. Auf Anfrage werden auch Stadtführungen zum Thema angeboten. Mehr Infos und Künstlerbiografien unter www.under-dogs.net.

Underdogs Art Store 60c, *Rua da Cintura do Porto de Lisboa 20, Armazém A, Di–So 12–21 Uhr. Metro Cais do Sodré (grüne Linie); Straßenbahn 15. [C4]*

Underdogs Gallery 60d, *Rua Fernando Palha 56, Di–Sa 14–20 Uhr. Bus 728; Zug Braço de Prata. [Karte Umgebung]*

Tipp

Für Vinyl-Freunde:

Cárbono, Rua do Telhal 6, www.carbono.com.pt (nur port.), Mo–Sa 11–19 Uhr. Sehr netter Plattenladen auf einer Querstraße der Avenida da Liberdade. Hier gibt es Neues und Gebrauchtes in Sachen CD, DVD und Vinyl. Ein paar historische Abspielgeräte gehören ebenso zur Ausstattung. Gelegentlich legen DJs live auf.

Flur Discos, Avenida Infante D. Henrique, Armazém B4, Cais da Pedra, gegenüber Santa Apolónia Bahnhof, www.flur.pt, Mo–Sa 13–20 Uhr. Große Auswahl an LPs, von Rock über Elektro bis hin zu Dub und Reggae lässt sich fast alles finden. Außerdem gibt es Konzertkarten, Bücher, T-Shirts und andere Accessoires.

Märkte

Inzwischen gibt es mehrere Märkte, auf denen auch Alternativkünstler und Jungdesigner ihre Produkte und Objekte anbieten. Hier zwei Beispiele:

LX Market – Feira na Fábrica, auf dem Gelände der LX Factory, www.lxmarket.com.pt, So 11–18 Uhr. Netter „alternativer" Trödel- und Kreativmarkt. Unter dem Label LX Rural sind dort auch einige Stände mit Lebensmitteln und Produkten lokaler Hersteller zu finden (bis 16 Uhr).

Crafts & Design, Jardim da Estrela, i. d. R. am ersten Wochenende im Monat Sa/So 10–19 Uhr. Der älteste unter Lissabons Kreativmärkten, mit modernem Kunsthandwerk, Trödel und manchmal Live-Musik, direkt im Estrela-Park (S. 106).

Die LX Factory im Stadtteil Alcântara – alternatives Zentrum auf stillgelegtem Fabrikgelände

61 Museu Calouste Gulbenkian – Mister Five Percent und seine Stiftung

Das Gulbenkian-Museum gehört zu den Highlights der Lissabonner Museenlandschaft. 1969 wurde eigens für die 6.000 Stücke umfassende Sammlung des armenischen Ölmagnaten Gulbenkian das erste von inzwischen zwei Gebäude erbaut. Die Coleção Fundador, die **Stifter-Sammlung**, spiegelt den persönlichen Geschmack des ehemaligen Eigentümers wider. Gemälde, Teppiche, Möbel und Skulpturen verschiedener Epochen und Kulturen geben darüber hinaus gute Einblicke in die Kunstgeschichte der letzten zwei Jahrtausende. Sehr sehenswert ist die Sammlung von Schmuck- und Glas-Stücken des Künstlers René Lalique, die weltweit die einzige ihrer Art ist. In der Gemäldesammlung sind viele große Namen vertreten, u. a. van der Weyden, Rubens, Rembrandt, Manet und Monet. Zusätzlich finden in einem gesonderten Raum wechselnde Ausstellungen statt. Nach dem Museumsbesuch bietet sich ein Spaziergang durch die 8 ha umfassende Parkanlage an. Versteckt an den verwinkelten Wegen des Parks gibt es immer wieder moderne Skulpturen zu entdecken. In den Sommermonaten werden in dem kleinen Amphitheater Konzerte von Klassik bis Jazz gegeben. Seit 2013 ist ein **multimediales Zentrum** dem Park selbst und dessen im Jahr zuvor verstorbenen Landschaftsarchitekten Gonçalo Ribeiro Telles gewidmet.

Am südlichen Ende des Geländes befindet sich die **Moderne Sammlung** des Museums, die 1983 als „Centro de Arte Moderna" in einem Neubau eröffnet wurde. Neben wechselnden Ausstellungen zeigt sie Werke portugiesischer Künstler des 20. und 21. Jh.

Die **Stiftung Gulbenkian**, die ihren Verwaltungssitz ebenfalls auf dem Parkgelände hat, unterhält neben den beiden Museen, die 2015 über 350.000 Besucher anzogen, auch ein renommiertes Orchester, einen Verlag und sie vergibt Stipendien für künstle-

Sowohl das Museum als auch der Park sind einen Besuch wert

Geschäftsmann und Stifter Gulbenkian

rische und wissenschaftliche Zwecke. Die Stiftung geht zurück auf Calouste Sarkis Gulbenkian, der 1869 in Üsküdar bei Istanbul als Sohn wohlhabender armenischer Eltern geboren wurde. Er studierte in Marseille und London und nahm 1902 die britische Staatsbürgerschaft an. Früh verschrieb er sich der Erdölförderung im mittleren Orient, wurde rasch zu einem unumgänglichen Verhandlungspartner der Ölindustrie und erwirkte für den Westen Konzessionen zur Ölförderung. Als die Aktien der Turkish Oil Company aufgeteilt wurden, gingen Teile u. a. an die Royal Dutch Shell und an die Deutsche Bank. 5 % blieben bei Calouste Gulbenkian. Als die Aktien 1928 erneut aufgeteilt wurden, erhielt er wiederum einen Anteil von 5 %, den er von nun an bei all seinen Geschäften durchsetzten sollte. Dies brachte ihm den **Spitznamen Mr. Five Percent** ein. Sein enormes Vermögen ermöglichte es Gulbenkian, seiner Sammelleidenschaft nachzugehen und eine der größten privaten Kunstsammlungen Europas im 20. Jh. zusammenzutragen. Als die britische Regierung 1942 sein Vermögen als „feindliches Eigentum" beschlagnahmen wollte, floh Gulbenkian nach Lissabon, wo er bis zu seinem Tod 1955 im Hotel Ritz lebte. In Dankbarkeit dafür, dass Portugal ihm Asyl gewährt hatte, verfügte er testamentarisch, dass ein Teil seines Vermögens sowie die gesamte Kunstsammlung an die nach ihm benannte Stiftung gehen sollten. Wie reich der Ölmagnat tatsächlich war, ist ungewiss. Schätzungen reichen von 300 Millionen bis 2,4 Milliarden Euro. Sicher ist allerdings, dass er die Lissabonner Kunst- und Kulturlandschaft stark und nachhaltig bereichert hat.

Info

Hinkommen: Metro São Sebastião (blaue Linie) oder Praça de Espanha (blaue und rote Linie). [C1]

Information: Museu Calouste Gulbenkian, www.gulbenkian.pt/museu; Stifter-Sammlung: Av. da Berna 45, Tel. 21 7823461; Moderne Sammlung: Rua Dr. Nicolau de Bettencourt, Tel. 21 782 3474; jeweils Mi–Mo 10–18 Uhr, Eintritt 10 € für beide Sammlungen, Kinder bis 12 J. frei, So ab 14 Uhr generell freier Eintritt. Angeschlossen sind ein Museumsshop bzw. eine Buchhandlung.

Essen & Trinken: Gleich drei Cafeterien bieten auf dem Parkgelände Erfrischungen. Besonders schön ist die Terrasse mit Seeblick am Gebäude der Stifter-Sammlung.

In der Nähe:

37 Prémio Valmor (S. 88), 46 Parque Eduardo VII (S. 108), 73 Stierkampf auf Portugiesisch (S. 166).

62 Centro Cultural de Belém – Kulturzentrum und Museum für moderne Kunst

In Belém erstreckt sich auf der Westseite der Gartenanlage am zentralen Praça do Império der postmoderne Bau des Centro Cultural de Belém (CCB). Krasser Gegensatz zur Silhouette des Jerónimos-Klosters oder angenehmer Kontrapunkt – diese Entscheidung sei jedem selbst überlassen. Gebaut wurde der Steinquader 1992, als Portugal erstmals die europäische Ratspräsidentschaft übernahmen. Umstritten war der von Vittorio Gregotti und Manuel Salgado entworfene Bau nicht nur wegen seiner eigenwilligen Optik: Das ohnehin schon gewaltige Budget von 32,5 Millionen Euro wurde um das Sechsfache überschritten. Außerdem wurde der Bau erst so spät fertiggestellt, dass während der EU-Ratspräsidentschaft nur einige wenige Tagungen in provisorischen Räumen abgehalten werden konnten. Heute ist das CCB mit Sicherheit eine Bereicherung für Lissabons Kulturlandschaft: Regelmäßig finden Konzerte namhafter Künstler statt, von Klassik über Jazz bis Rock. Schön ist der Jardim das Oliveiras („Olivengarten") samt Café, der auf der dem Fluss zugewandten Seite liegt.

Architektonisches Kontrastprogramm: das Centro Cultural de Belém

Nicht ohne öffentliche Diskussion lief 2007 auch die Eröffnung des **Museu Coleção Berardo** ab: Das Design-Museum sowie Räume für Wechselausstellungen mussten weichen, weil der Kunstsammler Joe Berardo drohte, seine Sammlung künftig nur noch im Ausland zu zeigen, sollte ihr nicht der entsprechende Raum im Kulturzentrum zur Verfügung gestellt werden. Trotz dieser Querelen im Vorfeld ist das Museum inzwischen das meistbesuchte des Landes, 2015 kamen über 800.000 Besucher. Ob das so bleibt, falls das Museum künftig Eintritt verlangt, muss sich noch zeigen. Die Sammlung

José Manuel Rodrigues Berardo (*1944), Stifter der gleichnamigen Sammlung im CCB, ist nicht nur leidenschaftlicher Kunstsammler. Als Joe Berardo bekannt, wird er auch gerne als „Goldjunge Portugals" oder „Gulbenkian des 21. Jh." betitelt. Dabei wuchs er in einfachen Verhältnissen auf Madeira auf, brach als 13-Jähriger die Schule ab und verdiente sein Geld mit dem Aufkleben von Etiketten in einer Weinfabrik. Nach seinem 18. Geburtstag wanderte Berardo nach Südafrika aus. Dort verdiente er sein Geld zunächst mit dem Verkauf von Gemüse, 1977 kaufte er seine erste Goldmine. Aufgrund der steigenden Goldpreise wurde er in den 1980er-Jahren reich. In der Folgezeit investierte Berardo in Diamanten, Öl, Papier, Banken und Marmor. Mit dem EU-Beitritt Portugals 1986 kehrte er in seine Heimat Madeira zurück. Berardo gilt als einer der zehn reichsten Männer des Landes, allein seine Kunstsammlung im CCB wurde vom Auktionshaus Christie´s auf knapp 320 Millionen Euro geschätzt. Andere Teile seiner Sammlung sind in verschiedenen Museen Portugals ausgestellt. Für Lissabon plant der Mäzen zwei weitere Kunsthäuser: eines zum Thema Jugendstil und eines für afrikanische Kunst.

bietet einen guten Überblick über die Kunst des 20. und 21. Jh.: vom Surrealismus über Pop-Art bis zur zeitgenössischen Kunst. Über 70 der 862 Werke werden im Wechsel gezeigt, darunter Arbeiten von Pablo Picasso, Andy Warhol, Max Ernst, Man Ray und Roy Liechtenstein. Ebenso kann man Arbeiten von Mário Cesariny als Vertreter des portugiesischen Surrealismus sowie von Paula Rego als zeitgenössischer Künstlerin sehen. Das obere Stockwerk ist für wechselnde Ausstellungen reserviert.

Museu Berardo im CCB

Info

Hinkommen: Straßenbahn 15; ZugBelém; Bus 728 (ab Praça do Comércio). [Karte Belém]

Information:
Centro Cultural de Belém, Praça do Império, www.ccb.pt, tgl. geöffnet, Eintrittskarten vor Ort oder online über www.ticketline.pt.
Museu Coleção Berardo, im CCB, www.museuberardo.pt, tgl. 10–19 Uhr.

Essen & Trinken:
Cafetaria Quadrante, im ersten Stock des CCB, tgl. 10–20, an Veranstaltungstagen bis 21 Uhr. Mittagsbüfett mit Salatbar, Kaffee und Kuchen. Auf der Terrasse hat man einen herrlichen Blick auf den Tejo und das Entdeckerdenkmal.
Pastéis de Belém (S. 184).

In der Nähe:
14 Belém (S. 38), 29 Jerónimos-Kloster (S. 72), 21 Torre de Belém (S. 54), 31 Denkmal der Entdeckungen (S. 76), 63 Museumsmeile in Belém (S. 144).

63 Die Museumsmeile in Belém – von historischen Segelschiffen über Kutschen bis zu archäologischen Fundstücken

In keinem anderen Stadtteil Lissabons gibt es so viele Museen wie in Belém. Neben dem meistbesuchten Museum des Landes, dem Museu Berardo (S. 142), findet sich hier gleich eine ganze Reihe anderer Museen.

Das Kutschenmuseum **Museu Nacional dos Coches** 63c zeigt eine weltweit einzigartige Sammlung von Prachtwagen und Sänften aus drei Jahrhunderten und zählt mit etwa 400.000 Besuchern jährlich zu den beliebtesten Museen Portugals. Aufwendige Holzschnitzereien und reiche Bemalungen zeugen vom Reichtum und Prunk vergangener Zeiten. Gegründet wurde das Museum 1905 in der ehemaligen Reitschule Königin Amélias am Praça Afonso de Albuquerque. Aus Platzgründen zog 2015 der Großteil der Sammlung in ein neu errichtetes, schräg gegenüberliegendes Gebäude um, das vom brasilianischen Pritzker-Preisträger Paulo Mendes da Rocha entworfen wurde.

Auf der Nordseite des Praça Afonso befindet sich der **Präsidentenpalast** 63d. Seit der Ausrufung der Republik ist die ehemals königliche Anlage offizieller Amtssitz des Staatspräsidenten. Bei gehisster Fahne ist der Präsident im Hause. Garten und Gebäude können nur selten besichtigt werden. Gleich nebenan ist das **Museu da Presidência** 63e untergebracht. Multimedial aufbereitet wird hier die politische Geschichte der Republik Portugal gezeigt. Zudem sind unzählige persönliche Gegenstände ehemaliger Präsidenten ausgestellt.

Direkt am Fluss, ein Stück weiter Richtung Brücke, befindet sich der Museumskomplex der Fundação EDP, der Stiftung des Lissabonner Energieversorgers. Der ziegelrote Bau

Das MAAT – Neuzugang in der Lissabonner Museumslandschaft

ist eines der wenigen erhaltenen Industriedenkmäler der Stadt, das ehemalige Elektrizitätswerk **Central Tejo** 63a. Hier wird anhand der alten Anlagen die Stromerzeugung früherer Zeiten demonstriert. Gleich nebenan hat im Herbst 2016 das **MAAT** 63b eröffnet. Das Museum für Kunst, Architektur und Technologie ist in einem spektakulären Bau der britischen Architektin Amanda Levete untergebracht.

Prunkstück im Kutschenmuseum

Im Westflügel des Jerónimos-Klosters (S. 72) sind zwei weitere Museen untergebracht. Das **Museu Nacional de Arqueologia** zeigt neben Wechselausstellungen zwei permanente Ausstellungen: „Schätze der portugiesischen Archäologie" und „Ägyptische Antiquitäten" mit mehr als 300 Exponaten.

Freunden der Schifffahrt sei das **Museu de Marinha** 63f, das Marinemuseum ans Herz gelegt. Mit ungefähr 10.000 Exponaten findet man hier alles rund um Portugals Schifffahrt und seine Vergangenheit als Seefahrernation. In der modernen Halle nebenan sind „echte" Schiffe ausgestellt. Auf der Terrasse der Cafeteria kann man sich eine Pause gönnen, mit Blick auf das Jerónimos-Kloster sowie das **Planetarium** 63g.

Info

Hinkommen:
Straßenbahn 15; Zug Belém; Bus 728 (Praça do Comércio). [Karte Belém]

Information:
Einzeltickets für die Museen kosten meist 3–6 €. Günstiger wird es mit den Kombitickets, die viele Museen anbieten (S. 240).

Museu Nacional dos Coches 63c, Praça Afonso de Albuquerque, www.museudoscoches.pt, Di–So 10–18 Uhr.

Präsidentenpalast 63d**/Museu da Presidência** 63e, Praça Afonso de Albuquerque, www.museu.presidencia.pt, Sa 11–16 und So 14.30–16 Uhr (nur über Führungen zugänglich), Museum Di–So 10–18 Uhr.

Fundação EDP Central 63a und **MAAT** 63b, Avenida Brasília, www.maat.pt, Di–So 12–20 Uhr.

Nacional de Arqueologia, Praça do Império, www.museuarqueologia.pt, Di–So 10–18 Uhr.

Museu de Marinha 63f, Praça do Império, museu.marinha.pt (nur port.), Mai bis Sept. Di–So 10–18, im Winter bis 17 Uhr.

Planetário C. Gulbenkian 63g, Praça do Império, planetario.marinha.pt (nur port.), So 11.30 Uhr Kindervorstellung, Sa/So 15 und 16 Uhr allgem. Vorstellung auf Engl., Frz. und Span.

In der Nähe:
14 Belém (S. 38), 29 Jerónimos-Kloster (S. 72), 21 Torre de Belém (S. 54), 31 Denkmal der Entdeckungen (S. 76), 62 Centro Cultural de Belém (S. 142), 81 Pastéis de Belém (S. 184).

64 Weitere Museen – von Alter Kunst über den Orient bis zur Moderne

Im Skulpturengarten des Museu do Chiado

Lissabon beherbergt über 50 Museen – Tendenz steigend. Obwohl keine der Sammlungen an Umfang und Niveau auch nur annähernd an den Prado oder den Louvre heranreicht, bietet die Stadt eine ganze Reihe interessanter Kunsthäuser. Unangefochtener Publikumsliebling in Belém ist das Museu Berardo (S. 142). Sehr beliebt ist auch das Kutschenmuseum (S. 144). Ebenfalls in Belém ist Lissabons neuester Museumszugang zu finden, das MAAT (S. 145). Die anderen Highlights der Lissabonner Museumslandschaft verteilen sich über die Stadt, wie das Museum Gulbenkian (S. 140), das Azulejo-Museum (S. 120) oder das Fado-Museum (S. 124). Spannend (nicht nur) für Kinder sind z. B. das Wissenschaftsmuseum (S. 168), das Marionettenmuseum und das Straßenbahnmuseum (beide S. 237). Daneben gibt es noch viele kleine und feine Museen, die einzelnen Künstlern gewidmet sind, wie etwa das Museu Bordalo Pinheiro (S. 123).

Museu Nacional de Arte Antiga 64a

Portugals größte Sammlung für Alte Kunst ist eines der interessantesten Häuser der Stadt. Zu den wichtigsten Ausstellungsstücken zählen Hieronymus Boschs „Die Versuchung des heiligen Antonius", „Der heilige Hieronymus" von Albrecht Dürer sowie die „**Painéis de São Vicente**" von Nuno Gonçalves aus dem 15. Jh. Wohl einzigartig in Europa ist die Abteilung der **Namban-Kunst**. Der Begriff „Namban" bezeichnet Kunstwerke aus Japan, die die ersten Kulturkontakte mit den Portugiesen ab Ende des 16. Jh. darstellen. In der Gartenanlage des Museums ist – neben klassischen Skulpturen – auch ein schöner Blick über den Tejo zu entdecken. Dieser lässt sich bei einem Kaffee oder einem recht preisgünstigen Mittagessen genießen.

Tipp

Souvenirs aus den Shops verschiedener staatlicher Museen lassen sich im zentralen Museumsshop Loja dos Museus am Praça dos Restauradores (S. 56) erstehen. Für Museumsliebhaber bieten einige Museen Kombitickets und Ermäßigungen an (S. 240). Das aktuelle Ausstellungsprogramm und Adressen weiterer Museen sind in der Tagespresse zu finden sowie in der kostenlosen städtischen Kulturzeitschrift **Agenda Cultural**, die bei den Touristeninformationen ausliegt und außerdem im Netz zu finden ist unter www.agendalx.pt (nur port.).

Museu Nacional de Arte Antiga, *Rua das Janelas Verdes, www.museudearteantiga.pt, Di–So 10–18 Uhr, Einzelticket 6 €, jeden 1. So im Monat frei. Straßenbahn 15, 18, 25; Zug Santos. [B4]*

Museu do Chiado – Nationalmuseum für zeitgenössische Kunst 64b

Das Nationalmuseum ist in einem ehemaligen Franziskanerkloster untergebracht, das im 19. Jh. als Brot- und Keksfabrik diente. Die alten Strukturen sind noch erhalten und schaffen ein besonderes Ambiente. Zu den ständigen Ausstellungsstücken zählen Werke einflussreicher portugiesischer Künstler ab dem 19. Jh. In den anderen Räumen finden wechselnde Ausstellungen statt. Ein kleines, aber sehenswertes Museum. Angeschlossen sind eine Cafeteria im Museumshof sowie ein Skulpturen-Park.

Museu do Chiado, *Rua Serpa Pinto 4, www.museuartecontemporanea.pt, Di–So 10–18 Uhr, Einzelticket 4,50 €, jeden 1. So im Monat frei. Metro Baixa/Chiado (blaue und grüne Linie). [D4]*

MUDE – Museu do Design e da Moda 64c

Das angesehene Design- und Modemuseum zeigt in seiner festen Ausstellung Mode und Gebrauchsdesign aus verschiedenen Jahrzehnten, dazu oft interessante Wechselausstellungen. 2016 wurde das Museum für Renovierungen geschlossen, die Wiedereröffnung ist für Herbst 2017 geplant.

Museu do Design e da Moda, *Rua Augusta 24, www.mude.pt. Metro Baixa/Chiado (blaue und grüne Linie); Straßenbahn 15, 25. [D4]*

Museu do Oriente 64d

Auf drei Etagen nähert sich das Museum dem Thema Orient von verschiedenen Seiten an: auf historische, religiöse, anthropologische und kunsthistorische Weise. Spannend ist zum Beispiel die etwa 1.400 Exponate umfassende Abteilung, die die portugiesische Präsenz im asiatischen Raum aufarbeitet. Das auffällige Gebäude des Museums wurde übrigens in den 1930er-Jahren für die Büros der Regulierungsstelle des Bacalhau-Handels gebaut.

Museu do Oriente, *Av. Brasília/Doca de Alcântara, www.museudooriente.pt, Di–So 10–18, Fr bis 22 Uhr, dann ab 18 Uhr freier Eintritt, Einzelticket 6 €. Straßenbahn 15, 18, 25; Zug Santos. [A4–5]*

Das Museum für Alte Kunst wirbt mit einem seiner berühmtesten Exponate, den Painéis de São Vicente

65 Museen zur Stadtgeschichte – das Gedächtnis Lissabons

Museu de Lisboa – Palácio Pimenta 65a

Unter dem Namen Museu de Lisboa sind fünf Standorte mit Ausstellungen zur Stadt und ihrer Geschichte zusammengefasst: Teatro Romano (S. 44), Santo António (S. 126), Casa dos Bicos (S. 128), Terrão Poente (am Praça do Comércio, nur zu Wechselausstellungen geöffnet) und das eigentliche Museum für Stadtgeschichte im Palácio Pimenta. Der wunderschöne „Pfefferpalast" wurde Mitte des 18. Jh. im Auftrag von König João V. erbaut. Heute ist der Stadtpalast umringt von Schnellstraßen, von den Neubauten rund um die Metrostation Campo Grande sowie dem Sporting-Fußballstadion. All dies nimmt dem Palast und seinem schönen Garten – samt stolz umher schreitender Pfauen – aber nicht den Charme. Die ständige Ausstellung zeigt die Geschichte der Stadt vom prähistorischen Zeitalter über die Zeit der Römer, der Westgoten und der Mauren bis hin zum 20. Jh. anhand von Azulejos, Zeichnungen, Gemälden, Modellen und Dokumenten. Besonders sehenswert ist das riesige Modell, das Lissabon vor dem Erdbeben von 1755 zeigt. Faszinierend ist auch die ehemalige Küche des Palasts mit ihren blau-weißen Fliesen aus dem 18. Jh. Wechselausstellungen werden im Pavilhão Preto, dem „Schwarzen Pavillon", im Garten gezeigt. Seit 2016 wird das etwas in die Jahre gekommene Museumskonzept sukzessive überarbeitet. Bis die Arbeiten abgeschlossen sind, wird deshalb immer mal wieder einer der Säle nicht zu besichtigen sein. Angeschlossen sind ein Museumsshop und ein Kiosk-Café im Garten. Fußläufig ist das Museu Bordalo Pinheiro zu erreichen (S. 123).

Der Palácio Pimenta beherbergt die Ausstellung zur Stadtgeschichte des Museu de Lisboa

Museu de Lisboa – Palácio Pimenta, *Campo Grande 245, www.museudelisboa.pt, Di–So 10–18 Uhr, Eintritt 3 €. Metro Campo Grande (grüne und gelbe Linie). [Karte Umgebung]*

Lisboa Story Centre 65b

Direkt am Praça do Comércio bietet seit 2012 das Lisboa Story Centre einen multimedialen und interaktiven Einblick in Highlights der Lissabonner Stadtgeschichte sowie in die Entstehungsmythen der Stadt. Der Rundgang durch sechs szenische Abteilungen dauert rund eine Stunde. Erläuterungen gibt es über Audioguides, die auch auf Deutsch erhältlich sind. Die Ausstellung ist eher populärwissenschaftlich angelegt, aber ganz gut, um einen ersten Eindruck von den prägenden Momenten der Stadtgeschichte zu erhalten. Bei Familien mit Kindern beliebt.

Lisboa Story Centre, *Praça do Comércio/Terreiro do Paço 78–81, www.lisboastorycentre.pt, tgl. 10–20 Uhr, letzter Einlass 19 Uhr, Einzelticket 7 €, Kinder bis 5 J. frei, bis 16 J. 3 €, im Kombiticket mit Besuch des Triumphbogens als „Pack Lisboa Interativa" 8 € für Erwachsene. Angeschlossen ist ein kleiner Shop. Metro Terreiro do Paço (blaue Linie); Straßenbahn 15, 25. [D4]*

Arquivo Fotográfico 65c

Ganz in der Nähe des Praça Martim Moniz (S. 110) befindet sich das Fotoarchiv der Stadt Lissabon, eine Abteilung des Stadtarchivs. In wechselnden Fotoausstellungen lässt sich immer wieder mal ein spannender Blick auf Lissabon und seine Bewohner in vergangenen Zeiten werfen. Die Sammlung umfasst rund 600.000 Bilder und reicht von den Anfängen der Fotografie bis heute. Es gibt auch ein digitales Archiv mit Fotos aus Lissabons Vergangenheit, das online durchstöbert werden kann (Seiten allerdings bislang nur auf Portugiesisch).

Arquivo Fotográfico, *Rua da Palma 246, arquivomunicipal.cm-lisboa.pt (nur port.), Ausstellungen Mo–Sa 10–19 Uhr, Lesesaal Mo–Fr 9.30–13 und 14–17 Uhr, Eintritt i. d. R. frei. Metro Martim Moniz (grüne Linie); Straßenbahn 12, 28. [D3]*

Stadtgeschichte „multimedial" im Lisboa Story Centre auf dem Praça do Comércio

LISBOA
PORTUGAL
PORTUGAL
PORTUGAL
PORTUGAL
PORTUGAL
LISBOA
LISBOA
LISBOA
LISBOA
Portugal
Portugal
Portugal
Portugal
Portugal
Portugal
INTRA
SINTRA
SINTRA PORTUGAL
SINTRA PORTUGAL
CASCAIS PORTUGAL
CASCAIS PORTUGAL
CASCAIS
CASC
LISBOA PORTUGAL
LISBOA PORTUGAL
Fátima Portugal
Fátima Portugal
Lisboa Portugal
Lisboa Portugal
Sintra Portugal
Fado Lisboa
Fado Lisboa
LISBOA
Portugal
Portugal
Portugal
Portugal
Lisboa
Lisboa
Portugal

Bummeln, Shoppen und andere Aktivitäten

66 Traditionelle Geschäfte – von Kurzwaren, Hüten und Handschuhen

Die meisten noch existierenden traditionellen Geschäfte Lissabons sind in der Baixa (ab S. 16) und im Viertel Chiado (S. 28) zu finden. Besonders in der Unterstadt findet man alles, was Fußgängerzonen anderer europäischer Großstädte in der Regel auch bieten. Allerdings haben die Einkaufsstraßen immer noch ihren eigenen Charakter erhalten: durch das ganz eigene Flair der schwarz-weiß gemusterten Calçada Portuguesa, durch die pombalinischen Häuser und eben durch einige dem Einerlei der Großstädte trotzende Traditionsgeschäfte. Viele dieser historischen Läden mussten in den letzten Jahren schließen, gleichzeitig sind aber einige pfiffige Geschäftsleute auf die Retro-Schiene aufgesprungen und eröffnen neue Geschäfte in vermeintlich altem Design.

Traditioneller Hutmacher in der Baixa

Dennoch gibt es sie noch vereinzelt: ausgefallene Herrenausstatter und Hutmacher, die schon seit über 100 Jahren ihrem Handwerk nachgehen. Einen Blick wert sind auch die traditionellen Kurzwarengeschäfte in der Rua da Conceição in der Baixa.

Wer Azulejos kaufen möchte, findet Anregungen auf S. 158, Kaffee-Liebhaber werden auf S. 198 fündig und Weinfreunde auf S. 196. Kleinere Geschäfte habe in der Regel montags bis samstags von 10 bis 19 Uhr geöffnet, manche sind zur Mittagszeit geschlossen.

Conserveira de Lisboa, Rua dos Bacalhoeiros 34, Höhe Rua da Madalena, Baixa, www.conserveiradelisboa.pt. Sehenswerter Traditionsladen, der seit 1930 Fischkonserven verkauft. Im kleinen Geschäft, das vom Boden bis zur Decke mit Dosen im Original-Design der 1930er-Jahre vollgestellt ist, kann man z. B. auch leckeres Olivenöl erstehen. Die Dosen werden von Hand in das Etikettenpapier eingewickelt. Beliebtes Mitbringsel. Kleiner Ableger im Mercado da Ribeira (S. 156). [D4]
Casa Pereira da Conceição, Rua Augusta 102, Höhe Rua de São Nicolau, Baixa. Wunderschöner Laden, der seit 1933 in der Fußgängerzone der Baixa besteht. Die alten Waagen stehen noch auf dem Tresen. Neben Kaffee und Tee werden hier Fächer und Miniatur-Häuschen verkauft. [D4]
Hospital das Bonecas, Praça da Figueira 7, Baixa, www.hospitaldebonecas.com. Bereits 1830 wurde das „Puppenkrankenhaus" direkt am Praça da Figueira (S. 103) er-

öffnet und zählt zu den ältesten Geschäften Lissabons. Hier werden Puppen und anderes Spielzeug repariert und restauriert. Die Werkstatt sowie ein kleines Museum befinden sich im selben Gebäude. [D3]

Manteigaria Silva, Rua Dom Antão de Almada 1, Baixa, www.manteigariasilva.pt. Feinkostgeschäft mit langer Tradition unweit der Igreja São Domingos (S. 52). Zu kaufen gibt es von Wein, Trockenfrüchten, leckerem Käse bis hin zu Stockfisch und Schinken alles was das Herz begehrt. Die Leckereien werden für den Transport auf Wunsch auch eingeschweißt. [D3]

Tabacaria Mónaco, Praça Dom Pedro IV 21, direkt am Rossio, Baixa. Der kleine Eingang ist mit Kacheln von Bordalo Pinheiro verziert, die hölzerne Inneneinrichtung sowie die Gemälde zählen zur Erstausstattung aus dem Jahr 1893. Dieser Tabakladen am Rossio war Treffpunkt von Literaten und diente zum Nachrichtenaustausch in der Salazar-Zeit. Hier gibt es auch deutsche Zeitungen. [D3]

Chapelarias Azevedo, Praça D. Pedro IV 69–73, direkt am Rossio, Baixa. Der älteste Hutladen Lissabons mit wunderbarer Holzvertäfelung wurde 1886 eröffnet und ist seither in Familienhand. Hier gibt es Hüte, Mützen und Kappen aller Art, bei Bedarf auch maßgeschneidert. [D3]

Luvaria Ulisses, Rua do Carmo 87 A, Höhe Aufzug Santa Justa, Baixa, www.luvaria ulisses.com. Eines der kleinsten und zugleich traditionsreichsten Fachgeschäfte Lissabons. Hinter der neoklassischen Fassade befindet sich ein winziger Laden. Zu kaufen gibt es ausschließlich Handschuhe – und das seit 1925. [D4]

Livraria Bertrand, Rua Garrett 76, Ecke Rua Anchieta, Chiado. 1732 gegründet und seit 1773 in der Rua Garrett im Viertel Chiado (S. 28) ansässig, ist die Livraria Bertrand die älteste Buchhandlung Lissabons und zugleich auch die älteste weltweit. Eine große Auswahl an englischsprachiger Lektüre steht zur Verfügung. [D4]

Ein Fest für Handarbeitsfans – Kurzwarengeschäft in der Rua da Conceição

67 Feira da Ladra – der „Markt der Diebin"

Mit einem Augenzwinkern empfiehlt der Volksmund Bestohlenen einen Besuch auf der Feira da Ladra, denn hier könne man sein Hab und Gut wiederfinden und zurückkaufen. Der Ursprung des Namens ist zwar nicht genau geklärt, aber dies ist die häufigste Interpretation. Den „Markt der Diebin" gibt es schon seit dem 13. Jh. Nach mehreren Umzügen wird er seit 1882 auf dem Campo Santa Clara abgehalten, in unmittelbarer Nähe zum Nationalpantheon und zur Igreja São Vicente de Fora. Anfang der 1980er-Jahre setzte der in Portugal sehr bekannte Sänger Sérgio Godinho dem traditionsreichsten Trödelmarkt der Stadt ein musikalisches Denkmal in einem Lied: „*É terça feira e a feira da ladra abre hoje*" („Es ist Dienstag und der ‚Markt der Diebin' findet heute statt."). Immer dienstags und samstags bieten Profis und Laien ihre Waren an. Genaue Öffnungszeiten gibt es nicht, auch die Anzahl der Händler variiert. Als Faustregel gilt: Samstags ist mehr los als dienstags und im Sommer mehr als im Winter.

Vorsicht bei alten Azulejos

Auf der Feira da Ladra und in etlichen Geschäften der Stadt werben Händler mit historischen Kacheln. Bei solchen Angeboten ist Vorsicht geboten, weil für Laien kaum zu erkennen ist, ob es sich dabei um echte Antiquitäten oder Fälschungen handelt. Mindestens genauso schwierig ist zu beurteilen, ob es sich bei den angebotenen Azulejos nicht um Diebesgut handelt. Vor allem seit Ende der 1990er-Jahre wurden zehntausende Azulejos gestohlen. Gelegenheitsdiebe wie organisierte Banden vergriffen sich an den oft leicht zugänglichen kleinen Kunstwerken. Die Polizei hat deshalb 2007 eigens die Abteilung „SOS Azulejo" eingerichtet. Und seit 2013 soll in Lissabon ein Gesetz das kleine quadratische Kulturgut zusätzlich schützen: Der Abriss von Azulejo-Fassaden ist verboten, ebenso das Entfernen einzelner Exemplare. Das scheint zumindest teilweise gegen den massenhaften Diebstahl zu helfen. Trotzdem sollten Touristen auf der Hut sein, um den Handel mit Diebesgut nicht zu unterstützen. Alternativ gibt es heute eine Vielzahl schöner moderner Azulejos sowie Repliken alter Designs zu kaufen (S. 158).

Der berühmteste Flohmarkt der Stadt

Von Tinnef bis Kristallglas gibt es viel zu entdecken

Neben Antiquitäten, Kunst und Kitsch gibt es hier auch Haushaltswaren und -geräte, Kleidung, Bücher, Platten, CDs und allen möglichen Trödel zu kaufen. Die Zeiten der echten Schnäppchen sind zwar weitestgehend vorbei, aber wer **Freude am Stöbern** hat, kann hier mit etwas Glück ein originelles Lissabon-Andenken finden. In der ehemaligen Markthalle, der ältesten der Stadt, haben sich neben den traditionellen Antiquitätenhändlern in den vergangenen Jahren einige Jungdesigner niedergelassen. Auch an Tagen ohne Markt hat der Platz Charme, drumherum gibt es mehrere Cafés. Die kleine Parkanlage Jardim Botto Machado spendet im Sommer mit dichtem Baumbestand Schatten. Dort findet samstags vormittags ein kleiner Biomarkt statt.

Info

Hinkommen: Straßenbahn 28; Bus 712, 734; Metro mit 10 Min. Fußweg Santa Apolónia (blaue Linie). [E3]

Information: **Feira da Ladra**, Campo de Santa Clara, Di/Sa ca. 6–17 Uhr.

AGROBIO São Vicente, Biomarkt, Jardim Botto Machado, Sa 8–14 Uhr.

Essen & Trinken: **Clara Clara**, Jardim Botto Machado, Campo de Santa Clara, ab 10 Uhr. Sehr nettes Kiosk-Café im Park.

Santa Clara dos Cogumelos, Mercado de Santa Clara, Campo de Santa Clara, Di–Fr 19.30–23 Uhr, Sa auch 13–15.30 Uhr. Der selbsternannte „Pilz-Tempel" direkt in der alten Markthalle hat sich Wein, Petiscos und – klar – vor allem Pilzgerichten verschrieben.

In der Nähe: 35 Nationalpantheon und Igreja São Vicente de Fora (S. 84), 7 Alfama (S. 24), 8 Graça (S. 26).

68 Markthallen & Märkte – von Gemüse bis Kunsthandwerk

Rund 30 Markthallen gibt es über das Stadtgebiet verteilt. Meist haben sie wochentags von 7 bis 14 Uhr geöffnet.

Markthalle Mercado da Ribeira 68a

Der zentrale Mercado da Ribeira am Cais do Sodré ist besonders sehenswert. Die schöne Eisenkonstruktion stammt aus dem 19. Jh. 2014 wurde das Gebäude renoviert. In der westlichen Halle können Besucher seitdem allerlei Köstlichkeiten lokaler Anbieter direkt probieren. Gegessen wird an zentral platzierten Holztischen. Viele **In-Restaurants** der Stadt haben hier einen Ableger, ebenso einige **traditionelle Geschäfte**. Regelmäßig werden Kochkurse angeboten, in der ersten Etage gibt es einen Ausstellungs- und Veranstaltungsraum. Das Konzept scheint aufzugehen. Der Betreiber, die Zeitschrift „Time Out", schätzte die Zahl der Besucher im ersten Jahr auf zwei Millionen. Samstags findet außerdem ein Markt mit **Kunsthandwerk**, Büchern und Kunst statt (Sábados da Ribeira, 10–18 Uhr), sonntags ein **Sammlermarkt** mit Münzen, Briefmarken und anderen Objekten (Mercado das Coleções, 9–13 Uhr).

Mercado da Ribeira, *Avenida 24 Julho, klassischer Markt Mo–Sa 6–14 Uhr, Blumenmarkt Mo–Sa 6–20 Uhr, „Time Out Market" So–Mi 10–24 Uhr, Do–Sa 10–2 Uhr, www.timeoutmarket.com. Metro Cais do Sodré (grüne Linie); Straßenbahn 15, 18. [C4]*

Markthalle Mercado Campo de Ourique 68b

Von den kleineren Stadtteilmarkthallen ist beispielsweise die in Campo de Ourique sehr nett. Dort wurde bereits 2013 ein Teil der Fläche in Food-Stände umgewandelt, was den Markt sehr belebt hat.

Mercado da Ribeira – Essen in der Markthalle

Mercado Campo de Ourique, *Rua Coelho da Rocha, „normaler" Markt ab 7 Uhr, Food-Stände zum Teil bis 23, am Wochenende bis 1 Uhr. Straßenbahn 25, 28. [B3]*

Auswahl weiterer Märkte

Neben den Markthallen gibt es über 20 temporäre Märkte in Lissabon, darunter der bekannteste Flohmarkt der Stadt, die Feira da Ladra (S. 154), aber auch ganz traditionelle Wochenmärkte und inzwischen einige Biomärkte. Zudem wächst das Angebot an Kunsthandwerks- und alternativen Kreativmärkten, wie etwa Crafts & Design oder LX Market (S. 139). Hier eine kleine Auswahl:

Obst und Gemüse im Mercado Campo de Ourique

Feira do Relógio, Avenida de Santo Condestável, Chelas, So 7–14 Uhr. Für den wohl größten Wochenmarkt der Stadt wird jeden Sonntagvormittag eine der Zugangsstraßen zum Flughafen gesperrt. Hier geht es bodenständig zu, die Gegend ist nicht die schickste, die Preise sind günstig. Metro Bela Vista (rote Linie). [Karte Umgebung]

Feira de Produtos Biológicos, Praça Príncipe Real, Sa 9–15 Uhr. Biomarkt am Príncipe Real (S. 104).

Feira do Príncipe Real, Praça Príncipe Real, letzter Sa und Mo im Monat, 9–18 Uhr. Trödel, Antiquitäten und Kunsthandwerk, ebenfalls am Príncipe Real (S. 104).

Feira do Artesanato Português, Campo Pequeno, Sa 10–19 Uhr. Kunsthandwerks- und Kreativmarkt mit kleinem Biomarkt, an der Stierkampfarena (S. 166).

CAP Mercado, Praça da Figueira, einmal im Monat am Wochenende, Fr 13–21, Sa 10–21 und So 10–20 Uhr. Hersteller aus verschiedenen Regionen Portugals bieten ihre Produkte auf dem Praça da Figueira (S. 103) an.

Feira de Artesanato, Praça do Comércio, Sa/So und feiertags ca. 9–20 Uhr. Kleiner Kunsthandwerksmarkt in den Arkaden am Praça do Comércio (S. 14).

Mercado do CCB Novo & Antigo, Praça do Império, 1. So im Monat 10–19 Uhr, direkt vor dem Centro Cultural de Belém (S. 142). First- und Secondhand-Markt, mit Kunsthandwerk.

Feira de Antiguidades, Velharias e Artesanato, Jardim Vasco da Gama, Rua Vieira Portuense, 1. und 3. So im Monat 9–18 Uhr. Antiquitäten, Trödel und Kunsthandwerk. Im Park schräg gegenüber dem Jerónimos-Kloster (S. 72) in Belém.

Feira na Avenida, Avenida da Liberdade, am 2. Wochenende im Monat, Sa–So 10–19 Uhr, im Sommer auch am 2. Sa des Monats und am Do davor. Trödel, Antiquitäten, traditionelles und modernes Kunsthandwerk, Lebensmittel (S. 32).

Feira de Artesanato do Sacramento, Largo do Carmo, am vorletzten So im Monat 8.30–20 Uhr. Markt mit modernem und traditionellem Kunsthandwerk auf dem geschichtsträchtigen Largo do Carmo (S. 68).

FeirAlegria, Praça da Alegria, am 1. und 3. Wochenende im Monat, Sa/So 9–18 Uhr, im Sommer auch länger. Kleiner Kunsthandwerksmarkt in der Nähe der Avenida da Liberdade (S. 32).

69 Erinnerungen für zu Hause – Souvenirs von Sardine bis Seife

Ein typisches Lissabonner Souvenir: Handtaschen aus Kork

In der Unterstadt und rund um die touristischen Hotspots gibt es reichlich Souvenirshops mit den üblichen Andenken. Ganz oben auf der Hitliste der Motive steht die historische **Straßenbahn der Linie 28**. Direkt dahinter rangieren seit einiger Zeit **Sardinen** in allen möglichen Variationen. Initiiert durch einen regelmäßig ausgetragenen Kreativ-Wettbewerb wurden die kleinen Fische zum Symbol für die Festas de Lisboa rund um den Volksheiligen Santo António (S. 126). Inzwischen sind sie so präsent, dass man sie für das neue Lissabonner Wappentier halten könnte. Die essbare Variante lässt sich auch in Dosen erwerben, zum Beispiel in der traditionsreichen Conserveira de Lisboa in der Baixa (S. 152).

Eine gute Adresse für originelle Unikate sind die **Floh- und Kunsthandwerksmärkte** (ab S. 154 u. S. 139). Auch ein Abstecher zum zentralen Museumsshop (S. 57) kann sich lohnen. Freunde der Lissabonner Sehnsuchtsmusik Fado finden ein gut sortiertes Angebot im Shop des Fadomuseums (S. 124).

Seit einigen Jahren schon erleben **traditionelle portugiesische Produkte** ein Revival. So werden z. B. die schon seit Jahrzehnten im selben Design verkauften Seifenmarken inzwischen auch in Souvenirgeschäften angeboten. Die wohl größte Auswahl traditioneller Produkte findet man im **A Vida Portuguesa** (S. 113). Eine schöne Lissabon-Erinnerung sind natürlich **Azulejos**, die omnipräsenten Kacheln. Beim Kauf antiker Exemplare sollte man vorsichtig sein (S. 154), aber es gibt hervorragende Reproduktionen, z. B. in der Verkaufsstelle der Azulejo-Manufaktur Viuva Lamego (S. 113).

Lisbon Shop, Rua do Arsenal 15, Baixa, www.askmelisboa.com, tgl. 9.30–19.30 Uhr. Direkt neben dem Praca do Comércio (S. 14), Eingang auch über die dortige Touristeninformation. Offizieller Shop des Stadtmarketings, breites Sortiment. [D4]

Loja PortugueZa da Baixa, Rua dos Fanqueiros 32, Ecke Rua do Comércio, Baixa, Mo–Sa 10–19.30 Uhr. In diesem netten Eckladen in der Baixa gibt es Konserven, Seifen und andere typische portugiesische Produkte zu relativ günstigen Preisen. [D4]

Artes & Etc., Praça Príncipe Real 26, direkt in der Einkaufsgalerie Embaixada (S. 105). Weitere Filialen in der Stadt, u. a. auch in der LX Factory (S. 138). Diverse Andenken, vor allem sehr schöne moderne Azulejos und Keramik aus traditioneller Herstellung. [C3]

Camilla Watson, Largo dos Trigueiros 16 A, Mouraria, www.camillawatsonphotography.net. Die britische Fotokünstlerin schafft sehr schöne und stimmungsvolle Lissabonfotos. Atelier und Verkaufsstelle im Viertel Mouraria (S. 26). [D3]

Garbags, Rua São Vicente 17, Graça, www.garbags.eu. Unweit der Linie 28, in der Nähe der Kirche Igreja São Vicente (S. 84) gelegen. Jungdesignerin Tânia verarbeitet von der Kaffeetüte bis zur Zahnpastatube alles mögliche zu trendigen Taschen und witzigen Accessoires. [E3]

Fábrica Sant´Anna, Calçada da Boa-Hora 96, Ajuda, www.santanna.com.pt, Mo–Sa 9.30–12.30 und 13.30–18 Uhr. Straßenbahn 15 (Haltestelle Hosp. Egaz Moniz). Älteste noch existierende Azulejo-Fabrik. Verkaufsraum und Führungen durch die Fabrik. Die Verkaufsfiliale im Viertel Chiado war zeitweise von der Schließung bedroht. Dagegen gab es Proteste, der Ausgang ist noch ungewiss (Rua do Alecrim 95, Chiado, südlich des Praça Luís de Camões, S. 132).

Kork – mehr als ein Weinflaschenverschluss

Portugal ist der weltweit größte Produzent von Kork. Aus dem nachwachsenden Rohstoff werden nicht nur Weinkorken, Dämmstoffe und Bodenbeläge hergestellt, seit einigen Jahren erlebt das typisch portugiesische Material eine Renaissance und wird für die Herstellung von Accessoires, Taschen und vielem mehr verwendet.

Cork & Co, Rua das Salgadeiras 10, www.corkandcompany.pt, 11–21 Uhr, am Wochenende auch schon mal länger. Von Schmuck über Handtaschen bis hin zu Möbeln in modernem Design gibt es hier alles Erdenkliche aus Kork. Netter Laden im Bairro Alto (S. 30), unweit der Straßenbahnlinie 28. [C4]

Pelcor, Rua D. Pedro V, Pátio do Tijolo, Loja 4, www.pelcor.pt, Mo–Sa 10–19 Uhr. Schicke und edle Accessoires aus Kork werden seit 2016 in einem Flag Store in der Nähe des Praça do Príncipe Real (S. 104) angeboten. [C3]

Auch sehr beliebt: Seifen und anderes im Retro-Design

70 Linie 28 & Co. – Historische Straßenbahnen und Aufzüge

Lissabons historische Straßenbahnen

Seit 1901 rattern die gelben **Elétricos** quietschend durch enge Gassen die Hügel hinauf und hinunter. Sie sind eines der wichtigsten Wahrzeichen Lissabons. Am berühmtesten ist die **Linie 28**, die einmal quer durch die Stadt fährt und auf ihrem Weg über die Hügel an vielen der Altstadtviertel vorbeikommt: Vom Praça Martim Moniz am Fuße der Mouraria steuert sie durch die Alfama, am Burgberg vorbei, dann hinunter zur Baixa und vorbei am Chiado sowie am Bairro Alto bis hin zum verwunschenen Prazeres-Friedhof im Westen (s. Linie auf der Faltkarte). Viele Touristen nutzen sie, an den Haltestellen bilden sich oft erhebliche **Warteschlangen**. Alternativ können ab dem Praça da Figueira in der Baixa die **Linien 12 und 25** genutzt werden. Erstere fährt einmal um den Burgberg herum, letztere immer am Fluss entlang, durch das Viertel Lapa, trifft dann in Estrela auf die Linie 28 und verläuft mit dieser parallel bis zur Endhaltestelle Prazeres. Die ratternde Fahrt durch die Gassen und Straßen ist in jedem Fall ein Erlebnis. Leider sind die Linien bei Taschendieben fast ebenso beliebt wie bei Touristen. In allen Linien sind die Tickets 7 Colinas/Viva Viagem gültig. Ein Ticket direkt beim Fahrer zu kaufen ist mit 2,90 € erheblich teurer. Über die Geschichte der historischen Straßenbahnen kann man sich im Museum des Betreibers Carris informieren (S. 237). Und wer Kaffee und Kuchen in der Elétrico genießen möchte, der kann dies im **28 Café** im Burgviertel machen. Die Inneneinrichtung ist liebevoll und bis ins Detail den alten Bahnen nachempfunden (Rua de Santa Cruz do Castelo 45, Mo–Sa 10–19 Uhr [D3]).

Die berühmte Linie 28

Lissabons historische Aufzüge

Die Aufzüge zählen zu den Hauptattraktionen der Stadt. Der berühmte **Elevador da Santa Justa** (S. 80) verbindet die Unter- mit der Oberstadt und legt dabei die Strecke vertikal zurück, eben wie ein „echter" Aufzug. Bei den anderen *elevadores* handelt es sich eigentlich um *ascensores*, also um Standseilbahnen. Diese überwinden sehr steil ansteigende Straßenabschnitte und sind seit 2002 als nationale Denkmäler klassifiziert. In allen Standseilbahnen sind die Tickets 7 Colinas/Viva Viagem gültig, das Ticket beim Fahrer kostet 3,70 € für zwei Fahrten. Mehr Infos im Netz unter www.carris.pt.

Der Elevador da Bica

Elevador da Lavra 70a

Der 1884 in Betrieb genommene Elevador da Lavra war der erste maschinenbetriebene Aufzug der Stadt. Die Wagen waren mit einem Seil verbunden, der Gewichtsausgleich erfolgte über das Zu- und Abpumpen von Wasser. Aufgrund von Wassermangel wurde der Verkehr jedoch häufig unterbrochen. Nach kurzzeitigem Betrieb über Dampfmaschinen wurde schließlich 1921 Elektrizität eingesetzt. Und so quietscht der Wagen auch heute noch eine lang gedehnte Kurve den Hügel hinauf. Die Straße ist so eng, dass man die Hauswände fast berühren kann.

Elevador da Lavra, *Rua Câmara Pestana bzw. Largo da Anunciada, Mo–Sa 8–20, So 9–20 Uhr. Metro Restauradores, Avenida (blaue Linie). [D3]*

Elevador da Glória 70b

Seit 1885 legt der Elevador da Glória die nur 265 m lange, aber extrem steile Strecke zwischen der Avenida da Liberdade und dem Aussichtspunkt São Pedro de Alcântara im Bairro Alto (S. 96) zurück. Jeder Wagen wiegt 18 t und befördert maximal 42 Personen. Das Tempo ist mit durchschnittlich 7 km/h eher gemächlich.

Elevador da Glória, *Calçada da Glória bzw. Rua São Pedro de Alcântara, Mo–Fr ab 7 Uhr bis ca. Mitternacht, Sa/So ab 8.45 bzw. 9 Uhr. Metro Restauradores (blaue Linie). [C–D3]*

Elevador da Bica 70c

Seit 1892 kämpft sich diese historische Standseilbahn von der Flussseite her den Hügel ins Viertel Bica hinauf. Nach einem schweren Unfall 1916 wurde der Betrieb für einige Jahre eingestellt, seit 1927 funktioniert die Bahn aber wieder zuverlässig. Sie verbindet das Bairro Alto bzw. das Viertel Bica/Santa Catarina mit der Rua de São Paulo nahe dem Cais do Sodré am Flussufer.

Elevador da Bica, *Rua da Bica de Duarte Belo bzw. Rua de São Paulo, Mo–Sa 7–21, So 9–21 Uhr. Straßenbahn 28; Metro Cais do Sodré (grüne Linie). [C4]*

71 Stadterkundung – von Tuk-Tuk bis Teleférico

Lissabon lässt sich am besten zu Fuß erkunden, dennoch gibt es mittlerweile unzählige Möglichkeiten, die Stadt mit diversen Fortbewegungsmitteln kennenzulernen: ob per Doppeldeckerbus, Schiff, Fahrrad, Segway oder Tuk-Tuk. Besonders die **Tuk-Tuks** sind seit einigen Jahren allgegenwärtig in den historischen Vierteln. Ob knatternder Zweitakter oder moderner Elektromotor, sie stehen an allen zentralen Plätzen und Sehenswürdigkeiten und warten auf Kundschaft. Eine einstündige Fahrt kostet 45–60 €, alles Weitere ist Verhandlungssache. Das moderne Expo-Gelände im Norden der Stadt lässt sich aus der Luft mit der Gondelbahn **Teleférico** kennenlernen (S. 92).

Klassische Stadtrundfahrt

Das Verkehrsunternehmen **Carris** bietet verschiedene Touren mit einer historischen Straßenbahn bzw. mit einem Doppeldeckerbus mit offenem Oberdeck an. Auf verschiedenen Routen (je knapp zwei Stunden) werden die wichtigsten Sehenswürdigkeiten vom ehemaligen Expo-Gelände bis Belém angefahren. Tickets können z. B. am Praça da Figueira (S. 103) oder Praça do Comércio (S. 14) gekauft oder auch online gebucht werden. Die Touren funktionieren nach dem Hop-On-Hop-Off-Prinzip. Für die Straßenbahn werden 19 €, für den Bus 16 € fällig, Kinder zwischen vier und zehn Jahren zahlen die Hälfte. Die Tickets sind 24 Stunden gültig, Straßenbahnen und Aufzüge können ebenfalls benutzt werden. Mehr Infos unter www.yellowbustours.com. Auch andere Unternehmen bieten Sightseeingtouren per Bus an, z. B. **City Sightseeing Lisbon** (www.city-sightseeing.com). Die Touren starten am Praça Marquês de Pombal (S. 58), kosten ab 19 € für Erwachsene (9 € für Kinder) und funktionieren ebenfalls nach dem Hop-On-Hop-Off-Verfahren.

Zu Fuß

Lisbon Walker, Tel. 21 8861840, www.lisbonwalker.com, Beginn tgl. 10 Uhr am Praça do Comércio vor der Touristeninformation (S. 14), eine Reservierung ist nicht nötig, man sollte nur ca. 15 Min. vor Tourbeginn eintreffen. Tickets werden direkt beim Guide für 15–20 € p. P. gekauft. Fünf verschiedene Touren (i. d. R. auf Englisch, Deutsch auf Anfrage) mit vielen Infos zur Geschichte stehen zur Wahl.

Lisboa Autentica, Tel. 91 3221 790, www.lisboaautentica.com, Treffpunkt 10 Uhr am Praça do Camões (S. 132), Voranmeldung notwendig, Führung ab 25 € p. P. Touren auf Deutsch in kleinen Gruppen durch die Innenstadt. Alfama und andere Viertel werden nach Absprache angeboten. Auch Touren per Fahrrad möglich.

Nur eine von vielen Sightseeing-Varianten

Per Schiff

YellowBoatTour, Terreiro do Paço, www.yellowbustours.com, zwischen März und November fünf Mal täglich, 19 € p. P. Schiffstour nach dem Hop-On-Hop-Off-Prinzip. Vom Fährableger Terreiro do Paço am Praça do Comércio (S. 14) geht es nach Cacilhas auf der anderen Seite des Tejo, anschließend nach Belém und wieder zum Ausgangspunkt zurück.

RaBarcos, Doca do Bom Sucesso, www.raboattours.com, Abfahrt und Ticketverkauf vor dem Altis Hotel in Belém (S. 38), tgl. 10–19 Uhr, ab 10 € p. P. Einstündige Tejo-Fahrten mit einem traditionellen Einmaster, auch eine zweistündige Sonnenuntergangstour ist im Angebot.

Nosso Tejo, Cais do Sodré, www.nossotejo.pt, Abfahrt mehrmals tgl., ab 15 € p. P., Kinder 6–12 J. 7,50 € für die 45-minütige Expresstour. Anleger am Cais do Sodré (S. 86). Unterschiedlich lange Rundtouren mit einem traditionellen Segelschiff.

Fun Tours

Go Car Tours, Rua dos Douradores 16, Tel. 21 0965030, www.gocartours.com, ab 30 €. Hier kann man dreirädrige Elektroautos mieten, die jeweils zwei Personen Platz bieten. Begleitet wird man auf der Stadtrundfahrt von einem sprechenden GPS (auch Deutsch), das Geschichten zu den jeweiligen Sehenswürdigkeiten erzählt. Die Reservierung über die Homepage ist zu empfehlen.

Hippotrip, Doca de Santo Amaro, Tel. 21 1922030, www.hippotrip.com, 25 €, Kinder 2–16 J. 15 €. Stadt-Land-Fluss-Erkundung mit dem Amphibienfahrzeug. Die Tour dauert ca. 90 Min., 25 Min. davon auf dem Fluss. Die Führungen finden auf Englisch und Portugiesisch statt und sind vor allem für Kinder ein Vergnügen. Am besten frühzeitig per Internet reservieren.

Lisbon by Segway, Rua dos Douradores 16, Tel. 21 0965030, www.lisbonbysegway.com, ab 35 €. Lissabon mit dem Segway erkunden. Angeboten werden ein- bis dreistündige Führungen z. B. durch die Alfama, die Baixa und nach Belém. Reservierung per Internet empfohlen.

Tuk-Tuk-Stau in der Unterstadt

72 Fado II – wo man Lissabons Sehnsuchtsmusik erleben kann

Neben dem Bairro Alto ist die Alfama das richtige Viertel für einen Fado-Abend. Fado-Lokale lassen sich in drei Kategorien einteilen: Anerkannte **Casas do Fado** sind teurere Lokale, in denen Profi-Sänger und -Musiker ihre Kunst in gediegenem Ambiente zum Besten geben. Diese Häuser werden auch gerne von Portugiesen besucht. In **touristischen Fado-Lokalen** werden in meist unpersönlichem Ambiente oft ganze Busladungen abgefertigt. Die Vorstellungen dort haben mit einem echten portugiesischen Fado-Abend nur wenig gemeinsam. Eine preiswertere und authentischere Variante sind ein-

Ein eher seltener Genuss: Nachmittagsvorstellung in der Mouraria

fache Lokale, in denen **Fado Vadio** geboten wird, hier frönen ambitionierte Laiensänger ihrer Leidenschaft. Die Musiker spielen den ganzen Abend, die Sänger wechseln nach spätestens drei Darbietungen. Die Qualität der Sänger ist zuweilen etwas schwankend, dafür ist diese Variante eines Fado-Abends die weitaus traditionellste. Das Publikum ist eine Mischung aus Einheimischen und Touristen. Grundsätzlich wird kein Eintritt verlangt, dafür besteht in einigen Lokalen ein Mindestverzehr, in anderen eine Art Verzehrzwang, d. h. es wird erwartet, dass man ein Abendessen bestellt. Dieses ist dann meist – ebenso wie die Getränke – etwas teurer. Die jeweiligen Konditionen finden sich am unteren Ende der Speisekarte bzw. an Aushängen vor den Lokalen, wenn auch manchmal etwas versteckt.

Clube de Fado, Rua S. João da Praça 94, Alfama, Tel. 21 8852704, www.clube-de-fado.com, tgl. 20–2 Uhr. Der Clube de Fado gilt als das stilvollste und schickste Fado-Lokal der Stadt. Täglich treten professionelle Künstler auf. Das musikalische Niveau ist ausgezeichnet, dazu gibt es gute portugiesische Küche. Gehobene Preisklasse. [D4]

O Faia, Rua da Barroca 48–56, Bairro Alto, Tel. 21 3426742, Mo–Sa 20–2 Uhr. Das Traditionshaus wurde 1947 als „Adega da Lucília" eröffnet. Inhaberin war die damals sehr bekannte Fadista Lucília do Carmo, die Mutter der heutigen Fado-Größe Carlos do Carmo. Großer, aber gemütlich eingerichteter Raum, typisch portugiesisches Essen, festes Sänger-Ensemble. Gehobene Preisklasse. [C4]

Mesa de Frades, Rua dos Remédios 139, Alfama, Tel. 91 7029436, Mo–Sa 20–2 Uhr. In der ehemaligen Kapelle eines alten Stadtpalasts untergebracht. Die Wände sind mit schönen blau-weißen Azulejos verziert. Gemütliches Ambiente. Portugiesische Küche, Reservierung empfohlen. Gehobene Preisklasse. [E3]

Restaurante Esquina de Alfama, Rua de S. Pedro 4, Alfama, Tel. 21 8870590, Mi–Mo 19–24 Uhr. Einfaches, bodenständiges Lokal. Auch die Kellner und der Chef persönlich bringen ihren Fado zum Besten. Mittlere Preisklasse. [E4]

Die portugiesische Gitarre hat zwölf Saiten

Bela Vinhos e Petiscos, Rua dos Remédios 190, Alfama, Tel. 92 607 7511, Di–So 20–3 Uhr. Ehemaliger Krämerladen, Häkeldeckchen, Keramik und anderer Nippes sorgen für Gemütlichkeit, gute portugiesische Tapas und andere Snacks. Mi und So ab 22 Uhr Fado Vadio. Mindestverzehr 15 €. [E3]

Tásca do Chico, Rua Diário de Notícias 39, Bairro Alto, Tel. 96 5059670. Fado Vadio gibt es Mo und Mi ab 21 Uhr, Sa ab 18.30 Uhr mit jungen Sängern. Das Lokal ist vollgehängt mit Bildern von Fado-Stars sowie mit Fußballschals. Ableger in der Alfama, Rua dos Remédios 83, Do–So 19–2 Uhr. Günstig. [C4]

Devagar, Devagarinho, Travessa Larga 15, Avenida da Liberdade, Tel. 21 0137982, Mo–Sa 10–23, Fado Fr ab 21.30 Uhr. Unter der Woche ein „normales" Restaurant mit einfacher portugiesischer Küche. Am Freitagabend verwandelt sich die erste Etage in ein Fado-Vadio-Lokal. Günstig. [C3]

Tasca do Jaime, Rua da Graça 91, Graça, Tel. 21 8881560. Am Wochenende und feiertags ab 16 Uhr Fado Vadio. Winziger Laden direkt an der Linie 28. Hier kommt auch noch die Nachbarschaft vorbei. Die *pastéis de bacalhau* sind sehr zu empfehlen. Günstig. [E3]

Fado in Chiado, Rua da Misericordia 14, 2. Stock, Chiado, Tel. 96 1717778, www.fadoinchiado.com, Mo–Sa 19 Uhr, Eintritt 17 €, ohne Verzehrzwang. Reine Fado-Show, ausschließlich auf Touristen ausgerichtet. Von der Atmosphäre her nicht mit einem Fado-Lokal zu vergleichen, aber okay für einen ersten Eindruck. Knapp einstündige Vorführung. [D4]

73 Stierkampf auf Portugiesisch – Touradas, Cavaleiros, Toiros und Forcados

„Für mich gibt es kein größeres Vergnügen als den Sattel und Frauen …", heißt es im Fado „Marialva". Fado ist mit dem Stierkampf ebenso unzertrennlich verbunden wie der Name Marialva. Als Dom Pedro de Alcântara e Meneses galt der 4. Graf von Marialva als der beste *cavaleiro* (Stierkämpfer) des 18. Jh. Früher war diese Position Adeligen vorbehalten und auch heute noch gelten die *cavaleiros*, hoch zu Ross in ihren mit Pailletten bestickten Anzügen, als die Hauptattraktion des portugiesischen Stierkampfs.

Die Stierkampfarena am Campo Pequeno

Anders als in Spanien oder Südamerika wird der Stier in der Arena nicht getötet. Das ist seit 1923 gesetzlich verboten. Der *cavaleiro* versucht lediglich, die *farpas* (Spieße mit bunten Bändern) in den Nacken des Tiers zu stechen. Meist mit Musik untermalt, kommt es zu einer **tänzerischen Kampfperformance** zwischen Pferd, Stier und Reiter. Das kundige Publikum belohnt besonders gelungene Angriffe mit tosendem Applaus. Nach dem Kampf zu Pferde kommen die *forcados* (Stiertreiber) zum Einsatz. Acht Treiber in einfacheren Gewändern und mit Zipfelmütze auf dem Kopf versuchen, den *toiro* (Stier) zum Stehen zu bringen. Der erste Mann starrt dem Stier direkt in die Augen, mit den Händen in den Hosentaschen und geschwellter Brust geht er auf das Tier zu. „*Toiro, Toiro*", schreit er, bis 300 kg Muskelmasse auf ihn zu galoppieren. Der Stier versucht, den vermeintlichen Angreifer buchstäblich auf die Hörner zu nehmen – die restliche Mannschaft hält mit ihrem Gewicht dagegen und bringt so das Tier zum Stoppen. Diesen Kampf müssen die *forcados* gelegentlich mit Rippenbrüchen bezahlen. Zu schwereren Verletzungen kommt es kaum, die Hörner der Tiere sind gekürzt und mit Leder überzogen. Dies dient übrigens auch zum Schutz der Pferde. Üblicherweise wird das Stierkampfspektakel in sechs Runden ausgetragen, es endet mit der Kür des besten

Reiters sowie des besten *forcado*-Teams. In Lissabon finden die Stierkämpfe, die *touradas*, in der **prachtvollen Arena** am Campo Pequeno statt. Diese erinnert mit ihrem neo-arabischen Stil und ihren Kuppeln an eine Moschee. Das Gebäude wurde 1892 eingeweiht, die populären Stierkämpfe fanden jedoch bereits seit dem 18. Jh. an dieser Stelle statt. Heute bietet die Arena mit 5.000 m^2 und einem Durchmesser von 80 m bis zu 10.000 Zuschauern Platz.

Von Ostern bis Oktober ist in vielen Landesteilen Stierkampfsaison

Der Stierkampf mit seiner fast 300-jährigen Tradition ist auch heute noch bei vielen Portugiesen beliebt. Die Kämpfe werden oft im Fernsehen übertragen, ungeachtet der zunehmenden **Proteste** von Tierschutzvereinen in den vergangenen Jahren. Die Stiere leben zwar artgerecht auf Freilandweiden, sind aber in der Arena enormem Stress ausgesetzt. Nach dem Kampf werden die besten Tiere für die Zucht verwendet – die anderen dem Schlachter überlassen. Seit 2008 ist es verboten, die oft grausamen Kämpfe vor 22.30 Uhr im Fernsehen auszustrahlen. Gesetzesvorschläge der Tierschutzpartei PAN, die Ausstrahlung von Stierkämpfen im öffentlich-rechtlichen Fernsehen sowie ihre Finanzierung durch öffentliche Mittel zu verbieten, wurden im April 2016 vom Parlament abgelehnt.

Info

Hinkommen:
Metro Campo Pequeno (gelbe Linie). [C1]

Information:
Praça dos Touros, Campo Pequeno, Tel. 21 7998450, www.campopequeno.com (nur port.). Stierkampfsaison ist ungefähr von Ostern bis Oktober. Die Eintrittspreise (ca. 15–80 €) variieren je nach Veranstaltung und Art des Platzes, Schattenplätze sind deutlich teurer als Sonnenplätze. Außerhalb der Saison finden vor allem Konzerte statt. Eintrittskarten können direkt in der Arena oder online über ticketline.sapo.pt gekauft werden.

Essen & Trinken:
Direkt unter der Arena wurde ein Shoppingcenter mit Geschäften, Kinosälen, Restaurants und Tiefgarage eröffnet. Auf dem begrünten Vorplatz haben sich einige Cafés angesiedelt.

In der Nähe:
37 Prémio Valmor (S. 88), 65 Lissabons Stadtmuseum (S. 148), 23 Praça Marquês de Pombal (S. 58).

74 Ozeanarium und Wissenschaftsmuseum – von Haien, einem Mondfisch und vielen Experimenten

Auf dem ehemaligen Expo-Gelände, im heutigen Parque das Nações, sind gleich zwei Attraktionen zu finden, die bei Lissabonnern wie Besuchern gleichermaßen beliebt sind.

Im alten Hafenbecken des Olivais-Docks liegt der größte Anziehungspunkt des Nationenparks, das **Oceanário**. Es zählt zu den größten der Welt und verzeichnet jährlich rund eine Million Besucher. Gebaut wurde es zur Weltausstellung 1998. Für die Planung konnte der wohl weltweit bekannteste Designer von Großaquarien, der amerikanische Architekt Peter Chermayeff gewonnen werden. Wie ein Schiff, das vor Anker liegt, bzw. wie eine Insel im Meer „schwimmt" der Hauptteil des Gebäudes im alten Hafenbecken. In der Mitte und an den vier Ecken sind Aquarien und Landschaften angeordnet, die fünf verschiedene Klimazonen und deren Spezies zeigen. Haie, Rochen, Sardinen, Thunfische und Hunderte anderer Fischarten bevölkern die 7.000 m^3 Wasser ebenso wie Pinguine und – besonders beliebt – eine Otterfamilie. Publikumsliebling ist außerdem ein riesiger Mondfisch, der als größter Knochenfisch der Welt gilt und bis zu 3 m Länge und 2 t Gewicht erreichen kann. In zahlreichen anderen Aquarien lassen sich weitere Meeresbewohner beobachten. Das verwendete Wasser ist aufbereitetes Süßwasser, dem unterschiedliche Salzgehalte beigesetzt werden. Seit 2011 werden in einem Anbau Wechselausstellungen gezeigt. Am Eingangsgebäude wird mit einem 55.000 Kacheln zählenden Wandbild der Azulejo-Tradition Respekt gezollt.

Das Ozeanarium zieht viele Besucher an

Schräg hinter dem Ozeanarium ist der zweite Publikumsmagnet im Parque das Nações zu finden, der **Pavilhão do Conhecimento**. Das Wissenschafts- und Technikmuseum gehört zum Museumsverband Ciência Viva („Lebendige Wissenschaft") und der Name ist Programm. Nicht nur Kindern macht es riesigen Spaß, die zum Teil verblüffenden technischen, physikalischen und anderen Experimente selbst durchzuführen. Bereits im Eingangsbereich werden Erwachsene zu Kindern, ein Esstisch in Überlebensgröße lädt zu neuer Selbstwahrnehmung ein. Die Beschreibungen der einzelnen Stationen sind auf Portugiesisch und Englisch. Im Notfall kommt man aber auch zurecht, ohne die Tafeln lesen zu können. Einer der Ausstellungsräume, der Espaço Brincar Ciência, ist speziell auf Kinder zwischen 3 und 6 Jahren ausgelegt. Diese können hier z. B. in einen Klettanzug gehüllt Spiderman spielen und an einer dafür ausgerüsteten Wand „kleben". Seit 2013 ist die Dauerausstellung zudem um den Werkstattbereich Doing erweitert, in dem Besucher vom elektronischen Schaltkreis bis zur „Murmelschnellbahn" etliches selbst bauen können. Im Museumsshop lassen sich Utensilien für einige der Experimente erwerben.

Am Eingang wartet ein Azulejo-Hai auf Besucher

Info

Hinkommen: Metro Oriente (rote Linie); Zug Gare do Oriente. [Karte Umgebung]

Information:

Oceanário, Esplanada D. Carlos I. – Doca dos Olivais, Tel. 21 8917002, www.oceanario.pt, im Sommer tgl. 10–20, im Winter bis 19 Uhr, letzter Einlass jeweils 1 Std. vorher, Eintritt 14, Kinder (4–12 Jahre) und Senioren 9, Familien 36 €, Kombiticket mit Eintritt in Wechselausstellungen jeweils 2–6 € zusätzlich, Audioguides (auch auf Deutsch) in begrenztem Umfang vorhanden. Angeschlossen sind zwei Shops, ein Restaurant und eine Cafeteria mit Terrasse.

Pavilhão do Conhecimento, Alameda dos Oceanos, Lote 2.10.01, Tel. 21 891 7100, www.pavconhecimento.pt, Mo–Fr 10–18, Sa–So 11–19 Uhr, letzter Einlass für Gruppen um 16.30 Uhr, Eintritt 9, Kinder (3–6 J.) 5, Kinder (7–17 J.) 6, Familien 20 €. Angeschlossen sind ein Shop und eine Cafeteria mit Terrasse.

In der Nähe: 39 Parque das Nações (S. 92).

75 Fußball – nicht nur ein Ball und 22 Spieler

In Portugal widmen sich gleich mehrere täglich erscheinende Sportzeitungen fast ausschließlich dem runden Leder. Fußball ist die mit Abstand beliebteste Sportart. Und das nicht erst, seitdem die Nationalmannschaft 2016 „endlich“ – wie viele Portugiesen betonen – mit der Europameisterschaft in Frankreich ihren ersten wichtigen internationalen Titel gewonnen hat.

Der berühmteste Spieler Portugals, der noch heute als Fußball-Ikone verehrt wird, war **Eusébio** (1942–2014). Mit ihm gewann Portugal immerhin einen dritten Platz bei der WM 1966. Aktuell bekanntester – und im Land durchweg beliebter – portugiesischer Spieler ist **Cristiano Ronaldo**. Seit 2009 spielt er für Real Madrid und wurde schon mehrmals als Weltfußballer ausgezeichnet. Der Superstar weiß seine Berühmtheit zu vermarkten. So hat er unter seinem Spitznamen „CR7“ (nach seinen Initialen und seiner Lieblingsrückennummer) inzwischen u. a. in mehrere Hotels investiert, darunter eines in Lissabon.

In Lissabon ist Fußball wegen der beiden großen Vereine **Benfica** 75a und **Sporting** 75b besonders präsent. Der Großteil der Bevölkerung, egal welchen Alters oder Geschlechts, bekennt sich eindeutig dazu, *Benfiquista* oder *Sportinguista* zu sein. Benficas Wappentier ist der Adler, die Vereinsfarbe ist Rot, Sportings Wappentier ist der Löwe, die Vereinsfarbe ist Grün. Die Anhängerschaft wird oft über Generationen vererbt. Bei Spielen mit Beteiligung einer der beiden Mannschaften füllen sich die Kneipen, erst recht, seitdem die meisten Spiele nur noch über Pay-TV ausgestrahlt werden.

Bei großen internationalen Turnieren gibt es Public Viewing

Gespielt wird in vier Ligen. Die erste Liga **Primeira Divisão** (der offizielle Name lautet bis mindestens 2018 nach dem aktuellen Hauptsponsor *Liga Nos*) besteht derzeit aus 18 Mannschaften. Hier herrscht ein fast unangefochtenes Triumvirat aus drei Vereinen, das seit dem Bestehen der Liga 1934 bis auf zwei Ausnahmen alle Meisterschaften unter sich ausgemacht hat. Es handelt sich um die beiden Lissabonner Vereine Benfica (35 Titel) und Sporting (18 Titel) sowie den FC Porto (27 Titel). Dass letzterer zwischen 1990 und 2013 17 mal die Meisterschaft gewann, nahmen die Lissabonner Fans nur mit größtem Missmut hin. Seit 2014 scheint dieser Bann gebrochen: Benfica holte dreimal hintereinander den Titel.

Das Wappentier der „Benfiquistas" am Estádio da Luz

Der dritte Lissabonner Proficlub **Belenenses** 75c, der im Stadtteil Belém angesiedelt ist, kann nicht mit den beiden Großen mithalten. Dafür kann er für sich in Anspruch nehmen, das Stadion mit der schönsten Aussicht zu haben.

Die Eintrittspreise für die Spiele variieren je nach Stadion, Prominenz der Partie und Platzkategorie. Mit etwa 20 bis 75 € sind sie für portugiesische Verhältnisse recht teuer. Gekauft werden können die Tickets direkt in den Stadien, in den Fanshops oder online. Fußballverliebte können auch unabhängig von einem Spiel die beiden großen Stadien inklusive Fanshop bzw. Museum besichtigen. Benfica-Devotionalien kann man zudem seit 2016 in einem Vereinsshop direkt in der Innenstadt erwerben.

Info

Information:

Sport Lisboa e Benfica, **Estádio da Luz** 75a, Av. Norton de Matos/Av. Lusiada, Stadtteil Benfica, Tel. 70 7200100, www.slbenfica.pt, Besichtigung Stadion und Museum je 10 €, Kombiticket 15 €, Kinder 3–13 J. je 4 € bzw. Kombiticket 6 €, tgl. 10–19 Uhr, an Spieltagen Stadionbesuch eingeschränkt, Führungen alle 30 Min. Metro Colégio Militar/Luz (blaue Linie). [Karte Umgebung]

Benfica Official Store, Rua Augusta 131, tgl. 10–22 Uhr. Metro Terreiro do Paço (blaue Linie), Baixa/Chiado (blaue und grüne Linie). [D4]

Sporting Clube de Portugal, **Estádio Alvalade** 75b, Rua Francisco Stromp, Stadtteil Campo Grande, Tel. 21 7516164, www.sporting.pt, Museum tgl. 10.30–13 und 14.30–18 Uhr, Stadion tgl. Führungen 11.30, 14.30, 15.30 und 16.30 Uhr, Museum 10 €, Kinder 4–13 J. 5 €, Stadion 8 €, Kinder 3,50 €, Kombitickets 14 bzw. 7 €. Metro Campo Grande (grüne und gelbe Linie). [Karte Umgebung]

Clube de Futebol Os Belenenses, **Estádio do Restelo** 75c, Av. do Restelo, Stadtteil Belém, Tel. 21 1980000, www.osbelenenses.com (nur port.). Straßenbahn 15; Zug Belém; Bus 714. [Karte Belém]

76 Lissabons Trinkwasserversorgung und ihre Geschichte

Es ist angesichts des riesigen Tejo-Mündungsbeckens schwer vorstellbar, aber Süßwasser war lange Zeit ein rares Gut in Lissabon. Der Grund: Der nahe Atlantik sorgt mit seinen Gezeiten dafür, dass das Wasser für den Verzehr zu salzig ist. So bauten schon die Römer einen Aquädukt, um Süßwasser aus den Bergen bei Sintra nach Lissabon zu leiten. Als ab dem 5. Jh. die „Barbaren" in die Stadt einfielen, wurden diese Wasserleitsysteme teilweise zerstört. Erst unter maurischer Herrschaft ab dem 8. Jh. wurden die damals 15.000 Einwohner Lissabons wieder zuverlässig mit Wasser versorgt. Das stammte aus den natürlichen Süßwasserquellen der Alfama, die zu dieser Zeit besiedelt wurde. Nach der Reconquista fanden die neuen christlichen Herrscher so eine funktionierende Wasserversorgung vor. Vor allem in den trockenen Sommermonaten blieb Wasserknappheit jedoch noch lange ein Problem. Das **Lissabonner Wassermuseum** veranschaulicht an vier Stationen die Geschichte der Wasserversorgung der Stadt.

Tipp

Führungen und Kombitickets

Samstags bietet das Wassermuseum vormittags geführte Touren durch einzelne Stationen des historischen Wassersystems (auch auf Engl., 3–5 €). Eine vorherige Anmeldung ist erforderlich (E-Mail an mda.epal@adp.pt). Nach Voranmeldung lassen sich freitags und samstags auch einzelne Abschnitte der **Galeria do Loreto** besichtigen, eines unterirdischen Teils der früheren Wasserversorgung. Der Zugang erfolgt über die beiden Wasserreservoirs. Ein Kombiticket für alle vier Stationen kostet 10 € und ist ein Jahr lang gültig. Weitere Infos: www.epal.pt/EPAL/menu/museu-da-água.

Der Aquädukt ist Teil der alten Wasserversorgung der Stadt

Aqueduto das Águas Livres 76a

Erste Pläne, den römischen Aquädukt wieder in Betrieb zu nehmen, gab es bereits im 16. Jh. Realisiert wurden sie aber erst ab 1731 unter König João V. Das Tal von Alcântara zu überqueren war eine technische Meisterleistung: Der „Aquädukt der freien Wasser" misst in der Länge 941 m. Einer der 35 Bögen gilt mit 65 m Höhe und 28 m Breite als der höchste steinerne Spitzbogen der Welt. Wie durch ein Wunder hielt das Bauwerk dem großen Erdbeben von 1755 stand. Auf einem netten Spaziergang kann man den 1967 stillgelegten Aquädukt heute überqueren.

Aqueduto das Águas Livres, *Calçada da Quintinha 6, Di–Sa 10–17.30 Uhr, Einzeleintritt 3 €. Bus 702 ab Praça Marquês de Pombal oder (mit etwas weiterem Fußweg) Bus 758 ab Cais do Sodré. [A–B2]*

Reservatório da Mãe d'Água 76b

Das Reservoir „Mutter des Wassers" ist Teil des großen Versorgungssystems, das die Stadt im 18. Jh. von ihrem Wassermangel befreien sollte. Es diente als Auffang- und Verteilstation für das Wasser aus dem Aqueduto das Águas Livres. Das Reservoir wurde von Carlos Mardel im barocken Stil gestaltet und war bis 1967 in Betrieb. Die kathedralenartige Gewölbekonstruktion im Inneren fasste über 5.000 m³ Wasser. Von der Terrasse auf dem Dach bietet sich ein wunderbarer Blick über die Stadt. In der unterirdischen Halle finden gelegentlich Veranstaltungen statt.

Reservatório da Mãe d'Água, *Praça das Amoreiras 10, Di–Sa 10–12.30 und 13.30–17.30 Uhr, Einzeleintritt 3 €. Metro Rato (gelbe Linie); Bus 758. [B2–3]*

Reservatório da Patriarcal 76c

1860 wurde unter dem Jardim do Príncipe Real ein weiteres Wasserreservoir gebaut. Bis in die 1940er-Jahre wurden damit Teile der Unterstadt und des Bairro Alto mit Wasser versorgt. Das Reservoir fasst knapp 900 m³ Wasser und seine 31 Säulen lassen den Raum wie ein Kirchengewölbe wirken.

Reservatório da Patriarcal, *Jardim do Príncipe Real, Sa 10–17.30 Uhr, Einzeleintritt 1 €. Metro Rato (gelbe Linie); Bus 758, 773. [C3]*

Estação Elevatória a Vapor dos Barbadinhos 76d

Eine merkliche Verbesserung der Trinkwassersituation gab es Ende des 19. Jh. mit dem Bau des dampfbetriebenen Wasserhebewerks Barbardinhos. Bis heute kommt das Wasser aus dem 100 km entfernten Rio Aviela, allerdings wird es heute durch Elektromotoren des benachbarten Neubaus gefördert.

Estação Elevatória a Vapor dos Barbadinhos, *Rua do Alviela 12, Mo–Sa 10–17.30 Uhr, Einzelticket 4 €. Hauptsitz des Wassermuseums inkl. Museumsshop. Bus 706, 735, 759, 794; Metro Santa Apolónia (blaue Linie). [E3]*

Das Wasserreservoir Mãe d'Água

Essen, Trinken und Ausgehen

77 Von der Platzwahl bis zum Trinkgeld – kleiner Restaurant-Knigge

Die portugiesischen **Essgewohnheiten** zeigen, dass man gerne und ausgiebig speist – sowohl herzhaft als auch süß. Dabei ist Portugal keine große Frühstücksnation. Das **Frühstück**, *pequeno almoço*, wird entweder zu Hause, oft aber auch auf dem Weg zur Arbeit am Tresen stehend in einem der vielen Cafés eingenommen. Zum *café* lässt man sich ein *pastel de nata* (Sahnetörtchen), einen *queque* (Muffin) oder eine *torrada* (getoastetes Brot mit Butter) schmecken.

Die **Mittagszeit** ist geradezu „heilig". Zwischen etwa 12 und 14 Uhr wird ausgiebig zu Mittag gegessen. In den meisten Restaurants werden zum *almoço* Tagesgerichte zu relativ günstigen Preisen angeboten. Oft gibt es auch komplette Mittagsmenüs.

Gegen 17 Uhr ist dann **Lunch-Time**, wohl ein Erbe der seit Jahrhunderten bestehenden portugiesisch-englischen Beziehungen. Meist lässt man sich zum Kaffee etwas Süßes munden, für herbere Geschmäcker gibt's Sandwiches oder belegte Toasts.

Die Tageskarte hängt oft draußen aus

Das **Abendessen** wird zwischen 19 und 21 Uhr eingenommen. Viele Küchen – besonders in einfacheren Restaurants – schließen gegen 22 Uhr. Neben den Tagesgerichten bestellt man zum *jantar* auch à la carte.

Beim **Essen im Restaurant** läuft einiges anders, als wir es vielleicht gewohnt sind. Beispielsweise ist es – ausgenommen in sehr einfachen Restaurants und Cafés – nicht üblich, sich einfach an einen Tisch zu setzen. Schon gar nicht fragt man, ob man sich irgendwo dazu setzen darf. Dies gilt als sehr unhöflich. Stattdessen wartet man nach Betreten des Restaurants, bis man vom Kellner einen Tisch zugewiesen bekommt.

Anders als in Deutschland werden **kleine Vorspeisen** wie z. B. Brot, Oliven und Butter ungefragt serviert (*couvert*). Oft gibt es dazu auch noch Käse oder Schinken. Hierbei handelt es sich jedoch keineswegs um einen kostenlosen „Gruß aus

Was ist was – jenseits von Restaurant und Café:

Tasca – einfaches Lokal mit oft gutem, bodenständigem Essen
Marisqueira – Fisch- und Meeresfrüchte restaurant
Cervejaria – Brauhaus, neben Meeresfrüchten gibt's hier vor allem Steaks und Omelettes
Churrasqueira – Grillrestaurant, die Fleischgerichte kommen vom Holzkohlegrill, seltener gibt es Fisch
Pastelaria – Konditorei, hier frühstückt man, isst günstige Mittagsgerichte, trinkt Espresso an der Theke und hält ein Pläuschchen

der Küche". Alles, was man isst oder auch nur probiert, muss später bezahlt werden. Es ist ratsam, sich über die Preise dieser Starter zu informieren, oft sind diese verhältnismäßig teuer. Was man nicht essen möchte, stellt man am besten gut sichtbar ans Tischende. Vor dem Bezahlen sollte auf jeden Fall die Rechnung kontrolliert werden, denn vor allem in touristischen Restaurants verdient man sich gerne schon mal ein „Extra" dazu. Ein freundlicher Hinweis genügt meist, um die Rechnung auf den richtigen Stand zu bringen. Sollten wider Erwarten Probleme entstehen, empfiehlt es sich, das **Livro das Reclamações** zu verlangen. Dieses Reklamationsbuch ist gesetzlich für alle Dienstleister vorgeschrieben, muss auf Aufforderung vorgelegt werden und wird regelmäßig von der Tourismus-Direktion kontrolliert. Da eine solche offizielle Beschwerde zu Unannehmlichkeiten für den Restaurantbesitzer führt, lassen sich die meisten Probleme durch eine bloße Frage nach dem „gefürchteten Buch" aus der Welt schaffen. Die Fairness gebietet es natürlich, nur dann etwas in das Buch zu schreiben, wenn tatsächlich ein Fehlverhalten gepaart mit Uneinsichtigkeit vorliegt.

Die **Rechnung** bestellt man mit „*a conta, se faz favor*". Gebracht wird diese dann oft auf einem Tellerchen, auf das man das Geld legt. Möchte man Trinkgeld geben, lässt man einen Teil des Wechselgelds einfach liegen. Üblich ist ein Trinkgeld zwischen 5 und 10 %, je nach Klasse des Restaurants. Ist man in einer Gruppe oder auch nur zu zweit unterwegs, wird eine gemeinsame Rechnung bestellt. Getrennt zu zahlen ist typisch deutsch.

Auf Speisekarten finden sich oft **mehrere Preise** für das gleiche Gericht oder Getränk: Am billigsten ist es, am Tresen (*balcão*) zu essen, am Tisch (*mesa*) zahlt man den mittleren Preis, der Verzehr auf der Terrasse (*esplanda*) ist die teuerste, wenn auch meist schönste Variante. Man sollte nicht versuchen, Geld zu sparen, indem man an der Theke bestellt und sich dann an einen Tisch setzt. Neben einem verärgerten Wirt ist das einzige Resultat eine Rechnung mit den „Tisch-Preisen".

Trinkgeld einfach liegen lassen

78 Bacalhau – ein Fisch für jeden Tag

Durchschnittlich verzehrt jeder Portugiese 8 kg Stockfisch im Jahr, das ist europäischer Rekord. Verwunderlich ist es jedoch nicht, denn es gibt – so der Volksmund – ganze **365 Bacalhau-Rezepte**, eines für jeden Tag im Jahr. Ein Kochbuchtitel verspricht gar „1001 Bacalhau-Rezepte". Seit fast 700 Jahren ist der Trockenfisch fester Bestandteil der portugiesischen Küche, er wird liebevoll auch als *fiel amigo* („treuer Freund") bezeichnet. Die erste urkundliche Erwähnung stammt aus dem Jahr 1353: Portugiesischen Schiffen wurde der Fischfang vor der Küste Englands gestattet. Mit Beginn der großen Entdeckungsfahrten erhöhte sich zunehmend der Verbrauch des lange haltbaren Lebensmittels. Anfang des 16. Jh. wurde Stockfisch vor allem in Neufundland, der Terra Nova do Bacalhau, gefischt. Allein im Jahr 1550 wurden hierfür 150 Schiffe zur Verfügung gestellt. Unter der spanischen Fremdherrschaft (1580–1640) kam der Fischfang fast vollständig zum Erliegen. Erst mit Beginn des 19. Jh. wurde er wieder aufgenommen. Das Leben an Bord war hart, entbehrungsreich und gefährlich, vom Hauptschiff wurden die Fischer in kleinen Booten auf den stürmischen Atlantik geschickt. Der Fisch wurde an Leinen gefangen, meist bereits auf dem Boot ausgenommen und auf Salz gelagert. 20 Stunden Arbeit waren an der Tagesordnung.

Nur eine der vielen Varianten: Bacalhau à Minhota

Die weltweit **zunehmende Nachfrage** sowie verbesserte Fangmethoden führten zur Überfischung der Gewässer. In den vergangenen Jahrzehnten wurde der Bestand in einigen Regionen um 90 % reduziert. Island und Großbritannien lieferten sich in den Cod Wars (1958–76) regelrecht kriegerische Auseinandersetzungen. Portugal schickte sein letztes Schiff 1974. Seit den 1990er-Jahren steht der Kabeljau, aus dem der Stockfisch hergestellt wird, in manchen Fanggebieten sogar auf der Liste bedrohter Tierarten der Weltnaturschutzunion IUCN. Heute stammt der in Portugal erhältliche Stockfisch meist aus Norwegen. Der Fisch wird vorwiegend frisch importiert und nach portugiesischer Art in Bacalhau verwandelt. Seit 2014 ist das Verfahren, den Fisch in reinem Meersalz einzulegen und für 150 Tage an der Sonne oder in speziellen Belüftungskanälen zu trocknen, europaweit als „regionale traditionelle Spezialität" geschützt. Vor der Zubereitung muss der im getrockneten Zustand durchaus streng riechende Fisch übrigens mindestens 24 Stunden gewässert werden. Danach schmeckt er aber köstlich.

Bacalhau-Auslage in der Baixa

Bacalhau gibt es in fast jedem portugiesischen Restaurant – hier eine kleine Auswahl:

Restaurante Vila Flor, Rua Cais de Santarém 8, Alfama, Tel. 21 1307523, tgl. 11.30–23 Uhr. Gemütliches Restaurant mit schöner Terrasse und sehr nettem Service. Große Auswahl an klassischen Bacalhau-Gerichten, viele traditionelle Vorspeisen und leckere Desserts. Mittlere Preisklasse. [E4]

João do Grão, Rua dos Correeiros 222–226, Baixa, Tel. 21 3424757, tgl. 12–15 und 18–22 Uhr. Der „Johannes der Kichererbse" ist auf Stockfisch spezialisiert. Der Name ist eine Anspielung auf das Gericht *Bacalhau com grão* („Stockfisch mit Kichererbsen"). Traditionelles portugiesisches Restaurant, bei Touristen und Einheimischen gleichermaßen beliebt. Einige Tische auf der Straße. Mittlere Preisklasse. [D3]

O Bacalhoeiro/A Licorista, Rua dos Sapateiros 222–224, Baixa, Tel. 21 3431415, Mo–Sa 12–15 und 19–22 Uhr. Zwei Restaurants – eine Küche. Der mit Fotos vom Stockfischfang dekorierte Bacalhoeiro ist etwas feiner eingerichtet, der Licorista mit seinem Natursteingewölbe und den Sitzbänken eher bodenständig. Die Spezialität ist *Bacalhau à brás*. Traditionelle portugiesische Küche. Günstig. [D3]

Beispiele für beliebte Bacalhau-Gerichte:

Bacalhau à brás – zerkleinerter Stockfisch mit Kartoffeln und Ei, in der Pfanne gebraten
Bacalhau com natas – Stockfisch in Sahnesoße im Ofen gratiniert, manchmal mit Spinat (*com espinafres*)
Bacalhau espiritual – Stockfisch-Stückchen mit Kartoffeln, Möhren und Sahne im Ofen gratiniert
Bacalhau à minhota – Stockfischfilet aus dem Ofen mit Zwiebeln, Ei und Olivenöl
Bacalhau cozido – gekochter Stockfisch
Posta de bacalhau grelhado – Stockfischfilet vom Grill
Punheta de bacalhau – roher Stockfisch mit Essig und Öl

79 Sardinen und andere Köstlichkeiten aus dem Meer

Jedes Jahr im Juni ist es soweit, der typische **Sardinenduft** erfüllt die Straßen. Im Sommer sind sie besonders dick und saftig. Mit grobem Meersalz bestreut, kommen die Sardinen im Ganzen auf den Grill, serviert wird die Leckerei dann auf einer Scheibe Brot. Im Restaurant werden die kleinen Fische mit gekochten Kartoffeln und gemischtem Salat gereicht. Ganze 14.000 t Sardinen werden jährlich in den portugiesischen Gewässern gefangen. Was nicht sofort verzehrt wird, wird eingefroren oder als Dosenfisch haltbar gemacht.

Andere beliebte Fischsorten sind *carapau* (Stöcker), *dourada* (Dourade), *robalo* (Barsch), *peixe espada* (Degenfisch), *salmão* (Lachs) und *pargo* (Meerbrasse). Zu Fisch (*peixe*) wer-

Amêijoas à bulhão pato werden gerne als Snack zum Bier gegessen

den üblicherweise gekochte Kartoffeln (*batatas cozidas*) serviert, manchmal zusätzlich Brokkoli (*brócolos*) oder grüne Stangenbohnen (*feijão verde*). Auch Tintenfische und Kraken stehen mit auf der Fischkarte. Montags sollte man übrigens besser auf Fisch verzichten, denn am Sonntag haben die Fischer ihren freien Tag.

Meeresfrüchte (*mariscos*) werden in der Regel nach Kilogramm-Preis bezahlt und sind auch in Portugal nicht billig. Auf der Speisekarte stehen u. a. *lagosta* (Languste), *sapateira* (Taschenkrebs) und *santola* (Spinnenkrebs). Die gängigen *camarões* (Garnelen) werden kurz gekocht oder mit Knoblauch gebraten und mit Zitrone serviert. Als Vorspeise oder kleiner Snack zum Bier werden die preiswerteren Muscheln, etwa *amêijoas* (Herzmuscheln), serviert, z. B. in der sehr schmackhaften Variante *à bulhão pato* mit Zitronensaft. Die Frische der Muscheln erkennt man daran, dass sie sich beim Kochen geöffnet haben.

Eine Auswahl an guten Fischrestaurants

Sea me, Rua do Loreto 21, Chiado, Tel. 21 3461564, www.peixariamoderna.com, Mo–Fr 12.30–15.30 und 19.30–24, Sa 12.30–1, So 12.30–24 Uhr. Modernes Fischlokal in der Nähe des Praça Luís de Camões (S. 132), frischer Fisch, Meeresfrüchte und Austernbar. Gut besucht, Reservierung empfohlen, gehobene Preisklasse. [C4]

Cervejaria Ramiro, Av. Almirante Reis 1, Anjos, Tel. 21 8851024, www.cervejariaramiro.pt, Di–So 12–24.30 Uhr. Seit Jahren die erste Adresse in Sachen Meeresfrüchte. Das Lokal mit Brauhausatmosphäre ist immer gut besucht. Reservierungen nicht möglich, deshalb abends am besten schon um ca. 19 Uhr dort sein. Gehobene Preisklasse. [D3]

Mar ao Carmo, Largo do Carmo 21, Chiado, Tel. 21 3421305, tgl. 12–23.30 Uhr. Schönes Fischrestaurant mit ansprechender Fisch- und Meeresfrüchtetheke, ein paar Tische auf dem Largo do Carmo (S. 68). Gehobene Preisklasse. [D4]

Cantinho Do Bem Estar, Rua do Norte 46, Bairro Alto, Tel. 21 3464265, tgl. 12–24 Uhr. Winziges Restaurant, besonders beliebt sind die wechselnden Fischgerichte. Sehr große Portionen. Reservierung empfohlen, mittlere Preisklasse. [C4]

Pateo 13, Calçada St. Estevão 13, Alfama, Tel. 21 8882325, April bis Okt. Di–So 12–15 und 19–23 Uhr. Dieses Restaurant besteht nur aus einer Terrasse, auf der man sehr gemütlich unter einem großen Baum speist. Es gibt Fisch und Fleisch vom Holzgrill. Man sitzt übrigens vor dem letzten öffentlichen Badehaus der Alfama. Sehr beliebt, günstig. [E4]

O Farol, Largo Alfredo Dinis 1, Cacilhas, Tel. 21 2765248, www.restaurantefarol.com, tgl. 10–24 Uhr. Brauhaus auf der anderen Seite des Tejo, direkt am Bootsanleger und mit Sicht auf den Fluss. Gute Fischgerichte und frische Meeresfrüchte. An der Theke bekommt man die „Meerjungfrau", ein frisch gezapftes Bier und ein Tellerchen frische Garnelen. Günstig.

Sol e Pesca, Rua Nova do Carvalho 44, Cais do Sodré, Tel. 21 3467203, www.solepesca.com, Mo–Mi 12–2 Fr/Sa bis 4 Uhr. Die Dekoration stammt aus den Zeiten, in denen die Bar noch ein Geschäft für Anglerbedarf war. Spezialität des Hauses sind Fischkonserven (ab 2 €), die man kaufen oder direkt vor Ort essen kann. Günstig. [C4]

Oft servierte Gerichte:

Lulas recheadas – mit *chouriço* oder Hackfleisch gefüllter Tintenfisch in Tomatensoße und Reis
Caldeirada – deftiger Fischeintopf
Feijoada de chocos – Bohneneintopf mit Sepia
Chocos com tinta – Sepia in eigener Tinte mit Kartoffeln
Polvo à lagareiro – Krake aus dem Ofen mit Knoblauch und viel Olivenöl
Salada de polvo – Krakensalat

Jedes Jahr ab Juni der Hit: frische Sardinen

80 Petiscos – kleine Leckereien zum Naschen

Specht, Schnecken, Gartenfischchen – dabei handelt es sich nicht um Einträge in einem Tierlexikon, sondern um Petiscos, kleine herzhafte Leckereien, also so etwas wie die portugiesische Variante von Tapas. Sie werden als Vorspeise gegessen, als komplette Hauptmahlzeit oder wann immer einen der Hunger überkommt. Serviert werden sie in einfachen Tascas (Tabernen) oder in **speziellen Restaurants**, die seit einiger Zeit in Lissabon sehr in Mode sind.

Beim „Specht" (*pica pau*), handelt es sich um Fleischstückchen mit einer scharfen Senf-Essig-Soße und sauer eingelegtem Gemüse. „Gartenfischchen" (*peixinhos da horta*) sind grüne Bohnen, die in einem Bierteig frittiert werden. Nur bei den **Schnecken** (*caracois*) bekommt man tatsächlich genau das, was man bestellt. Sie zählen zu den Leibspeisen der Portugiesen, jährlich werden geschätzte 42.000 t verzehrt. Auf einem kleinen Teller als Snack zum Bier gereicht, werden sie mit Zahnstochern aus ihren Häuschen gepult. Hauptsächlich schmecken sie nach dem Sud, in dem sie gekocht wurden: Olivenöl, Knoblauch, Lorbeerblatt und dem Geheimnis des Küchenchefs.

Tremoços oder Mariscos do Eusébio?

Lupinenkerne, gekocht und in Salzlake eingelegt, gehören in Portugal zu den traditionellen Begleitern zum Bier und waren im restlichen Europa lange relativ unbekannt. Die Schale dieser *tremoços* isst man nicht mit, man beißt vorsichtig auf den bohnenähnlichen Kern und lässt den Inhalt in den Mund gleiten. In vielen einfachen Tascas werden *tremoços* umsonst zum Getränk angeboten.

Ironisch werden die Kerne auch *Mariscos do Eusébio* genannt – „Meeresfrüchte des Eusébio". Die Ikone des portugiesischen Fußballs soll in einem Interview auf eine Frage nach seinen Lieblingsmeeresfrüchten mit *„tremoços"* geantwortet haben. Offensichtlich hatte der Fußballer die Frage falsch verstanden: Meeresfrüchte heißen auf Portugiesisch *mariscos*, die *tremoços* zählen dagegen zu den ähnlich klingenden *petiscos*.

Tremoços

Zum Bier werden gerne *risois* gereicht. Das sind **frittierte Teigtaschen**, die mit Garnelen (*de camarão*) oder Fleisch (*de carne*) gefüllt sind. Eine Alternative sind frittierte Hackfleischkroketten (*croquete*). Für Fischfreunde gibt es frittierte Stockfischbällchen (*pastéis de bacalhau*) oder sauer eingelegte Sardinen (*sardinhas de escabeche*). Wagemutige können einen Eintopf aus Hühnermägen (*moelas*) probieren. Auch flambierte Paprikawurst (*chouriço*) und gegrillte oder frittierte Blutwurst (*morcela*) stehen oft auf der Speisekarte.

Morcela frita: frittierte Blutwurst mit Orangen und Quittengelee

Als Vorspeisen gibt es die kleinen Naschereien in so gut wie jedem portugiesischen Restaurant, hier eine Auswahl auf Petiscos spezialisierter Lokale:

Tasca da Esquina, Rua Domingos Sequeira 41 C, Estrela/Campo de Ourique, Tel. 21 0993939, www.tascadaesquina.com, Di–Sa 12.30–15.30 und 19.30–23 Uhr. Hier zeichnet Vitor Sobral verantwortlich, eine feste Größe der modernen portugiesischen Küche. Die Petiscos gibt es in modernen Variationen und mit persönlichem Touch des Küchenchefs. Wer unschlüssig ist, kann diesem auch die Auswahl überlassen und das Überraschungsmenü nehmen. Gehobene Preisklasse. [B3]

Petiscaria Ideal, Rua da Esperança 100, Madragoa, Tel. 21 3971504, Mo–Sa 19.30–2 Uhr. Dass dieser Laden mit nettem Ambiente gerade sehr in ist, spiegelt sich in den Preisen wider. Zwei Häuser weiter, Hausnummer 112–114, befindet sich das Stammhaus, die Taberna Ideal. Mittlere Preisklasse. [C4]

Taberna da Rua das Flores, Rua das Flores 103, Cais do Sodré, Tel. 21 3479418, Mo–Fr 12–24 und Sa 18–24 Uhr. Kleine, modern eingerichtete Taberne mit täglich wechselnden Petiscos. Außerdem gibt es portugiesisches Bier aus Kleinstbrauereien. Junges, schickes Publikum. Mittlere Preisklasse. Nähe Praça Luís de Camões (S. 132). [C4]

Sophia La Loca, Rua do Grémio Lusitano 20, Bairro Alto, Tel. 21 5951432, www.sophialaloca.pt, So–Di und Do 18–24, Fr/Sa bis 1 Uhr. Nettes kleines Restaurant mit freundlicher Bedienung. Sehr lecker sind z. B. das Schweinebäckchen-Gulasch und der sauer marinierte Hase. Mittlere Preisklasse. [C3]

Café Beira Gare, Praça Dom João da Câmara 4, Rossio/Baixa, Tel. 21 3420405, tgl. 9–22 Uhr. Direkt am Rossio-Bahnhof. Große Auswahl an Rissois, Kroketten und sonstigem Frittierten. Sehr günstig. Der Lissabonner isst am Tresen und genießt dazu ein Bier. [D3]

81 Pastéis de Belém und anderes süßes Gebäck

Pastéis de Belém sind mittlerweile eine Berühmtheit. Die kleinen **Blätterteigtörtchen** sind mit einer Sahne-Puddingmischung gefüllt, dazu werden Puderzucker und Zimt gereicht. Ofenwarm schmecken sie am besten.

Erfunden wurden sie in der gleichnamigen Konditorei in Belém, und nur hier dürfen sie unter diesem Namen verkauft werden. Die kleinen Törtchen haben Tradition, die Konditorei wurde bereits 1837 gegründet. Bis zur liberalen Revolution waren vor allem die Klöster dem süßen Bäckerhandwerk verschrieben. Nach der Auflösung der Klöster 1834 wurden die „geistlichen Konditoren" arbeitslos. So kam es, dass Domingos Alves einen der Zuckerbäcker aus dem Jerónimos-Kloster anstellte, um aus einer alten Zuckermühle eine Konditorei zu machen. Das Rezept ist bis heute strengstens geheim – nur drei Leute kennen es.

Doch auch andernorts lassen sich die kleinen Köstlichkeiten probieren, dann unter dem Namen **Pastel de Nata**. Sie werden in fast allen Cafés und Konditoreien (S. 198) angeboten. Auch hier gilt: je frischer, desto besser.

In Lissabons Konditorei-Auslagen gibt es noch **viele andere Köstlichkeiten** zu entdecken, z. B. kleine Blätterteigpasteten mit einer süßen Bohnenfüllung (*pastel de feijão*). In alter Klostertradition, nach der fast ausschließlich Eigelb und Zucker benutzt werden, sind auch die *pingos de tocha* („Fackeltropfen") und *trouxas de ovo* („Eierbündel") zubereitet. Dafür wird Eigelb in einem Zuckersirup in die jeweilige Form gezogen. An sich gilt die einfache Regel: Alles ziemlich süß, aber auch ziemlich lecker.

Hier eine Auswahl an Locations für Liebhaber süßer Köstlichkeiten:

Pastéis de Belém, Rua de Belém 84–92, Belém, Tel. 21 3637423, www.pasteisdebelem.pt, tgl. 8–23 Uhr. Nur hier werden die berühmten Blätterteigtörtchen unter dem Namen Pastéis de Belém angeboten. Die rund 20.000 verkauften Stück pro Tag zeugen von der Beliebtheit der Spezialität des Hauses. Das Café im hinteren Bereich ist in mehrere Säle untergliedert. In einem der Zwischengänge kann man durch eine Glasscheibe die Herstellung beobachten. Trotz des großen Andrangs wird man recht flott bedient. Wer die Pastéis mitnehmen möchte, stellt sich am Tresen an. [Karte Belém]

Süß und lecker: ofenfrische Pastéis de Belém

Manteigaria – Fábrica de Pastéis de Nata, Rua do Loreto 2, Chiado, Tel. 21

Schaufensterauslage einer Konditorei

3471492, tgl. 8–24 Uhr. In der „Pastel-Fabrik“, einem kleinen Laden in der Nähe des Praça Luís de Camões (S. 132) kann man zusehen, wie die kleinen Leckereien zubereitet werden. Klingelt die Glocke, ist eine Ofenladung fertig. [C4]

A Casa Brasileira, Rua Augusta 267–269, Baixa, Tel. 21 346 9713, tgl. 7–1 Uhr. Traditionshaus in der Baixa, hier gibt es Süßes und auch Salziges in allen Variationen und täglich frisch. Langer Tresen, ein paar Tische direkt auf der Rua Augusta. [D3]

Im Restaurant ist die Auswahl an **Nachspeisen** (*sobremesas*) oft groß – hier eine kleine Übersetzungshilfe:

Mousse ao chocolate – Schokoladenmousse; oft mit *cheirinho* bestellt, einem Schuss Cognac
Flan – Eierpudding mit Karamellsoße
Bolo de bolacha – Kekskuchen, ähnlich wie „Kalter Hund“, aber statt Schokolade mit Buttercreme
Tarte de limão/amêndoa – Zitronentarte/Mandeltarte
Salada de frutas – Fruchtsalat
Natürlich gibt es auch **gelados** (Eis) und **frutas da época** (Früchte der Saison), so z. B. *melancia* (Wassermelone), *meloa* (Zuckermelone), *maçã* (Apfel), *laranja* (Orange), *banana* (Banane), *manga* (Mango) und *ananás* (Ananas).

Claudio Corallo, Rua da Escola Politécnica 4/6, Príncipe Real, www.claudiocorallo.com, Mo–Sa 10–19 Uhr. Der Italiener Claudio Corallo hat sich seit Jahrzehnten dem Kaffee- und Kakaoanbau verschrieben. Die leckeren Ergebnisse dieser Leidenschaft lassen sich in seinem Laden in Lissabon verkosten. [C3]

Melhor Bolo de Chocolate do Mundo, Rua Tenente Ferreira Durão 62 A, Campo de Ourique, Tel. 21 3965372, Mo–Sa 9–19.30 Uhr. Nicht weniger als den besten Schokoladenkuchen der Welt verspricht der Name des kleinen Cafés. Tatsächlich ist der *bolo de chocolate* köstlich und wird inzwischen auch in anderen Cafés der Stadt verkauft. [B3]

82 Bodenständig bis deftig

Die portugiesische Küche ist reichhaltig, bodenständig und regional sehr unterschiedlich. Frischer Fisch und Fleisch sind die Hauptbestandteile, verfeinert mit reichlich Olivenöl. Gemüse ist vor allem in den deftigen Eintöpfen und Suppen zu finden. Portugiesen sind Naschkatzen und lieben Süßes – ohne eine zuckersüße Nachspeise (S. 184) ist eigentlich kein Mahl komplett.

In vielen Restaurants gibt es vor allem **mittags günstige Menüs**, die meist aus Vor- und Hauptspeise, Dessert, einem Getränk sowie Kaffee bestehen. Die Portionen sind in einfachen Restaurants oft groß. Wem die typischen portugiesischen Gerichte zu üppig sind, der kann oft eine „halbe Portion" (*meia dose*) bestellen. Diese kostet dann rund 30 % weniger.

Fleischgerichte werden üblicherweise mit Pommes frites (*batas fritas*) und/oder Reis (*arroz*) serviert. Wer gerne Salat dazu isst, sollte sich zusätzlich einen gemischten Salat (*salada mista*) bestellen, denn auch wenn Gerichte auf der Karte mit Salat angepriesen werden, handelt es sich – für deutschen Geschmack – eher um Dekoration. Wer lieber gekochte Kartoffeln isst, kann diese problemlos statt Pommes oder Reis bestellen. Der Zusatz *com tudo* (mit allem) bedeutet meist, dass Gemüse dabei ist. Vom Schwein (*porco*) gibt's *febras* (Schnitzel), *costeletas* (Koteletts), *entremeadas* (Bauchspeck) und *espadas* (Spießchen). Bei *bife* (Steak) handelt es sich um Rindfleisch. Bestellt man *frango grelhado* (gegrilltes Hähnchen) bekommt man normalerweise ein halbes Hähnchen serviert. Bei der portugiesischen Zubereitung werden die Hähnchen meist platt geklopft, damit sie gleichmäßiger garen. Als vegetarische Option gibt es für den Hauptgang neben

Traditionelle Küche gibt es zum Beispiel im Zé dos Cornos

Beilagen oft nur gemischten Salat und Omelette (*omelete*). Natürlich stehen auch Fischgerichte (ab S. 178) auf der Speisekarte.

Einfache Restaurants finden sich vor allem in den Seitenstraßen, etwas abseits der Touristenströme. Hier isst man günstig und gut:

Stop do Bairro, Rua Tenente Ferreira Durão 55 A, Campo de Ourique, Tel. 21 3888856, Di–So 12–16 und 19–23 Uhr. Kacheln, Kitsch und jede Menge Fußballtrikots prägen die Optik dieses kleinen Restaurants. Gute portugiesische Küche aus verschiedenen Regionen. [B3]
A Floresta do Salitre, Rua Salitre 42, Avenida da Liberdade, Tel. 21 3547605, Mo–Sa 12–15 und 19–22 Uhr. Kleiner Familienbetrieb, einfache portugiesische Küche, leckeres Essen mit freundlichem Service. [C3]
O Zé da Mouraria, Rua João do Outeiro 24/26, Mouraria, Tel. 21 8865436, Mo–Sa 12–16 Uhr. Traditionelles Restaurant mit einfacher Einrichtung und guter bodenständiger Küche. Oft sehr voll. [D3]
Príncipe do Calhariz, Calçada do Combro 28–30, Bairro Alto, Tel. 21 3420971, So–Fr 12–15.30 und 19–22.30 Uhr. Traditionelles Restaurant mit gutem portugiesischem Essen. Reichhaltige Portionen, flotter Service. Direkt an der Linie 28. [C4]
Zapata, Rua do Poço dos Negros 47–49, Santos, Tel. 21 3908942, Mi–Mo 12–2 Uhr. Beliebtes Restaurant mit guter Küche. Oft sehr voll, Reservierung empfohlen. [C4]
O Zé dos Cornos, Beco dos Surradores 3, Mouraria, Tel. 21 8869641, Mo–Sa 12–23 Uhr. Winziges Restaurant, gute traditionelle Küche, netter Service. [D3]

Die Speisekarte lesen – kleine Übersetzungshilfe:

Entradas (Vorspeisen):
cesto de pão (Korb mit Brot), **manteiga** (Butter), **azeitonas** (Oliven), **queijo fresco/seco** (Frischkäse/Hartkäse), **presunto** (Schinken), **paté de sardinhas/atúm** (Sardinen- bzw. Thunfischcreme)

Pratos principais (Hauptgerichte):
Bitoque – gegrilltes Fleisch mit Pommes und Spiegelei
Iscas – gebratene Leber mit gekochten Kartoffeln
Carne de vitela à jardineira – Kalbsfleisch nach Gärtnerinnenart, Geschnetzeltes mit Gemüse und Reis
Carne de porco à alentejana – Schweinefleischstückchen mit Muscheln
Carne à portuguesa – Schweinefleischstückchen mit Oliven und *Mixed Pickles*
Bifinhos de Peru – Putenschnitzel, oft mit Champignon-Soße (*com cogumelos*) serviert
Porco preto – das schwarze Schwein ist eine endemische Art auf der Iberischen Halbinsel. Freilandhaltung und natürliche Kost, vor allem Eicheln und Wildkräuter, sorgen für würzigeres Fleisch als bei den Zuchtschweinen.

Coelho no forno: Hase aus dem Ofen

83 Essen in besonderem Ambiente

Ob edel dekoriert, mit verwunschenem Garten oder herrlicher Aussicht – manchmal schmeckt das Essen in besonderem Ambiente einfach besonders lecker. Hier eine kleine Auswahl:

Cervejaria Trindade, Rua Nova da Trindade 20 C, Chiado, Tel. 21 3423506, www.cervejariatrindade.pt, tgl. 10–24, Fr/Sa bis 1 Uhr. Im ehemaligen Refektorium des Konvents der Dreifaltigkeit wurde 1836 die erste Brauerei Lissabons gegründet. Lediglich das Gewölbe lässt noch die ursprüngliche Struktur des Klosters erkennen, die Wände wurden Ende des 19. Jh. mit kunstvollen Azulejos verziert. Traditionelle portugiesische Küche. Mittlere bis gehobene Preisklasse. [D3–4]

Palácio Chiado, Rua do Alecrim 70, Chiado, Tel. 21 0101184, palaciochiado.pt, tgl. 12–0 Uhr, Do–Sa bis 2 Uhr. In einem Stadtpalast aus dem 18. Jh. haben sich sieben Restaurants und eine Bar zu einem Gourmet-Tempel zusammengefunden. Von Austern über Steak bis Sushi – in den schön restaurierten, erst 2016 eröffneten Räumen lässt sich stilvoll speisen. Mittlere bis gehobene Preisklasse. [D4]

Casa do Alentejo, Rua das Portas de Santo Antão 58, Avenida da Liberdade, Tel. 21 3405140, www.casadoalentejo.com.pt, tgl. ab 12 Uhr. Hinter der schlichten Fassade eines Stadtpalasts aus dem 17. Jh. verbirgt sich ein wahres Schmuckstück. Für den 1919 eröffneten Majestic Club, eine Art Kasino-Club, wurde das Innere des Gebäudes neu gestaltet: ein neomaurischer Patio, ein prunkvoller Ballsaal mit riesigen Spiegeln und Lüstern. Heute ist hier der Sitz des Alentejo-Kulturvereins, deshalb gibt es im Restaurant Spezialitäten aus dieser Region. Die Taberne im Innenhof bietet günstige Snacks. Mittlere Preisklasse. [D3]

Patio der Casa do Alentejo

Restaurante Pharmacia, Rua Marechal Saldanha 1, Bica, Tel. 21 3462146, tgl. 12.30–1.30 Uhr. Restaurant mit großer, sehr schöner Terrasse direkt im Pharmazie-Museum, in der Nähe des Miradouro de Santa Catarina (S. 96). Die Dekoration macht dem Namen alle Ehre – von der Tapete bis hin zum Weinkühler. Portugiesische Tapas und „medizinische" Cocktails. Mittlere Preisklasse. [C4]

Beim „königlichen Metzger" Atalho Real gibt es vor allem Fleisch

Atalho Real, Calçada do Patriarcal 40, Príncipe Real, Tel. 21 3460311, www.grupoatalho.pt, tgl. 12–24 Uhr. Die Spezialität des Hauses ist Fleisch. Im schönen, verwunschenen Garten des Palastes Ribeiro da Cunha (Embaixada, S. 104) sitzt man wunderbar im Grünen. Ideal auch für Kinder. Ein Ableger des Restaurants ist unter dem Namen Atalho do Mercado in der Markthalle in Campo de Ourique (S. 156) zu finden. Mittlere Preisklasse. [C3]

Cantina da Estrela, Rua Saraiva de Carvalho 35, Estrela, Tel. 21 1900100, www.hoteldaestrela.com, Di–Sa 12.30–15 und 19.30–22.30 Uhr. Die Dekoration ist vom ehemaligen Verwendungszweck des Gebäudes inspiriert, früher war hier eine Schule untergebracht. Das Besondere: Hier entscheidet der Kunde, wie viel er zahlen möchte. Jedes Gericht ist mit einem Minimal- bzw. Maximal-Preis ausgewiesen. Im Sommer gibt es das Restaurante na Relva („Restaurant auf der Wiese") – ein Picknick im Garten. Mittlere Preisklasse. [B3]

Vegetarische Restaurants:

Für Vegetarier und diejenigen, die mal eine Abwechslung von der fisch- und fleischlastigen portugiesischen Küche suchen.

Jardim do Sentidos, Rua Mãe d'Água 3, Príncipe Real, Tel. 21 3423670, www.jardimdosentidos.com, Mo–Sa 12–15 und 19–22.30 Uhr, Sa nur abends. Der „Garten der Sinne" zählt zu den besten vegetarischen Restaurants der Stadt. Der Hit ist die Terrasse mit dem sehr schönen Garten. Zusätzlich können sich die Gäste noch mit einer Massage verwöhnen lassen. Mittlere Preisklasse. [C3]

Terra, Rua da Palmeira 15, Príncipe Real, Tel. 21 3421407, www.restauranteterra.pt, Di–So 12.30–15.30 und 19.30–24 Uhr. Vegetarisches Restaurant mit einem wunderschönen Innenhof. Die meisten Zutaten stammen aus kontrolliertem biologischem Anbau. Mittlere Preisklasse. [C3]

Jardim das Cerejas, Calçada do Sacramento 36, Chiado, Tel. 21 3469308, tgl. 12–15.30 und 19–23 Uhr. Sympathisches Restaurant, vegetarisches Büfett, mittags günstiger. Zu empfehlen sind auch die frisch gepressten Obstsäfte. Günstig. [D4]

The Food Temple, Beco do Jasmin 18, Mouraria, Tel. 21 8874397, Mi–So 19.30–24 Uhr. Kleines Restaurant mit vegetarischen und veganen Gerichten, im Sommer sitzt man gemütlich draußen. Günstig. [D3]

84 Sterne-Köche & Co.

Edle Restaurants für kleines Geld ausprobieren

Seit 2009 findet im Frühjahr bzw. Herbst die **Lisboa RestaurantWeek** statt. Dann bietet sich die Gelegenheit, die Küche hochpreisiger Restaurants für relativ wenig Geld auszuprobieren. 2016 machten über 30 Restaurants mit. Das Prinzip ist immer gleich: Ein Menü kostet 20 €, wovon 1 € als Spende an eine gemeinnützige Organisation geht. Die Getränke kosten extra. Diese Aktion, die mittlerweile in ganz Portugal stattfindet, ist sehr beliebt, deshalb ist eine frühzeitige Reservierung unbedingt empfohlen. Informationen und Reservierungen über den offiziellen Partner unter www.thefork.pt.

Jedes Jahr, wenn die Michelin-Sterne vergeben werden, fiebern auch einige von Lissabons Star-Köchen mit. 2016 wurden drei Restaurants der Stadt mit dem französischen Gourmet-Siegel ausgezeichnet. Doch es gibt auch andere interessante Restaurants, in denen junge talentierte Küchenchefs ihr Können und ihre Kreativität zeigen. Wer sich etwas Besonderes gönnen möchte, findet hier eine Zusammenstellung ausgewählter Restaurants. In allen sollte man dringend vorher reservieren.

Belcanto, Largo de São Carlos 10, Chiado, Tel. 21 3420607, www.joseavillez.pt, Di–Sa 12.30–15 und 19–23 Uhr. Seit Januar 2012 kocht hier der hoch dekorierte José Avillez, der 2016 einen zweiten Michelin-Stern ergattern konnte. Kleines, gemütliches Restaurant gegenüber dem Nationaltheater São Carlos (S. 134). Moderne portugiesische Küche mit internationalen Einflüssen, viele Fischgerichte. Einige Leckereien aus der Molekular-Küche. Kleinigkeiten des Starkochs kann man probieren im eine Straße weiter gelegenen Cantinho do Avillez, Rua dos Duques de Bragança 7, oder am Mercado da Ribeira (S. 156). Menü ab 125 €, Weinmenü ab 45 €. [D4]

Hinter dieser schlichten Fassade kocht Lissabons derzeit einziger Zwei-Sterne-Koch

A Feitoria, Doca do Bom Sucesso, Belém, Tel. 21 0400208, www.restaurantefeitoria.com, Mo–Sa 19.30–23 Uhr. Eine von drei Restaurationen im 5-Sterne-Hotel der Altis-Gruppe. Seit 2011 ist das Restaurant mit einem Michelin-Stern ausgezeichnet. Chefkoch João Rodrigues lässt sich von den Entdeckungsfahrten inspirieren, seine Kreationen mischen moderne portugiesische Küche mit asiatischen Einflüssen. Menü ab 85 €. [Karte Belém]

Alma, Rua Anchieta 15, Chiado, Tel. 21 3470650, www.almalisboa.pt, Di–Sa 12–15 und 19–23.30 Uhr. Der Fernsehkoch Henrique Sá Pessoa hat seinem Restaurant im Chiado den Namen „Seele" gegeben. Bekannt ist er für seine innovative portugiesische Küche. Das Restaurant ist modern eingerichtet, aber dennoch gemütlich. 3-Gänge-Menü ab 70 €. [D4]

Loco, Rua dos Navegantes 53, Estrela, Tel. 21 3961851, www.loco.pt, Di–Sa 19–23 Uhr. Kleines Restaurant mit offener Küche. Alexandre Silva lässt sich von der traditionellen portugiesischen Küche inspirieren und schwört auf frische Zutaten der Saison. Auf der Speisekarte stehen lediglich zwei Degustationsmenü zur Auswahl, diese wechseln alle zwei Wochen. Menü ab 70 €. [B3]

100 Maneiras, Rua do Teixeira 35, Bairro Alto, Tel. 91 0307575, www.restaurante100maneiras.com, tgl. 19.30–2 Uhr. Für die portugiesisch-internationale Autorenküche zeichnet Starkoch Ljubomir Stanisic verantwortlich. Es gibt kein Essen à la carte, sondern ein Degustationsmenü für 60 €. Die Gerichte sind in besonders ansprechender Weise angerichtet, oft mit Bezug zu Lissabon. Schlichte, aber einladende Holz-Vertäfelung in Weiß, sehr angesagt, einen Bistro-Ableger gibt es am Largo da Trindade. [C3]

Restaurante do Clube de Jornalistas, Rua das Trinas 129, Madragoa, Tel. 21 3977138, restauranteclubedejornalistas.com, Mo–Sa 12.30–15 und 19.30–23 Uhr. Das Restaurant ist in einem charmanten Gebäude aus dem 18. Jh. untergebracht, gleich neben dem Journalistenverband. Neben einigen Speiseräumen gibt es einen wunderschönen Innenhof. Seit 2010 kocht hier Ivan Fernandes, der seine brasilianischen Wurzeln mit der portugiesischen Küche und anderen internationalen Einflüssen verbindet. Hauptgerichte ab 15 €. [B4]

Sterne-Restaurant mit Aussicht: A Feitoria in Belém

85 Küchen der portugiesischsprachigen Welt

Das kulturelle Erbe Portugals als ehemalige Kolonialmacht spiegelt sich auch in der Küche wider. So gibt es in Lissabon Restaurants mit mosambikanischer, angolanischer und kapverdischer Küche, auch Brasilien und Goa sind vertreten.

Grundlage in der afrikanischen und auch brasilianischen Küche sind neben Fisch und Fleisch vor allem Kochbananen (*banana pão*), Maniok (*mandioca*), Süßkartoffeln (*batata doce*), Okra (*quiabo*), Palmöl (*oleo de palma*) und Chili (*piri-piri*).

Das angolanische Nationalgericht ist **Muamba**, ein Hühncheneintopf mit Okraschoten, Zwiebeln, Kürbis und Palmöl. Die Spezialität aus den Kapverden nennt sich **Cachupa** und ist ein schmackhafter Eintopf auf der Basis von Mais und Bohnen, angereichert mit Fleisch und/oder Fisch und verschiedenen Gemüsesorten wie z. B. Kochbananen, Süßkartoffeln, Kohl und Möhren. Das **Piri-Piri-Huhn** ist eine mosambikanische Spezialität. Dazu wird das Huhn in einer Soße aus Chili und Palmöl mariniert und dann gegrillt. Eine weitere Spezialität ist **Matapa**, eine dickflüssige Soße aus gemahlenen Erdnüssen und Maniokblättern, gegessen als Beilage oder vegetarisches Hauptgericht. Ebenso als Beilage wird **Funje** gereicht, ein Brei aus Mais- oder Manjokmehl. Da es in Mosambik viele Einwanderer aus Goa gibt, mischen sich die beiden Küchen. Aus Goa stammen die meist als Vorspeise angebotenen **Chamuças**, dreieckige frittierte Teigtaschen mit Hühnchen- oder Hackfleischfüllung, manchmal gibt es sie auch als vegetarische Variante. Als Hauptgericht wird gerne **Chacuti** gegessen. Dafür werden Huhn (*frango*) oder Zicklein (*cabrito*) in einer leicht scharfen, dickflüssigen Kokos-Soße, die mit über 30 Gewürzen angereichert wird, gekocht und mit Reis serviert. Auf der brasilianischen Speisekarte stehen als typische Gerichte **Feijoada** (Bohneneintopf mit Fleisch) und **Pincanha** (gegrillter Tafelspitz mit schwarzen Bohnen und Maniokmehl). In allen Restaurants stehen auch Fisch und Meeresfrüchte in landestypischer Zubereitung auf der Speisekarte.

Das Cantinho do Aziz in der Mouraria ist eines der ältesten afrikanischen Restaurants der Stadt

Hier kann man die Küchen der portugiesischsprachigen Welt ausprobieren:

Ibo Restaurante, Cais do Sodré 2, Cais do Sodré, Tel. 21 3423611, Di–So 12.30–15.30 und 19.30–23, Fr/Sa bis 1 Uhr, So nur Mittagstisch. Schöne Aussicht auf den Tejo, angenehme Terrasse. Gehobene mosambikanische Küche, netter Service. Im gleichen Haus, jedoch ohne Aussicht, befindet sich das auf Meeresfrüchte spezialisierte Ibo-Marisqueira. Gehobene Preisklasse. [C4]

Casa da Morna e Semba, Rua Cozinha Económica 11, Alcântara, Tel. 21 3621169, Fr–Sa 19.30–4 Uhr. Hier gibt es Küche von den Kapverden mit Live-Musik. Mittlere Preisklasse. [A4]

Brasuca, Rua João Pereira da Rosa 7, Bairro Alto, Tel. 21 3220740, Di–So 12–15 und 19–23, Mo 12–15 Uhr. Traditionelles brasilianisches Restaurant, gemütliche Inneneinrichtung. Netter, manchmal etwas langsamer Service. Mittlere Preisklasse. [C3]

Picanha, Rua das Janelas Verdes 96, Santos, Tel. 30 8804001, Di–So 12.30–15.30 und 20–23 Uhr, So nur mittags. Brasilianisches Restaurant, einfach eingerichtet und mit blau-weißen Azulejos aus dem 18. Jh. dekoriert. Für rund 16 € kann man so viel Picanha essen wie man möchte. Alternativ gibt es jeweils ein Fisch- und ein vegetarisches Gericht. [B4]

Arco do Castelo, Rua do Chão da Feira 25, Castelo, Tel. 21 8876598, Mo–Sa 12–24 Uhr. Gleich vor dem Tor zum Kastell befindet sich dieses kleine Restaurant. Hier bietet sich eine gute Möglichkeit, die „echte" Küche aus der Ex-Kolonie Goa zu testen. Günstige bis mittlere Preisklasse. [D4]

Cantinho do Aziz, Rua de São Lourenço 5, Mouraria, Tel. 21 8876472, tgl. 12–15 und 19–23 Uhr. Kleines Restaurant mit Außengastronomie. Leckere mosambikanisch-angolanische Küche. Günstig. [D3]

Estrela Morena, Rua da Imprensa Nacional 64 B, Príncipe Real, Tel. 21 8085445, Mo–Fr 12.30–15 und 19–22.30, Sa 19–24 Uhr. Kleines Restaurant, sehr einfache Einrichtung, gute kapverdische Küche. Familienbetrieb. Günstig. [C3]

Tentações de Goa, Rua de São Pedro Mártir 23, Mouraria, Tel. 21 8875824, Mo 19–24, Di–Sa 12–16 und 19–24 Uhr. Kleines Restaurant mit farbenfroher Einrichtung. Gute Goa-Küche. Günstig. [D3]

Chamuças – frittierte Blätterteigtaschen

86 Ginjinha – Lissabons traditioneller Kirschlikör und andere „gute Geister“

Lissabons beliebter Kirschlikör Ginjinha hat Tradition. Bereits 1840 eröffnete der Galizier Francisco Espinheira am Largo São Domingos sein **winziges Geschäft**, in dem seither einzig und allein der süße Kirschlikör verkauft wird. Die bunten Werbeplakate stammen noch aus der Gründungszeit und versprechen bei regelmäßigem Genuss Schönheit, Erfolg und Gesundheit. Das Rezept stammte aus einem nahegelegenen Kloster: Sauerkirschen (*ginjas*) werden mit Weinbrand, Zucker, Zimt und Wasser angesetzt.

Einige Jahre später eröffnete die Ginjinha sem Rival. Der Legende nach sollte ihr Gründer João Cima, ein ehemaliger Angestellter von Espinheira, dessen Tochter heiraten. Das Angebot lehnte Cima jedoch ab und die beiden gingen im Streit auseinander. Cima eröffnete nur wenige Meter weiter seinen eigenen Laden und nannte ihn, quasi als Friedensangebot, „Ginjinha ohne Rivale“.

Bestellt man das typische Lissabonner Getränk, wird man gefragt: *„com ou sem elas“* („mit oder ohne Kirschen“). Leckerer und lustiger ist die Variante „mit“. Manche spucken die Kerne dann einfach auf den Boden, andere machen **Kirschkernweitspucken**, indem sie versuchen, die Kerne ins Glas zurück zu befördern, das sie mit ausgestrecktem Arm vor sich halten. Das süße Likörchen hat es mit 23 % Alkohol in sich.

Die älteste Ginjinha-Verkaufsstelle am Largo São Domingos

Mittlerweile gibt es in Lissabon auch viele andere Marken und Verkaufsstellen. Auf einem Rundkurs kann man testen, welche Ginjinha tatsächlich die beste ist. Auch in vielen Restaurants und Cafés kann man den Kirschlikör bestellen.

Ginjinha do Largo de S. Domingos, Largo São Domingos 8, Baixa, tgl. 9–22 Uhr. Erste Verkaufsstelle für Ginjinha. Auf dem Platz São Domingos (S. 52) trifft sich die afrikanische Community Lissabons: Schuhputzer warten auf Kundschaft und vor dem winzigen Laden steht zu fast jeder Tageszeit eine bunte Mischung aus Geschäftsleuten, Bauarbeitern und Touristen. [D3]

Ginjinha Sem Rival, Rua Portas de Santo Antão 7, Avenida da Liberdade, Mo–Fr 8–24, Sa/So 9–24 Uhr. Kleiner Laden, in dem neben dem typischen Kirschlikör auch Eduardinho, ein Kräuterlikör nach Hausrezept, verkauft wird. Als alkoholfreie Variante gibt es Capile (Kräuterlimonade) und Groselha (Johannisbeerlimonade). [D3]

Hochprozentiges

Wer nach einem deftigen Abendessen Lust auf einen „Magenaufräumer" verspürt, dem steht eine große Auswahl an **Digestifs** und anderem Hochprozentigem zur Verfügung. Macieira, Constantino und Aliança Velha sind günstige, bodenständige Weinbrände (*aguadente*). Für den gehobeneren Geschmack stehen CRF und Antiqua in verschiedenen Altersklassen zur Verfügung. In einfachen Tascas kann man auch nach Trester (*bagaço/bagaceira*) fragen. Manchmal holt der Wirt dann unter der Theke einen **Selbstgebrannten** hervor. Das ist jedoch nichts für schwache Gemüter – sehr hochprozentig, mal besser und mal schlechter, ist *bagaço* aber auf jeden Fall ein Experiment wert. Gerade in einfacheren Restaurants und Bars ist beim Hochprozentigen die übliche Menge pro Glas mindestens doppelt so groß wie in Deutschland. Und je besser es der Kellner mit dem Gast meint, desto höher der Stand über dem Eichstrich.

Ginjinha Rubi, Rua de Barros Queirós 29, Baixa, tgl. 7–23 Uhr. 1931 eröffnet. Drei schöne Kachelbilder, auf denen die Ginjinha-Produktion zu sehen ist, zieren die Wände. Auch hier gibt es als alkoholfreie Varianten Capile und Groselha. [D3]
Ginjinha do Carmo, Calçada do Carmo 37, Chiado, So–Mi 12–24, Do bis 1, Fr/Sa bis 2 Uhr. Neuzugang in der Sparte Traditionslikör. Moderne Einrichtung und meist sehr junges Publikum. Auf Wunsch wird die Ginjinha auch in einem Becher aus Schokolade zum Mitessen serviert. [D3]
Ginjinha da Alfama, Rua de São Pedro 12, Alfama, Mi–Mo 10–24 Uhr. Winziger Laden mit ein paar Stühlen vor der Türe. Hier können neben Ginjinha auch viele andere Liköre sowie Hochprozentiges probiert werden. Ebenso gibt es kleine Snacks. [E4]

Kirschlikör-Verkauf in der Alfama

87 Wein, Portwein und Moscatel – edle Tropfen aus Trauben

Portugal ist ein ausgesprochenes **Weinland**. Und so verwundert es nicht, dass es absolut üblich ist, das erste Gläschen schon zum Mittagessen zu nehmen. Hier fährt man mit dem Hauswein (*vinho da casa*) meist gut und günstig. Diesen kann man als Glas (*copo*) oder Krug (*jarro*) bestellen. Bei der Auswahl der teureren Weine à la carte liegt man mit den Regionen Dão, Douro oder Alentejo fast immer richtig. Als portugiesische Eigenart gibt es neben Rot-, Rosé- und Weißwein (*vinho tinto/rosé/branco*) noch den „grünen Wein" (*vinho verde*). Dieser junge Wein wird, gut gekühlt, meist als Flasche serviert. Aufgrund seiner natürlichen Restkohlensäure prickelt er leicht und ist spritzig.

Wein und Portwein zum Probieren

In Sachen Portugal und Wein kommt man zwangsläufig auf das Thema **Portwein** zu sprechen. Doch dieser schwere und süße Dessertwein ist keineswegs eine portugiesische Erfindung, sondern stammt von englischen Kaufleuten, die sich Mitte des 17. Jh. in der Region um Porto niederließen. Bald stiegen sowohl Nachfrage als auch Produktionsmenge und die Qualität verschlechterte sich mehr und mehr. Unter Premierminister Pombal wurde deshalb zur **Qualitätskontrolle** die sogenannte *Companhia* gegründet wurde. Damit wurde Port zum ersten Wein der Welt mit Herkunftsbezeichnung und regionalem Qualitätssiegel. Was den Port zum Portwein macht ist die sogenannte **Vinierung**. Grundlage ist ein süßer Rotwein, dem englische Kaufleute Weinbrand beimischten, um ihn für den Transport haltbarer zu machen. Dadurch wird die Gärung gestoppt und damit der spätere Zuckergehalt des fertigen Produkts festgelegt. Der Alkoholgehalt des so erzeugten Portweins muss zwischen 19 und 21 % liegen. Unterschieden wird nach Farbe, Qualität und Lagerungsart. Weiße Portweine werden einfach nach ihrem Süßegrad von sehr süß (*lágrima*) über trocken (*dry*) bis extra trocken (*extra dry*) eingeteilt. Sie sind vor allem im Sommer ein Genuss, wenn sie eisgekühlt als Aperitif serviert werden.

Weinproben haben in Lissabon Tradition

Eine gute Alternative zum süßen Port ist der Dessertwein **Moscatel**. Man trinkt ihn meist gut gekühlt, an heißen Tagen auch „on the rocks". Erhältlich ist er in vielen Cafés, Pastelarias und Restaurants.

Kaufen kann man die edlen Tropfen zum Beispiel in der Garrafeira Nacional (Rua de Santa Justa 18 [D4]) sowie im Napoleão Wine Shop (Rua dos Fanqueiros 32 [D4]) in der Baixa.

In sogenannten **Enotecas** kann man Wein und Port probieren. Auf der Speisekarte stehen auch kleine Speisen und Snacks. Die Weine sind als ganze Flasche, meist aber auch glasweise erhältlich.

Enoteca – Chafariz do Vinho, Rua da Mãe d´Água à Praça da Alegria, Avenida da Liberdade, Tel. 21 3422079, www.chafarizdovinho.com, Di–So 18–1 Uhr. Reservierung empfohlen. Weinrestaurant mit schöner Atmosphäre in historischem Gemäuer. Der „Chafariz" ist ein ehemaliger Bestandteil des Aquädukts. Mittlere Preisklasse. [C3]

By the Wine, Rua das Flores 41–43, Cais do Sodré, Tel. 21 3420319, tgl. 12–24, Mo ab 18 Uhr. Moderne Weinbar des Winzers José Maria da Fonseca. Das Deckengewölbe ist mit Flaschen dekoriert. Mittlere Preisklasse. [C4]

Enoteca de Belém, Travessa Marta Pinto 10, Belém, Tel. 21 3631511, tgl. 13–22.30 Uhr. Hier kann man mehr als 190 verschiedene Regional-Weine aus Portugal probieren. Mittlere Preisklasse. [Karte Belém]

Solar do Vinho do Porto, Rua de São Pedro de Alcântara 45, Bairro Alto, Tel. 21 3475707/8, Mo–Sa 11–24, Sa erst ab 14 Uhr. Das Portweininstitut ist die Lissabonner Vertretung der Weine aus der Douro-Region. Hier kann man verschiedenste Portweine und Jahrgänge testen. Günstige bis mittlere Preisklasse. [C3]

Tábuas Porto Wine Tavern, Rua dos Bacalhoeiros 143, Baixa, Tel. 21 1332917, tgl. 10–23 Uhr. Rustikal eingerichtete Portwein-Bar, nettes Ambiente. Günstig. [D4]

Vini Portugal, Terreiro do Paço, Baixa, Tel. 21 3420690, www.viniportugal.pt, Mo–Sa 11–19 Uhr. In modernem Ambiente können hier direkt am Praça do Comércio (S. 14) Weine aus ganz Portugal probiert werden. Die edlen Tropfen holt man sich selbst am Automaten. [D4]

Kleine Portwein-Kunde:

Ruby – jung, rubinrote Farbe, ohne Jahrgangsangabe
Tawny – mindestens drei Jahre gereift, ohne Jahrgangsangabe
Aged Tawny – mit Jahrgangsangabe: 10 years old, 20 years old etc.
Colheita – genau sieben Jahre Fassreifung
LBV (*Late Bottled Vintage*) – Jahrgangswein, vier bis sechs Jahre Lagerung im Eichenfass
Vintage – Königsklasse der besten Jahrgangsweine, nach zwei bis drei Jahren im Fass wird er in Flaschen abgefüllt und kann jahrelang reifen

88 Kaffee und Cafés

Portugal hat seine ganz eigene Kaffeekultur und ein guter Kaffee wird zu jeder Tages- und Nachtzeit genossen. Es gibt unzählige Kaffeemarken, die alle ihren eigenen Geschmack besitzen. In Lissabon wird Espresso übrigens „*bica*" genannt. Eine Theorie zur Entstehung des Begriffs besagt, dass dieser im Café A Brasileira geprägt wurde. Demnach wollte das schwarze Heißgetränk den Lissabonnern anfangs aufgrund seines bitteren Geschmacks nicht so recht munden. Geschäftstüchtig wurde ein Schild mit der Aufschrift **Beba Isso Com Azúcar** („Bitte mit Zucker trinken") aufgestellt. Der wohl aus den Anfangsbuchstaben dieser Aufschrift gebildete Name **BICA** sowie der köstliche Geschmack des nun süßen Kaffees sind bis heute nicht mehr aus dem Alltagsleben Lissabons wegzudenken.

Hier eine Auswahl besonders schöner Cafés:

A Brasileira, Rua Garrett 120–122, Chiado, Tel. 21 3469541, tgl. 8–2 Uhr. Das Brasileira wurde 1905 als erste Verkaufsstelle für brasilianischen Kaffee eröffnet, daher der Name die „Brasilianerin". Später wurde der Laden zum Kaffeehaus umgewandelt und avancierte zum Künstlertreff sowie zum Ausstellungsraum für zeitgenössische Kunst. Berühmtester Stammgast war der Dichter Fernando Pessoa (S. 130). [D4]

Café Nicola, Praça Dom Pedro IV 24–25, Rossio, Baixa, tgl. 8–24 Uhr. Dieses Traditionscafé mit wunderschöner Jugendstil-Fassade war immer schon Treffpunkt der intellektuellen Szene. Der Dichter Bocage (1765–1805), der auf der Fassade zu sehen ist, Fernando Pessoa sowie Gegner der Salazar-Regierung trafen sich hier. Heute zieht es Touristen und Einheimische gleichermaßen an, denn von der Terrasse lässt sich hervorragend das bunte Treiben der Stadt beobachten. [D3]

Pastelaria Suiça, Praça Dom Pedro IV 96–104, Rossio, Baixa, www.casasuica.pt, tgl. 7–21 Uhr. Die Pastelaria Suiça entstand 1922 und ist eines der berühmtesten Cafés Lissabons. Das liegt nicht nur an der riesigen Auswahl an sehr leckeren Kuchen und Teilchen, sondern auch an den Terrassen vor den Türen: Die eine bietet einen tollen Blick auf den Rossio, die andere, auf der Rückseite gelegene, ist etwas ruhiger und mit Blick auf das Kastell. [D3]

Confeitaria Nacional, Praça da Figueira 18 B, Baixa, tgl. 8–20 Uhr. Eine der traditionsreichsten Konditoreien der Stadt. Die heutige Einrichtung stammt von 1865, als die Konditorei um den Teesalon im 2. Stock erweitert wurde. Ältere portugiesische Damen treffen sich hier zu Kaffee und Kuchen. [D3]

Meia de leite: Milchkaffee auf Portugiesisch

Das traditionsreiche Café Nicola am Rossio in der Baixa

Café Versailles, Av. da República 15A, Avenidas Novas, Tel. 21 3546340, So–Fr 7.30–23.45 Uhr. Tolle Stuckdecke, Spiegel und Leuchter. In den Vitrinen des langen Tresens sind sehr viele Köstlichkeiten aus eigener Produktion ausgestellt. Das Publikum ist eine Mischung aus Jung und Alt. [C1]

Pois Café, Rua São João da Praça 10, Alfama, www.poiscafe.com, tgl. 10–23, Di erst ab 12 Uhr. Ein Sammelsurium von Sesseln, Tischen und Lampen aus zweiter Hand sowie eine Reisebibliothek sorgen für Gemütlichkeit. Große Auswahl an Snacks und Kuchen, tgl. wechselnde Gerichte. [E4]

Fábrica Coffee Roasters, Rua das Portas de Santo Antão 136, Avenida da Liberdade, Tel. 21 1399261, tgl. 9–21 Uhr. Hier können verschiedene Kaffeesorten probiert werden. Der Kaffee wird aus Brasilien, Äthiopien und Kolumbien importiert, unterschiedlich gemischt und vor Ort geröstet und gemahlen. [D3]

Kleines Kaffeelexikon:

Bica – Espresso
Bica cheia – „langer" Espresso, mit mehr Wasser
Bica curta – „kurzer" Espresso, mit weniger Wasser
Bica dupla – doppelter Espresso
Garoto/pingado – Espresso mit einem Schuss Milch
Café com cheirinho – Espresso „mit Düftchen" (Weinbrand)
Café com gelo – Espresso mit Eiswürfel, für heiße Tage
Americano/abatanado – Tasse schwarzer Kaffee
Galão – Kaffee mit viel Milchschaum im Glas serviert
Meia de leite – Milchkaffee
Descafeinado – koffeinfreier Kaffee

Kaffee kaufen

Pérola do Rossio, Praça Dom Pedro IV 105, Rossio, Baixa. Traditionsreicher Laden mit großer Auswahl an Kaffeesorten. Auch verschiedene Tees, Spirituosen und Espresso-Tassen. [D3]

Casa Perreira da Conceição, Rua Augusta 102, Baixa. Große Auswahl an Kaffee, Tee und Spirituosen. Die Kaffeebohnen werden hier vor dem Verkauf frisch gemahlen und die Verpackungen sind wunderschön mit antiken Mustern designt. [D4]

89 Quiosques – Treffpunkte für jedermann

Wiederbelebte Tradition: Kiosk-Cafés

Ende des 19. Jh. eröffneten nach französischem Vorbild die ersten Kioske in Lissabon. Hier wurden Zeitungen, Zigaretten und Lottoscheine sowie Getränke und kleine Snacks verkauft. Zentral gelegen – am Flussufer, an Plätzen oder an der Avenida da Liberdade – wurden die Kioske schnell zum Treffpunkt für Arm und Reich, Jung und Alt: für den ersten morgendlichen Kaffee, ein erfrischendes Getränk nach der Arbeit oder ein letztes Glas spät nachts.

Irgendwann kam die Mini-Institution etwas aus der Mode und verschwand in vielen Vierteln aus dem Straßenbild. In den 1980er-Jahren wurde die fast verloren gegangene Tradition der Kioske jedoch wiederbelebt. Die Stadtverwaltung restaurierte noch existierende Kioske, neue kamen dazu. Und so gibt es heute im Lissabonner Stadtgebiet über 70 dieser mittlerweile wieder beliebten Treffpunkte. Viele der neuen Kioske haben eine Terrasse, oft mit wunderschöner Aussicht über den Fluss oder die Stadt, andere bestechen durch ihre Lage im Grünen. Das Wort „Kiosk" kommt übrigens aus dem Türkischen und bedeutet soviel wie „Ecke" oder „Winkel". Und tatsächlich sind die meisten Kioske von der Grundform her achteckig. Erstaunlich ist, wie viele Getränke und kleine Snacks auf oft wenig mehr als einem Quadratmeter zubereitet werden können. Das portugiesische Wort *quiosque* mag für uns etwas seltsam aussehen, es spricht sich aber „Kioske", also fast wie im Deutschen.

Viele der heutigen Kioske servieren wieder **traditionelle Getränke** – hier eine kleine Übersetzungshilfe:

Limonada – hausgemachte Limonade, frischer Zitronensaft mit Wasser und Eis

Refresco – Erfrischungsgetränk aus Fruchtsirup, Wasser und Eis

Capilé – Kräutersirup auf der Basis von Frauenhaarfarn, dazu Wasser und Eis

Orchata – Getränk aus Mandelmilch, Zucker, Wasser und Eis

Leite perfumado – „parfümierte Milch", Milch mit Zimt, Zitrone und Zucker, aufgekocht und kalt serviert

Mazagran – Espresso, Zucker, Zitrone, Wasser und Eis

Für den kleinen **Hunger** gibt es neben süßen Leckereien meist auch:

Tosta mista – getoastetes Brot mit Schinken und Käse

Tosta de queijo/fiambre – getoastetes Brot mit Käse oder Schinken

Baguette/Sandwich – belegtes Baguette oder Sandwich. Letzteres entspricht in etwa dem deutschen belegten Brötchen.

Hier eine Auswahl von besonders schönen Kiosken:

Quiosque da Ribeira das Naus, Av. Ribeira das Naus 5, tgl. 10–24 Uhr, Happy Hour 19–24 Uhr. Der Kiosk mit der wohl schönsten Aussicht aufs Wasser, direkt am Tejo-Ufer, zwischen Praça do Comércio und Cais do Sodré (S. 36). Abends oft Live-Musik. [D4]

Quiosque Banana Café, Praça do Município, tgl. 10–2 Uhr. Kiosk auf dem Vorplatz des Rathauses (S. 62). Am Nachmittag liegt der Platz im Schatten, hier kann man sich dann etwas vom Trubel der Baixa erholen. Frisch gepresste Säfte und Salate. Zwei Filialen befinden sich auf der Av. Liberdade, eine weitere in Belém. [D4]

Refrescos do Camões, Largo Camões, www.quiosquederefresco.pt, tgl. 7.30–1 Uhr. Kiosk am Camões-Platz (S. 132) mit Blick auf die Statue des portugiesischen Nationaldichters und das rege Treiben des Chiado-Viertels. Hier gibt es besonders viele der traditionellen Erfrischungsgetränke nach altem Rezept. Eine weitere Filiale befindet sich auf dem Praça do Príncipe Real (S. 104). [C4]

Quiosque Português Café, Jardim São Pedro de Alcântara, tgl. 10–23, Do–Sa bis 2 Uhr. Direkt am Miradouro de São Pedro de Alcântara (S. 96). Neben Kaffee, Bier und Softdrinks auch kleine Snacks. Schöner Blick über die Stadt. [C3]

Quiosque do Adamastor, Rua de Santa Catarina, tgl. 10–2 Uhr. Netter Kiosk am Miradouro de Santa Catarina (S. 96) mit schöner Sicht über die Dächer auf den Fluss und die Tejo-Brücke. Am Wochenende treffen sich hier die Nachtschwärmer, um sich auf einen Abend im Bairro Alto vorzubereiten. Oft Live-Musik, leckerer *tosta mista*. [C4]

Quiosque das Amoreiras, Jardim das Amoreiras, Mo–Do 9–20 und Fr–So 10–21 Uhr. Kiosk im Amoreiras Park, in der Nähe des Wasserspeichers Mãe d´Água (S. 172). Etwas abseits touristischer Routen kann man hier schön im Grünen ausspannen. [B2–3]

Küche, Lager und Ausschank auf gut einem Quadratmeter

90 Nachtleben I – ganz klassisch im Bairro Alto

Fragt man junge Portugiesen, bekommt man mit einem vielsagenden Lächeln zu hören: „Wenn man will, kann man Freitagabend das Haus verlassen und erst Montagmorgen wieder zurück sein." Und tatsächlich: Die Lissabonner Nächte sind lang. Bei gutem Wetter spielen sie sich hauptsächlich auf den Straßen ab. Üblicherweise wechselt man nach einem Restaurant-Besuch in oder vor die nächste Bar und vertreibt sich mit einem Drink und guter Unterhaltung die Zeit, bis gegen 2 Uhr die Tanzflächen der Diskotheken und Clubs gefüllt sind. Sonntags und montags sind viele Bars und Kneipen geschlossen. Ab Mittwoch füllen sich dann die Straßen gegen 23 Uhr. Die Wege sind kurz, denn das Nachtleben konzentriert sich in Lissabon auf einige wenige Stadtteile.

Tanztempel – drei der großen Diskotheken:

Lux – Frágil, Av. Infante D. Henrique, Armázem A, Alfama, www.luxfragil.com, Do–Sa 22–6 Uhr, im Sommer auch Di/Mi. Das Lux ist eine Institution in Sachen elektronischer Musik. Im ersten Stock, über der Diskothek, befindet sich die Bar und darüber eine riesige Terrasse mit toller Sicht über den Tejo. [E3]

K Urban Beach, Rua da Cintura do Porto, Santos, www.grupo-k.pt, Mi–Sa 20–4 Uhr, im Sommer auch Di/So. Am frühen Abend auch Restaurant, dann Diskothek. Der Beachclub der Stadt. Junges Publikum. [B–C4]

B. Leza, Cais do Gás/Rua Cintura do Porto de Lisboa, Armazém B, Cais do Sodré, Mi–So 22.30–4 Uhr. Schon lange DIE Adresse für afrikanische Musik, seit 2012 an neuem Ort in einer umgebauten Lagerhalle. [C4]

Ein Dauerbrenner ist das **Bairro Alto**: Einige der Locations hier gibt es schon seit den 1980ern, andere verschwinden jeweils nach ein bis zwei Jahren wieder. Das musikalische Angebot ist abwechslungsreich: von Jazz, über Rock und Pop bis hin zu Techno und House. Es ist üblich, die Straßen entlang zu schlendern und überall da einen Stopp einzulegen, wo einem die Musik oder das Publikum zusagen. Manchmal – v. a. am Wochenende ab Mitternacht – ist es so voll, dass es an einigen Stellen kaum ein Durch-

Ein Samstagabend im Bairro Alto

Kuriose Sammlungen im Pavilhão Chinês

kommen gibt. Das Preisniveau ist sehr unterschiedlich. Das Publikum ist eher jung, vor allem zu vorgerückter Stunde findet man eine bunte Mischung aus Studenten, Schülern und Touristen vor. „Ältere" Nachtschwärmer ab 30 bevorzugen eher die Bars und Clubs, z. B. entlang der Bica. Da die beliebten Partymeilen trotz allem auch noch normale Wohnviertel sind, versuchte die Stadtverwaltung vor einigen Jahren, die Lärmbelästigung für die Anwohner dadurch abzumildern, dass die Sperrstunde auf 2 Uhr vorverlegt wurde. Am Wochenende schließen die meisten Bars und Clubs jetzt um 3 Uhr.

Info

Hinkommen: Metro Baixa/Chiado (blaue Linie); Elevador da Glória; Straßenbahn 28. [C3–4]

Ausgehen:

Die Auswahl an Bars und Clubs ist riesig. Hier ein paar Tipps:

Pavilhão Chinês, Rua Dom Pedro V 89, Mo–Sa 18–2, So 21–2 Uhr. Eine Institution. Die schlichte Fassade lässt nicht erahnen, welch wundersame Welt sich dahinter verbirgt. Dieses ehemalige asiatische Tee- und Gewürz-Geschäft besteht aus fünf Räumen und ist vollgestopft mit Antiquitäten und Tinnef aus aller Herren Länder. Der auffällige militärische Touch vieler Exponate rührt daher, dass ein Großteil der Dekoration aus einer privaten Militärsammlung stammt. Spezialität des Hauses sind Cocktails sowie ein weit gefächertes Teeangebot. Die Preise sind relativ hoch, aber in den Sesseln und Sofas kann man wunderbar lümmeln und die Deko bewundern. Sehr freundliche, livrierte Ober. [C3]

Mezcal, Travessa da Água da Flor 20. Winzige mexikanische Kneipe mit sehr großer Auswahl an Tequila und – wie der Name erahnen lässt – an Mezcal. [C3]

Páginas Tantas Bar, Rua Diário das Notícias 85. Jazz-Bar-Lounge mit angenehm ruhiger Atmosphäre. Netter Service, älteres Publikum. [C3–4]

Frágil, Rua da Atalaia 126. Das Frágil sei hier vor allem erwähnt, weil es die erste Diskothek war, die hier in den 1980er-Jahren eröffnete und für Furore sorgte. Auch heute noch wird hier ab dienstags getanzt. Gilt als „gay-friendly". [C3]

Bicaense, Rua da Bica 42. Eine der Bars direkt am Elevador da Bica (S 160). Jazz-Sessions, Afro-Blues sowie DJs eher elektronischer Ausrichtung. Angenehm unkomplizierte Atmosphäre. [C4]

91 Nachtleben II – neuer Schick im ehemaligen Rotlichtviertel

Seit ein paar Jahren mausert sich das ehemalige Rotlichtviertel rund um den **Cais do Sodré** zum neuen In-Viertel Lissabons. Vor allem auf der mittlerweile für den Verkehr gesperrten **Rua Nova do Carvalho** haben neben den alteingesessenen Diskotheken einige Bars eröffnet. Um zu zeigen, dass die Rotlicht-Zeiten endgültig vorbei sind, wurde der komplette Straßenabschnitt rosarot gestrichen. In Lissabon ist sie als „*Rua cor de rosa*", als „rosarote Straße", bekannt. Nichtsdestotrotz sind noch letzte Überbleibsel des Rotlichtviertels zu finden, was eine skurrile Mischung ergibt. Bis 22 Uhr gehört die

Je später der Abend, desto voller wird es auf der Rua Nova do Carvalho

„Haschisch?"

Wo viele und vor allem junge Touristen zu finden sind, wittern Drogendealer ein Geschäft. Spätestens bei Einbruch der Dunkelheit ziehen sie im Bairro Alto, am Cais do Sodré und rund um den Miradouro de Santa Catarina ihre Runden. Wie auch auf dem Praça do Comércio und in der Fußgängerzone wird man hier direkt angesprochen, meist mit einem dahin genuschelten *„haxixe*?" („Haschisch?"). Die Antwort darauf kann nur ein entschiedenes *„Não, obrigado!"* oder ein entsprechendes Kopfschütteln sein. Neben den bekannten Gründen, die eindeutig gegen den Drogenerwerb sprechen, gibt es auch noch einen ganz banalen: Hier wird nur Schrott angeboten. Es kursiert die Geschichte, dass die Polizei angeblich deshalb nichts gegen die Dealer unternimmt, weil die angebotene Ware nicht mal genug wirksame Substanzen enthält, um unter das Betäubungsmittelgesetz zu fallen.

Tabacaria: Kneipe in einem alten Tabakladen

Straße eher denjenigen, die sich auf einen Drink und portugiesische Tapas treffen. Später am Abend drängeln sich besonders am Wochenende die Nachtschwärmer vor den Lokalen.

Auch die angrenzenden Straßen und vor allem die **Rua de São Paulo** sind mit in den Sog der Erneuerung des Viertels gezogen worden und bieten heute ebenfalls zahlreiche Restaurants und Clubs. Dadurch ist der Weg zur nächsten Ausgehmeile im Stadtteil Santos nicht wirklich weit. Dort hat sich rund um die Rua das Janelas Verdes eine nächtliche Vergnügungsmeile entwickelt. Das Nachtleben in Santos kann aber eigentlich nur sehr jungen Lissabon-Besuchern empfohlen werden, ab 25 Jahren zählt man – einige wenige Bars und die angrenzenden Diskos ausgenommen – mit Sicherheit zum älteren Publikum.

Info

Hinkommen: Metro Cais do Sodré (grüne Linie); Straßenbahn 15, 25, 28. [C–D4]

Ausgehen auf der Rua Nova do Carvalho:

Pensão Amor, Haupteingang über Rua do Alecrim 19. Das ehemalige Stundenhotel wurde liebevoll umgestaltet, jeder Raum ist anders dekoriert, von rotem Plüsch mit Kronleuchter über Tigerfell-Deko bis zu Dessous-Laden und Bibliothek. Gelegentlich Konzerte und andere kulturelle Veranstaltungen. Nicht ganz günstig. [C4]

Sol e Pesca, s. S. 181. [C4]

Music Box, Rua Nova do Carvalho 24. Kleiner, alteingesessener Club mit Bühne und Natursteinbögen. DJs sorgen für Musik von Rock und Pop bis Dub, Live-Konzerte vor allem portugiesischer Bands. Gemischtes Publikum und entspannte Atmosphäre. [C–D4]

Jamaica, Rua Nova do Carvalho 6. Das Jamaica gibt es seit 1971 und es ist immer noch gut besucht. Die kleine Tanzfläche und die unprätentiöse Einrichtung erinnern eher an ein Jugendzentrum. Gespielt wird sehr tanzbare Musik aus den 1970er- bis 90er-Jahren. Es empfiehlt sich, vor 2 Uhr zu kommen, die Warteschlange ist dann noch kürzer. [D4]

Ausgehen auf der Rua de São Paulo:

A Tabacaria, Rua de São Paulo 75–77. Ehemaliger Tabakladen, die alte Einrichtung ist noch vorhanden. Winzig klein. Zu trinken gibt es neben Bier auch leckeren Gin und verschiedene Rum-Sorten. Gemischtes Publikum. [C4]

Tabernáculo by Hernâni, Rua de São Paulo 218. Netter Laden mit Second-Hand-Einrichtung. Neben Cocktails gibt es auch kleine Speisen. Am Wochenende oft Live-Musik, ein paar Tische vor der Türe. Gemischtes Publikum. [C4]

Ausflüge

92 Cacilhas, Almada und die Christus-Statue – Ausflug auf die andere Seite des Tejo

Die Städte Cacilhas und Almada am südlichen Flussufer bestehen auf den ersten Blick vor allem aus Bettenburgen, bezahlbarem Wohnraum für die Mittel- und Unterschicht, die täglich nach Lissabon zur Arbeit pendelt. Dennoch lohnt sich ein Abstecher: Mit der Christus-Statue steht hier seit 1959 eines der Wahrzeichen Lissabons, auch wenn es genau genommen nicht zu Lissabon gehört.

Weithin sichtbares Zeichen der Schiffsbauvergangenheit ist das riesige rote Kranportal mit dem Schriftzug „*Lisnave*" in Cacilhas. Seit den 1860er-Jahren wurden hier vornehmlich Transportschiffe gebaut. In den 1960er-Jahren entstand gar das damals größte Trockendock der Welt. Von den Ölkrisen der 1970er-Jahre und dem damit verbundenen Nachfragetief hat sich die Werft allerdings nicht mehr erholt. Seit 2000 liegt die Anlage still.

Direkt oberhalb des **Fähranlegers** in Cacilhas ist ein kleiner Teil der Altstadt erhalten, mit Fußgängerzone und vielen netten Restaurants. Interessant ist auch ein Spaziergang entlang der alten Kaianlagen Cais do Ginjal. Mit dem Panoramaaufzug **Boca do Vento** geht's vom Flussufer die Klippen hoch in die Altstadt von Almada und zur **Casa da Cerca**. Im 18. Jh. diente der Palast während der napoleonischen Besetzung dem französischen Militär als Stützpunkt. Heute ist er ein Zentrum für Moderne Kunst mit wechselnden Ausstellungen. Von der Parkanlage hat man eine wunderbare Aussicht über den Fluss bis nach Lissabon.

20.000 m³ Beton: die Statue Cristo Rei

In ca. 30 Minuten, der Weg ist ausgeschildert, kommt man zu Fuß zur Christus-Statue, zum **Santuário Nacional Cristo Rei**. Im Jahr 1942 legten die katholischen Bischöfe Portugals ein Gelübde ab: Sollte Portugal vom Zweiten Weltkrieg verschont bleiben, wollten sie zum Dank nach dem Vorbild in Rio de Janeiro eine große Christus-Statue errichten und ein religiöses Zentrum dazu. Im Mai 1959 wurde das „Friedensmonument" eingeweiht, das religiöse Zentrum ist bislang nicht entstanden. 110 m über dem Tejo steht nun die 40.000 t schwere Konstruktion. Der Sockel misst 82 m, die Figur weitere 28 m, ungefähr 20.000 m^3 Beton wurden verbaut. Über die architektonische Schönheit der Statue kann man streiten, die Aussicht jedoch ist zweifelsfrei großartig.

Die Restaurantmeile in Cacilhas

Info

Hinkommen: Per Fähre geht es vom Cais do Sodré alle 20–40 Min. nach Cacilhas (ca. 5.30–2 Uhr, Tickets 7 Colinas/Viva Viagem, Option Zapping). Dort fährt auch der Direktbus 101 zur Christus-Statue ab, Tickets beim Fahrer. Die Fahrscheine der Lissabonner Verkehrsbetriebe gelten nicht. [Karte Umgebung]

Information:

Boca do Vento, Miradouro Luís de Queiróz bzw. Jardim do Rio Cais do Ginjal, tgl. 8–24 Uhr, Ticket 1 € (für zwei Fahrten), oben nettes Panorama-Café.

Casa da Cerca, Rua da Cerca 2, Tel. 21 2724950, Di–Fr 10–18, Sa/So 13–18 Uhr, Eintritt frei.

Santuário Nacional Cristo Rei, Alto do Pragal, Tel. 21 2751000, www.cristorei.pt, tgl. 9.30–18 Uhr, im Sommer je nach Andrang länger, Eintritt zum Gelände frei, Aufzug zur Statue 5 €, Kinder 8–12 Jahre 2,50 € (Juli bis Okt.), ansonsten 4 € bzw. 2 €, Bus 101 ab Fähranleger Cacilhas 8–20 Uhr etwa alle 20 Min.

Essen & Trinken: In der Fußgängerzone in Cacilhas befinden sich einige nette Restaurants mit Außengastronomie. Am Fähranleger gibt es im **O Farol** (S. 181) Leckeres aus dem Meer.

Direkt am Fuß des Panorama-Aufzugs bieten **zwei Restaurants** die Möglichkeit, beim Abendessen den Blick auf die Ponte 25 de Abril und auf Lissabon zu genießen. Reservieren ist sinnvoll, eine Jacke gegen den Wind auch. Beide mittlere Preisklasse.

Restaurante Atira-te ao Rio, Cais do Ginjal 69–70, Tel. 21 27513 80, www.atirateaorio.pt, Di–Sa 12.30–24, So nur bis 16 Uhr. Brasilianisch-internationale Küche.

Restaurante Ponto Final, Cais do Ginjal 72, Tel. 21 2760743, Mi–Mo 12–23 Uhr, vom 20. Dezember bis 20. Januar geschlossen. Bodenständige portugiesische Küche.

In der Nähe:

38 Ponte 25 de Abril (S. 90), **93** Costa da Caparica (S. 210).

93 Costa da Caparica – der Strand vor Lissabons Haustür

Die Costa da Caparica liegt auf der anderen Tejo-Seite und ist ein einziger, kilometerlanger Sandstrand, der sich ohne Unterbrechung bis zur Südspitze der Halbinsel von Setúbal hinzieht. Sie ist so etwas wie das Estoril oder Cascais „der kleinen Leute", werden die Strände doch intensiv von den Anwohnern der benachbarten Viertel und Städte genutzt, darunter viele Arbeiter und Angestellte. Vom ehemaligen Städtchen Caparica sind nur noch einige ältere Häuser und Sommerresidenzen erhalten, ansonsten dominieren eher hässliche Hochhäuser das Panorama.

Die Strandpromenade wurde 2009 komplett saniert, in diesem Zuge wurden auch 27 äußerlich identische Strandbuden mit Restaurants und Cafés eröffnet. Der Strandbereich direkt vor dem Zentrum von Caparica ist vor allem im Sommer sehr beliebt und gut besucht. Je weiter die Strände vom Stadtkern entfernt sind, desto leerer werden sie. Jeder der Strandabschnitte hat seine eigene Klientel und seinen eigenen Charakter, z. B. die „In-Strände" **Praia da Morena** und **Praia da Sereia**. Hier gilt in den Strandbars das Motto „Sehen und gesehen werden". Weiter südlich liegt die **Praia Fonte da Telha**, beliebt bei Surfern und Kitern und außerdem einer der wenigen FKK-Strände des Landes. Und **Strand Nr. 19** gilt inoffiziell als Strand der Schwulen-Community.

Seit Jahren wird der Strand immer wieder ausgebessert und tonnenweise neuer Sand aufgekippt, zusätzlich sollen die neu gebauten Wellenbrecher den alljährlichen Sand- und Strandschwund minimieren. Denn der Atlantik ist hier, an der Westküste Portugals, wesentlich rauer als an den Badeorten der Algarve im Süden des Landes. Die zum Teil heftige Brandung und die vielen Unterwasserströmungen machen das Schwimmen an manchen Stränden unmöglich. Für Familien mit kleinen Kindern sind die ruhigeren Strände und Naturschwimmbäder um Estoril und Cascais (ab S. 212) besser geeignet.

Im Winter ist es ruhig an der Costa da Caparica

Strandbetrieb im August

An bewachten Stränden gelten folgende Regeln: Die grüne Fahne signalisiert, dass das Baden erlaubt ist. Die gelbe Fahne erlaubt das „Betreten" des Wassers, man darf so weit rein, wie man noch stehen kann. Ist die rote Fahne gehisst, herrscht Badeverbot. Diesen Signalen sollten Badende unbedingt Folge leisten, jedes Jahr sterben Schwimmer oder Surfer im Atlantik.

Was die Temperaturen angeht, erreicht das Meerwasser mit etwas Glück im Hochsommer 19 Grad, im Frühjahr ist der Atlantik mit 14 Grad hier eher etwas für Unerschrockene.

Info

Hinkommen:

Fähre & Bus: Fähre vom Cais do Sodré alle 20–40 Min. nach Cacilhas (ca. 5.30–1 Uhr, Tickets: 7 Colinas/Viva Viagem, Option Zapping). Von da mit dem Bus 135 (Costa da Caparica/via Rápida), 3,20 € einfache Fahrt. Die Tickets der Lissabonner Verkehrsbetriebe gelten für diesen Bus nicht. [Karte Umgebung]

Beach Shuttle – Yellowbustours: Ab Praça da Figueira, tgl. 10–16, 12–18 bzw. 15–18 Uhr, Hin- und Rückfahrtzeiten sind jeweils festgelegt, Ticket 10 €. Geräumiger, moderner Bus, Fahrzeit ca. 1 h.

Rumkommen:

Transpraia, www.transpraia.pt, tgl. 9–20 Uhr, ab 3 €. Seit über 60 Jahren zuckelt ein kleines Touristenbähnchen in den Sommermonaten die Strände bis Fonte da Telha ab. Startpunkt ist an der Praia Nova.

Information:

Touristeninformation, direkt am Strand in einem modernen, zweistöckigen Gebäude, Tel. 21 2900071, Mo–Sa 9.30–13 und 14–17.30 Uhr.

Essen & Trinken:

O Barbas, „Strandbude" Nr. 13, Praia do Barbas, Tel. 21 2913089, www.obarbas.com, tgl. 12–24 Uhr. Der Klassiker in Sachen Meeresfrüchte und frischer Fisch. Mittlere Preisklasse.

Kailua, Fonte da Telha, Tel. 21 2963784, Mo–Fr 10–22, Sa/So. ab 9 Uhr. Gemütliche Strandbar mit schöner Terrasse. Kachelofen für den Winter. Gutes Preis-Leistungs Verhältnis.

In der Nähe: 92 Cacilhas (S. 208), 38 Ponte 25 de Abril (S. 90).

94 Estoril – von Königen ohne Thron, europäischem Jetset und anderen Glücksrittern

Estoril liegt gut 20 km westlich von Lissabon an der Costa do Sol, die gerne als die „Côte d'Azur Portugals" bezeichnet wird. Dieser Küstenabschnitt wurde im 19. Jh. vom portugiesischen und allgemein vom europäischen Adel entdeckt, unzählige Sommerresidenzen entstanden.

In der ersten Hälfte des 20. Jh. entwickelte sich Estoril zum mondänen Seebad – und das war kein Zufall. Der erfolgreiche und viel gereiste Geschäftsmann Fausto de Figueiredo entwarf den ehrgeizigen Plan, aus Estoril ein Zentrum des gehobenen internationalen Tourismus zu machen. Dazu sicherte er sich die Lizenz für das **erste Casino Portugals**, 1916 wurde der Bau begonnen und damit der Startschuss für den Aufstieg von Estoril gegeben. Nach der Fertigstellung 1931 kamen Glücksritter aus aller Welt in das damals größte Casino Europas. Auch wurde Estoril die „heimliche europäische Hauptstadt für Könige ohne Thron" genannt. Das Oberhaupt des spanischen Königshauses, Juan de Borbón, lebte während des Franco-Regimes hier, außerdem Mitglieder der Königshäuser Bulgariens, Italiens, Rumäniens und Ungarns.

Feira de Artesanato Estoril – Fiartil

Seit Anfang der 1960er-Jahre zeigen von Juni/Juli bis September auf der ältesten Kunsthandwerksmesse des Landes jedes Jahr über 100 Aussteller unter freiem Himmel altes und neues Kunsthandwerk (Av. Amaral Estoril, tgl. 18–24 Uhr). Das Ganze ähnelt einem Rummelplatz mit Restaurants, Terrassencafés und Livemusik.

Das ehemals größte Casino Europas

Im Zweiten Weltkrieg wurde das neutrale Portugal für viele Flüchtlinge aus ganz Europa zur zweiten Heimat oder zur Zwischenstation auf ihrer Weiterreise in die USA. Vor allem in Estoril tummelten sich zudem Spione und Geheimdienstmitarbeiter verschiedenster Länder und Allianzen. Die vielen Menschen, die in Estoril im Exil lebten, haben ihre Spuren hinterlassen. Ihrer wird in einer kleinen Erinnerungsstätte, dem **Espaço Memória dos Exílios** gedacht. Auch heute noch trifft sich in Estoril der europäische Jetset, aber wie damals auch – ganz im Verborgenen.

An der Praia do Tamariz in Estoril

Info

Hinkommen: Vorortzug: Ab Cais do Sodré mit der Linha de Cascais bis Estoril, tagsüber alle 10–20 Min., letzte Fahrt 1.30 Uhr ab Cascais, Fahrzeit ca. 40 Min., die Expressvariante ist gut 10 Min. schneller und hält nicht an allen Stationen. Einfache Fahrt 3,40 €, mit dem Lissabonner Verkehrsverbundticket (7 Colinas/Viva Viagem, Option Zapping) 1,85 €. Das Kombiticket „Bairro dos Museus + Linha de Cascais" kostet 10 €, ist 24 h gültig und gilt als Fahrschein sowie als Eintrittskarte für mehrere Museen in Estoril und Cascais. Mehr Infos unter www.cp.pt. [Karte Umgebung]

Information: Casino Estoril, Praça José Teodoro dos Santos (gegenüber dem Bahnhof Estoril), Tel. 21 4667700, www.casino-estoril.pt, tgl. 15–3 Uhr. Angemessene Kleidung wird verlangt, Jeans wie Turnschuhe sind tabu. Auch Konzerte und Ausstellungen.

Espaço Memória dos Exílios, Av. Marginal 7152, im Postgebäude, Mo–Fr 10–18 Uhr, freier Eintritt.

Essen & Trinken:

Entlang der Küste sind mehrere gute Restaurants zu finden. In Estoril selbst haben sich in und um die Arkaden am Casino-Garten mehrere Cafés angesiedelt.

In der Nähe:

95 und 96 Cascais (S. 214ff.).

95 Cascais I – Seebad mit Tradition

Wer der Sommerhitze und dem Großstadttrubel entfliehen oder einfach einen Tag am Atlantik verbringen möchte, der sollte nach Cascais fahren, das nur knapp 25 km westlich von Lissabon liegt.

Dort sind die Stadtstrände nur wenige Gehminuten vom Bahnhof entfernt und das Zentrum lädt mit seiner Fußgängerzone, seinen Cafés, Restaurants und einigen Boutiquen zum Bummeln ein. Südlich des Zentrums befindet sich das **Forte Nossa Senhora da Luz** 95a. Es gehört zu den vielen Militäranlagen, die ab dem 15. Jh. entlang der Küste entstanden. Im Jahr 1870 erwählte König Luís I. Teile dieses Forts zu seiner Sommerresidenz und gab damit den Startschuss für Cascais als **Edel-Badeort**.

Seit ein paar Jahren können das Fort und der ehemalige Königspalast besichtigt werden. Außerdem sind dort ein Luxushotel mit Restaurant und Café sowie einige Geschäfte untergebracht.

In unmittelbarer Nähe befindet sich in einem auffälligen, rosaroten Bau mit Spitzdächern das **Centro Cultural de Cascais** 95b. Direkt dahinter bietet der weitläufige

Badebetrieb an der Praia da Conceição

Parque Gandarinha/Marechal Carmona 95c schattenspendendes Grün. Am Rande des Parks steht der **Palácio do Conde de Castro Guimarães** 95d. Seit 1931 betreibt die Stadt Cascais dort ein kleines Museum, das Einblicke in den Lebensstil und die Sammlerleidenschaft der früheren Besitzer gibt.

Nördlich des Parks gelangt man zum Meeresmuseum **Museu do Mar Rei D. Carlos** 95e. Zu sehen sind dort vor allem Exponate zur Bedeutung der Fischerei in Cascais sowie zur Geschichte der Seeunglücke in der Region, außerdem Funde der submarinen Archäologie. Unweit des Museums fallen zwei Pyramiden in warmem Rot ins Auge. Das von dem Pritzker-Preisträger Eduardo Souto de Moura geschaffene Gebäude beherbergt die **Casa das Histórias Paula Rego** 95f. Neben Arbeiten der berühmten portugiesischen Künstlerin Paula Rego sind auch einige Werke ihres verstorbenen Ehemanns Victor Willing zu sehen. Außerdem gibt es oft interessante Wechselausstellungen und Kulturveranstaltungen.

Golf

Über 20 Golfplätze bietet die Region Lissabon. Besonders rund um Estoril und Cascais gibt es eine Reihe sehr guter Anlagen, auf denen zum Teil nationale und internationale Turniere ausgetragen werden. Allgemeine Infos, auch auf Deutsch, bietet die Seite www.portugalgolf.pt. Deutsche Golfer können z. B. mit ihren DGV-Ausweisen in den meisten Clubs problemlos gegen eine Greenfee spielen.

Info

Hinkommen:
Vorortzug ab Cais do Sodré nach Cascais (Infos S. 212). [Karte Cascais]

Rumkommen:
Bus 427 BusCas, 1 €. Rundkurs zu den wichtigsten Punkten: Bahnhof, Markt, Boca do Inferno, Yachthafen, Fort, Av. Valbom, Bahnhof.

Information:
Touristeninformation, Largo Cidade Vitória, Tel. 91 2034214, www.cm-cascais.pt, tgl. 9–20, im Winter bis 18 Uhr.

Forte Nossa Senhora da Luz 95a, Av. D. Carlos I., tgl. frei zugänglich, Palast Mi–So 14–20, im Winter Mi–So 10–18 Uhr, nur nach Voranmeldung unter Tel. 21 361 4980, Eintritt 4 €, nur Ausstellung 2,50 €, Palast und Wechselausstellung 5 €.

Parque Gandarinha/Marechal Carmona 95c, Av. da República, tgl. 8.30–19.45, im Winter bis 17.45 Uhr, Sa ab 9 Uhr Biomarkt.

Palácio do Conde de Castro Guimarães, 95d, Parque Marechal Carmona, Di–So 10–13 und 14–17 Uhr, Eintritt 3 €.

Museu do Mar Rei D. Carlos 95e, Rua Júlio Pereira de Melo, Tel. 21 4815906, www.cm-cascais.pt/museumar, Di–So 10–17 Uhr, Eintritt 3 €.

Casa das Histórias Paula Rego 95f, Av. da República 300, Tel. 21 4826970, www.casadashistoriaspaularego.com, Di–So 10–18 Uhr, Eintritt 3 €. Shop und Cafeteria mit schöner Terrasse.

Essen & Trinken:
An der Strandpromenade und auch in der Innenstadt befinden sich unzählige Restaurants und Cafés.

Gelados Santini, Av. Valbom 28, Cascais, www.santini.pt, tgl. 11–1 Uhr. Angeblich gibt's hier das beste Eis der Welt. Das ist vielleicht etwas übertrieben, aber lecker ist es. Das belegen auch die oft langen Schlangen. Mittlerweile gibt es Filialen, u. a. in Lissabon.

Esplanada Santa Marta, Av. Rei Humberto II de Itália, Tel. 96 1577902, Di–So 10–22 Uhr. Sehr angenehmes Café-Restaurant mit Terrasse und Blick auf den Leuchtturm Santa Marta sowie auf die Casa Santa Maria.

In der Nähe:
94 Estoril (S. 212), 96 Cascais II (S. 216), 97 – 99 Sintra (S. 218ff.).

96 Cascais II – entlang der Küste bis zum Cabo da Roca

Südlich von Cascais, direkt hinter dem Jachthafen, sticht der Leuchtturm **Santa Marta** 96a mit seinen markanten blauen und weißen Kacheln im Streifenmuster ins Auge. Dazu gehört das gleichnamige Museum zur Geschichte der Leuchttürme Portugals. Auf dem gleichen Gelände befindet sich die **Casa de Santa Maria** 96b. Die Familie Espírito Santo erwarb in den 1920er-Jahren den von Raul Lino entworfenen Stadtpalast samt Anwesen. Illustre Persönlichkeiten wie die Großherzogin von Luxemburg und der König von Italien gehörten zu den Gästen der Familie.

Tipp

Küstentour mit dem Fahrrad

Auf dem ausgebauten Radweg entlang der Nationalstraße 247 vom Hafen in Cascais bis zur Praia do Guincho kann man wunderbar die Küste erkunden – allerdings gibt es auf der Strecke keinen Schatten. Kostenlose Leihfahrräder gibt es bei der Stadtverwaltung Cascais (Bicas, tgl. 8–19 Uhr). Mobile Stationen befinden sich z. B. nahe dem Bahnhof, an der Casa das Histórias und an der Casa da Guia. Alternativ dazu gibt es auch kommerzielle Fahrradverleiher, z. B. an der Casa da Guia.

Der Küstenstraße folgend gelangt man zum **Boca do Inferno** 96c. Die tosende Brandung des Atlantiks fraß hier vor ewigen Zeiten in die Felsküste eine Grotte, deren Decke später einbrach. Bei rauer See spritzt die Gischt durch die Öffnung des „Höllenschlunds" hindurch.

Der Leuchtturm Santa Marta

Keine Sehenswürdigkeit im eigentlichen Sinne, aber durchaus einen Abstecher wert ist die **Casa da Guia** 96d. Als Residenz der Familie Oliveira e Souza entstand sie Ende des 19 Jh. Heute ist sie ein sehr beliebtes Ausflugsziel. Auf dem Gelände haben sich rund 20 Geschäfte und Boutiquen angesiedelt, außerdem mehrere Restaurants und Cafés mit Terrassen, die herrliche Ausblicke über die Küste gewähren.

Eines der wenigen Forts an der Küste, die besichtigt werden können, ist das **Forte São Jorge de Oitavos** 96e. Mitte des 17. Jh. erbaut, sollte das mit einer Besatzung von 22 Soldaten eher kleine Fort den Küstenstreifen zwischen Guia und Guincho gegen Invasoren sichern. Folgt man der Küstenstraße, eröffnet sich der **Praia do Guincho** 96f. Für die felsige Gegend nordwestlich von Cascais ist er ungewöhnlich lang und breit. Oft ist die See jedoch so unruhig, dass das Wasser den Surfern und Kitern vorbehalten bleibt.

Gut 15 km von Cascais entfernt gelangt man zum **Cabo da Roca** 96g, dem westlichsten Punkt des europäischen Festlands. Von hier hat man einen wunderbaren Blick über die Küste und das Meer. Eine Tafel zitiert den Nationaldichter Camões: „Hier…, wo das Land endet und das Meer beginnt".

Steilküste bei Cascais

Hinkommen: Nach Cascais s. S. 215. [Karte Cascais bzw. Umgebung]
Rumkommen: Bus 427 BusCas (S. 215), Bus 403 von Cascais (z. B. ab Bahnhof) über Cabo da Roca bis Sintra.
Information: **Farol e Museu de Santa Marta** 96a, Rua do Farol, Tel. 21 4815328, Di–Fr 10–17, Sa/So 10–13 und 14–17 Uhr, Eintritt 3 €, Bus 427 BusCas.
Casa de Santa Maria 96b, Rua do Farol, Tel. 21 4815383, Di–Fr 10–17, Sa/So 10–13 und 14–17 Uhr, direkt neben dem Leuchtturm, Bus 427 BusCas.
Boca do Inferno 96c, Av. Rei Humberto II de Itália, Bus 427 BusCas.
Casa da Guia 96d, Av. Nossa Senhora do Cabo 101, Tel. 21 4843215, www.casadaguia.com, tgl. 10–23 Uhr, Bus 427 BusCas. Auch wechselnde Ausstellungen sowie samstags ein Bio-Markt (10–17 Uhr).
Forte São Jorge de Oitavos 96e, Estrada do Guincho, Tel. 21 4815949, Di–Fr 10–17, Sa/So 10–13 und 14–17 Uhr, Eintritt frei, Bus 405 und 415 Richtung Praia do Guincho.
Praia do Guincho 96f, Estrada do Guincho, Bus 405 und 415 oder per Fahrrad auf dem Radweg entlang der Küstenstraße.
Cabo da Roca 96g, Estrada do Cabo da Roca, Bus 403, Fahrtzeit ca. 30 Min., Touristeninfo tgl. 9–19.30, Nebensaison bis 18.30 Uhr.
In der Nähe: 94 Estoril (S. 212), 95 Cascais I (S. 214), 97 – 99 Sintra (S. 218ff.).

Info

97 Sintra – historisches Zentrum und Königspalast

„Alle Wege führen nach Sintra", soll José Saramago gesagt haben. Und der portugiesische Literaturnobelpreisträger hat recht: Die exponierte Lage in den grünen Bergen, die pittoreske Altstadt, die verwunschenen Parks und die Königsschlösser machen die Stadt, die seit 1995 zum UNESCO-Weltkulturerbe gehört, sehenswert. Keine 25 km von Lissabon entfernt lässt sich zudem eine völlig andere Klima- und Vegetationszone erleben.

Die Stadt Sintra ist auf mehrere weiter auseinander liegende Stadtviertel verteilt. Am Bahnhof angekommen, hält man sich links und folgt der **Volta do Duche**, der „Kurve der Dusche", benannt nach der öffentlichen Badeanstalt, die sich hier im 19. Jh. befand. Das erste auffällige Bauwerk ist das Rathaus, das **Paços do Concelho** 97a, ein pittoreskes Gebäude, das mit seinen neo-manuelinischen Fenstern und dem verzierten Turm fast einer Kirche gleicht. Unweit davon befindet sich zur Linken der **Parque da Liberdade** 97b. Der nur tagsüber zugängliche „Park der Freiheit" ist mit seinem alten Baumbestand bei Touristen und Einheimischen gleichermaßen beliebt.

Rund um den Praça da República liegt das Zentrum der Altstadt. Hier befindet sich der **Palácio Nacional de Sintra** 97c. Bereits im 14. Jh. unter König João I. auf maurischen Grundmauern erbaut, wurde der Königspalast unter König Manuel I. im 16. Jh. erweitert. Die überdimensionalen, konischen Zwillingskamine sind seit Langem das **Wahrzeichen** von Sintra. Über einen breiten Treppenaufgang kommt man durch die gotischen Bögen in den Palast. Die Innenräume bestechen durch ihre einzigartige Dekoration: reich verzierte und bemalte Decken, aufwendige Wandteppiche und mit bunten Azulejos dekorierte Wände. Jeder der Räume ist anders gestaltet und hat eine eigene Geschichte zu erzählen. Während des Palastrundgangs gelangt man immer wieder in kleine Innenhöfe mit Brunnen und Statuen. Letzte Station ist die große Küche mit ihren über 30 m hohen Kaminen.

Einer der Innenhöfe des Stadtpalasts mit Blick auf die markanten Zwillingskamine

Auch ein Spaziergang durch die **Altstadt** lohnt sich: enge, mittelalterliche Gassen, die sich den Berg hinaufschlängeln, romantische Springbrunnen, eine abwechslungsreiche Mischung stattlicher Bürgerresidenzen und einfacher Wohnhäuser. In der **Casa dos Templários** am Praça da República waren nach der Reconquista

Die Altstadt von Sintra

die Ritter des Templerordens untergebracht. Sie wurden 1152 von König Afonso Henriques zu den Herren und Wächtern der Stadt erklärt. Gleich daneben steht der **Torre do Relógio**, der Glockenturm des ehemaligen Gefängnisses, heute zeigt er nur noch die Zeit an, früher jedoch warnte er die Bevölkerung auch vor entflohenen Straftätern. Wer sich einen Überblick über das historische Zentrum verschaffen möchte, der steigt am besten bis zum **Miradouro da Ferraria** hinauf.

Info

Hinkommen: Zug ab Bahnhof Rossio, Oriente oder Entrecampos mit der Linha de Sintra, tagsüber alle 10–15 Min., abends alle 30 Min., letzter Zug gegen 1 Uhr, Fahrtzeit ca. 50 Min., Preis z. B. einfache Fahrt mit dem Lissabonner Verkehrsverbundticket (7 Colinas/Viva Viagem, Option Zapping) 1,85 €. [Karte Sintra]

Information:

Touristeninformation, direkt im Bahnhofsgebäude (tgl. 10–12.30 und 14.30–18 Uhr) sowie am Praça da República 23 (tgl. 9.30–18, im Aug. bis 19 Uhr), www.cm-sintra.pt.

Palácio Nacional de Sintra 97c , Largo D. Amélia, tgl. Mai bis Okt. 9.30–19, Nov. bis April bis 18 Uhr, letzter Einlass jeweils 30 Min. vorher, Einzelticket 10 €, Bus 434 und 435. Infos zu Kombitickets s. S. 241.

Essen & Trinken:

Saudade, Av. Dr. Miguel Bombarda 6, tgl. 8.30–20 Uhr. Café in einer ehemaligen Käserei unweit des Bahnhofs. Gemütliche Atmosphäre, leckere Kuchen, große Tee-Auswahl.

Fábrica das Verdadeiras Queijadas da Sapa, Volta do Duche 12, tgl. 9.30–18 Uhr. Hier gibt es die berühmten Queijadas de Sintra, kleine Törtchen gefüllt mit Frischkäse, ein Rezept aus dem frühen 13. Jh.

Piriquita 1, Rua das Padarias 1, Do–Di 9–22 Uhr. Seit 1862 bestehendes Café, Spezialität des Hauses: Travesseiros de Sintra („Kopfkissen aus Sintra"), ein mit schmackhafter Mandelmasse gefülltes Blätterteiggebäck.

Piriquita 2, Rua das Padarias 18, Mi–Mo 8.30–20 Uhr. Café mit sehr netter Terrasse und eher jüngerem Publikum, Ableger des Piriquita 1.

In der Nähe: 98 und 99 Sintra Parks und Paläste (S. 220ff.).

98 Sintra Parks und Paläste I – Maurenkastell, Pena-Palast und das Chalet der Gräfin von Edla

Wann das Maurenkastell, das **Castelo dos Mouros** 98a genau entstand, ist nicht bekannt. Wahrscheinlich wurde es unter maurischer Herrschaft ab dem 8. Jh. erbaut. Mit der Reconquista fiel die an strategisch wichtiger Stelle gelegene Burg 1147 in die Hände des christlichen Heers. Im Laufe der Zeit wurde sie weiter ausgebaut, verlor jedoch mit zunehmender Befriedung des Landes im 13. Jh. an Bedeutung und verfiel. 1839 pachtete König Fernando II. das Kastell und plante eine erste Restaurierung. Ihr heutiges Gesicht erhielt die Burg in den 1940er-Jahren.

Das Castelo dos Mouros

Heute kann man durch den verwunschenen Park spazieren und über die ehemalige Befestigungsmauer laufen. Auch wird man mit einer herrlichen Sicht auf die Berge von Sintra sowie auf den **Palácio da Pena** 98b, der hoch oben auf einem Berg thront, belohnt. Der Name Pena geht auf eine Kapelle zurück, die im 13. Jh. zu Ehren der Nossa Senhora da Pena errichtet wurde. Zwischenzeitlich stand hier ein Hieronymiten-Kloster. Im 19. Jh. kauften Königin Maria II. und ihr Mann, der aus Deutschland stammende Fernando II., das Anwesen. Sie ließen das Kloster restaurieren und erweiterten den Bau. In einem beachtlichen Stilmix und ganz im Sinne der Romantik hat sich das Königspaar hier ein Denkmal setzen lassen. Der deutsche Baumeister Wilhelm Ludwig von Eschwege verstand es, maurische, romanische, gotische, manuelinische, barocke, ja sogar indische Stilelemente in einem einzigen Gebäude unterzubringen. Bis zum Ende der Monarchie 1910 wurde der Palast von den portugiesischen Königen als Sommerresidenz genutzt und danach in ein Museum umgewandelt. Heute lassen sich hier einige Gemächer samt Einrichtung besichtigen.

Das letzte königliche Menü ist nachzulesen in der Küche des Palácio da Pena

Im Pena-Park befindet sich auch das **Chalet da Condessa D'Edla** 98c. Erbaut wurde es ebenfalls von Fernando II., allerdings mit seiner zweiten Frau, der ehemaligen Opernsängerin Elise Friederike Hensler. Das dem Baustil von Häusern aus der Alpenregion nachempfundene, aber mit dem typischen Kork der Sintra-Region verzierte Chalet soll der Rückzugsort des Paars gewesen sein. Besonders skurril: Die Fassade sieht aus wie Holz, ist aber bemalter Putz. Auch hier hat Fernando II. seiner Sammelleidenschaft für exotische Pflanzen gefrönt, weshalb ein Spaziergang durch Garten und Park besonders schön ist.

Info

Hinkommen: Nach Sintra s. S. 218. Zu den Palästen: Bus 434 fährt vom Bahnhof durch die Altstadt über das Maurenkastell bis zum Pena-Palast, tgl. 9–19 Uhr, Ticket 5 €, gültig für eine Runde im „Hop-On-Hop-Off"-System. [Karte Sintra]

Information:
Infos zu Kombitickets s. S. 241.

Castelo dos Mouros 98a, Eingang zum Park an der Estrada da Pena, auch zu Fuß über ausgewiesene Wanderwege vom Zentrum aus zu erreichen, tgl. Mai bis Okt. 9.30–20, Nov. bis April 10–18 Uhr, letzter Einlass 1 Std. vorher, Einzelticket 8 €.

Palácio da Pena 98b, Eingang an der Estrada da Pena, ca. 4 km vom Zentrum, vom Castelo dos Mouros aus ein Stück weiter entlang der Einbahnstraße, tgl. Mai bis Okt. Park 9.30–20, Palast 9.45–19, Nov. bis April Park und Palast 10–18 Uhr, letzter Einlass je 30–60 Min. vorher, Einzelticket 14 € bzw. 7,50 € nur für den Park, Touristenbähnchen vom Parkeingang den Berg zum Palast hoch 2 € extra.

Chalet da Condessa D'Edla 98c, Eingang am Abzweig von der Estrada da Pena, mit dem Bus 434 bis Haltestelle „Lagos" und dann zu Fuß, tgl. Mai bis Okt. 9.30–19, Nov. bis April 10–18 Uhr, letzter Einlass 1 Std. vorher, Einzelticket 9,50 €.

Essen & Trinken: In den jeweiligen Palästen gibt es schöne Cafeterias.

In der Nähe: 97 Sintra (S. 218), 99 Sintra Parks und Paläste II (S. 222).

99 Sintra Parks und Paläste II – Quinta da Regaleira und Monserrate

Westlich des Altstadtzentrums befinden sich zwei kleinere, meist weniger besuchte, aber deswegen nicht minder interessante Paläste:

Die **Quinta da Regaleira** 99a ist mit ihrem neo-manuelinischen Palast und der romantischen Gartenanlage samt unzähligen Statuen, Brunnen, Grotten und unterirdischen Gängen ein Erlebnis der ganz besonderen Art. Entstanden ist die Anlage um 1900 nach Plänen des italienischen Architekten und Bühnenbildners Luigi Manini. Diesem gelang es, die exzentrischen Vorstellungen des millionenschweren Eigentümers António Augusto de Carvalho Monteiro umzusetzen. Nationale Motive spielen auf Ruhm und Glanz der ehemaligen Entdeckernation Portugal an. Stilelemente der Gotik, Manuelinik und Renaissance verschmelzen mit Kreuzritter- und Freimaurer-Symbolik. Einen faszinierenden Einblick in diese mystische Weltvorstellung gibt der **Poço Iniciático**, ein trockener Brunnen, dessen Wendeltreppe die Ober- mit der Unterwelt verbindet und der eventuell für freimaurerische Initiationsriten genutzt wurde. Der Palast ist seit 1998 ein Museum.

Unweit der Quinta da Regaleira befinden sich **Park und Palast von Monserrate** 99b. Gotische, indische und maurische Elemente machen aus dem Palast den Inbegriff der Romantik. Die riesige Gartenanlage mit ihren exotischen Pflanzen unterstreicht diesen Charakter. Der britische Literat und Baumeister William Beckford mietete sich für einige Jahre hier ein und gestaltete die Anlage nach seinen Vorstellungen. Auch der

Im Park der Quinta da Regaleira

Dichter Lord Byron fühlte sich angezogen und bezeichnete diesen Ort als „den schönsten des gesamten Reichs". Sein heutiges Antlitz erhielt der Palast ab 1855, nachdem er von dem reichen, englischen Kaufmann Francis Cook gekauft worden war. Von 2000 bis 2010 wurde der Palast aufwendig restauriert und ist wegen seines ganz eigenen Charmes und seines wunderschönen Parks einen Besuch wert.

Kunstvoll verzierter Gang im Palácio de Monserrate

Aktivitäten in und um Sintra:

Touristenbähnchen: Abfahrt vor dem Nationalpalast, der Rundkurs (ca. 30 Min.) führt durch das historische Zentrum und die Stadtteile São Pedro und Estefânia. Infos: www.comboiodesintra.pt, tgl. ab 10 Uhr, 5 €.
E-Bikes: Verleihstation am Torre de Relógio in der Nähe des Palasts. Infos: www.parkebike.com, 28 € für 8 Stunden (nur mit Reservierung). Gilt gleichzeitig als Ticket für die von Parques de Sintra verwalteten Parks (S. 220), allerdings nicht für die Paläste.
Abstecher zum Meer: Von Sintra sind es nur ca. 15 km bis zu den schönen Stränden an der Küste. Eine **historische Straßenbahn** fährt vom Stadtteil Estefânia die Berge hinunter zu den Stränden Praia Grande und Praia das Maçãs, Mi–So 10.20, 12 und 14/15/16/17 Uhr, Auskunft gibt die Touristeninformation unter Tel. 21 9236114, einfache Fahrt 3 €.
Alternativ zur Straßenbahn kann man auch mit dem **Bus 441** ab der Bahnstation Portela de Sintra (eine Station vor Sintra) und ab Av. Dr. Desidério Cambournac zur Küste fahren, einfache Fahrt 3,25 €.

Info

Hinkommen: Nach Sintra s. S. 218. Zu den Palästen: Bus 435 ab Bahnhof bzw. Altstadt, Ticket 2,50 €, gültig für eine Runde im „Hop-On-Hop-Off"-System. [Karte Sintra]
Information:
Quinta da Regaleira 99a, Rua Barbosa do Bocage, Tel. 21 9106650, im Sommer tgl. 10–20, im Herbst und Frühjahr bis 18.30, im Winter bis 17.30 Uhr, letzter Einlass je 30 Min. vorher, Eintritt 6 €, Kinder ab 9 J. 3 €, Familien 18 €, mit Führung (tgl. 6–8 mal) ab 10 €, thematische Führungen ab 8 Pers. mit Voranmeldung. Zu Fuß knapp 1 km vom historischen Zentrum über die Rua Consiglieri Pedroso. Tipp: Taschenlampe mitnehmen. Gehört nicht zum Verbund Parques de Sintra.
Parque e Palácio de Monserrate 99b, Estrada Nova da Rainha, ca. 5,5 km vom Zentrum entfernt, tgl. April bis Okt. 9–20, Nov. bis März 10–18 Uhr, letzter Einlass im Palast je 1 Std. vorher, Einzelticket 8 €, Infos zu Kombitickets s. S. 241.
Essen & Trinken: In den beiden Palästen gibt es schöne Cafeterias.
In der Nähe: 97 Sintra (S. 218), 98 Sintra Parks und Paläste I (S. 220).

100 Queluz – das Versailles Portugals

Der **Königspalast** in Queluz wird oft als das Versailles Portugals bezeichnet, seine heutige Umgebung ist allerdings eher unköniglich: zwischen zwei Autobahnausfahrten an einer Durchgangsstraße gelegen, mit Hochhäusern im Hintergrund und massig Parkplätzen vor der Tür. Von dieser unromantischen Optik sollte man sich jedoch nicht abschrecken lassen. Wer die Pforte zur Eingangshalle hinter sich gelassen hat, taucht in den prunkvollen, **barocken Traum** der Innenausstattung und der Palastgärten ein. Die Anlage wurde 1747 vom späteren König Pedro III. in Auftrag gegeben. Zunächst sollte der Architekt Mateus Vicente de Oliveira, der bei dem Erbauer des Mafra-Palastes (S. 226) sein Handwerk gelernt hatte, den bestehenden Jagdpavillon umbauen und eine Sommerresidenz entwerfen. Ab 1758 arbeitete auch der französische Architekt Jean-Baptiste Robillon an dem Projekt. 1782 wurde die erste Audienz im Thronsaal in Queluz abgehalten. Als 1794 der nach dem Erdbeben angelegte, vorläufige Palast in Lissabon einem Brand zum Opfer fiel, diente Queluz bis 1807 (Flucht der königlichen Familie nach Brasilien) immer wieder als königliche Residenz.

Die Innenausstattung des Palastes ist mit ihrem Stuck, den vielen Spiegeln, dem Marmor und den Kristalllüstern deutlich von französischen Einflüssen geprägt und im Barock- und Rokoko-Stil gehalten. Elemente wie Azulejos und brasilianische Edelhölzer bezeugen aber auch einen typisch portugiesischen Charakter. Als einer der schönsten Säle wird der Krönungssaal mit seinen vergoldeten Statuen angesehen. Bemerkenswert sind außerdem der Don-Quixote-Saal mit Gemälden, die Szenen aus dem Leben dieser berühmten spanischen Literaturfigur zeigen, sowie die königliche Porzellansammlung aus China, die hier zum Teil ausgestellt ist. Der Name **Queluz** bedeutet übrigens wörtlich „**welch Licht**" – passend, wenn man sieht, wie lichtdurchflutet manche Säle sind, und sich vorstellt, wie die Lüster die Säle und Spiegel abends zum Leuchten bringen.

Der Palácio Queluz von der Gartenseite

Der Thronsaal wird noch heute für offizielle Anlässe genutzt

Der zentrale Teil der **wunderschönen Gärten** hinter der königlichen Residenz ist ebenfalls von französischen Einflüssen geprägt. Zwischen den akkuraten Buchsbaumhecken im Versailles-Stil, den Brunnen und den zahlreichen Statuen müssen sehr illustre Feste stattgefunden haben. Heute wird ein Teil des Hauptgebäudes als Museum genutzt, ein anderer dient den portugiesischen Präsidenten zu Repräsentationszwecken. In den Jahren 2015 und 2016 wurden der Palast sowie die Gärten komplett restauriert.

Info

Hinkommen: 15 km nordwestlich von Lissabon. **Zug**: Ab Bahnhof Rossio, Oriente oder Entrecampos, mit der Linha de Sintra bis Haltestelle Queluz/Belas, ca. 15 Min Fahrzeit, Züge alle 20 Min, Preis einfache Fahrt mit dem Lissabonner Verkehrsverbundticket (7 Colinas/Viva Viagem, Option Zapping) 1,85 €. Von dort ca. 10 Min. zu Fuß. **Bus**: Gesellschaft Vimeca, www.vimeca.pt, Nr. 25 vom Bahnhof in Queluz/Belas ca. alle 30 Min., vom Busbahnhof in Lissabon an der Metrostation Colégio Militar (blaue Linie) Bus Nr. 101 alle 30 Min bis Haltestelle Queluz Palácio, 3,25 €. [Karte Umgebung]

Information:
Palácio Nacional de Queluz, Largo do Palácio de Queluz, Queluz, Tel. 21 9237300, www.parquesdesintra.pt, tgl. Mai bis Okt. 9–19, Nov. bis April 9–17.30 Uhr, Eintritt 10 €, Happy Hour (15.30–18 Uhr) 8 €, nur Gärten 5 €, Führungen tgl. 10.30 und 14.30 Uhr (5 €, auch auf Engl.). Infos zu Kombitickets s. S. 241.

Essen & Trinken: In der Nähe des Palasts gibt es einige Restaurants und Cafés unterschiedlicher Preisklasse. Direkt im Palast versorgt eine Cafeteria Besucher mit Getränken und Snacks.

In der Nähe: **97** – **99** Sintra (S. 218ff.).

101 Klosterpalast in Mafra – barocker Monumentalbau

Für Fans monumentaler Barock-Paläste lohnt sich ein Ausflug in den Klosterpalast von Mafra, der als der bedeutendste barocke Gebäudekomplex des Landes gilt. Wie der Escorial bei Madrid vereint er Kloster, Palast und eine bedeutende Bibliothek. Auch die portugiesischen Könige wählten eine ansonsten eher unbedeutende Ortschaft für ihren Prachtbau. Allerdings, und das wird in Portugal auch heute gerne noch betont, misst der portugiesische Bau **40.000 m²** und ist damit um 7.000 m² größer als der des ewigen Konkurrenten Spanien.

1712 versprach König João V., ein Kloster für ein gutes Dutzend Franziskanermönche zu bauen, sollte ihm seine Gattin, die Erzherzogin Anna Maria von Österreich, einen Thronfolger gebären. Dieser Wunsch ging 1714 in Erfüllung. Unter Leitung des deutschen Baumeisters **Johann Friedrich Ludwig** (port. João Frederico Ludovice) fand drei Jahre später die Grundsteinlegung statt, die sich 2017 zum 300. Mal jährt.

Befördert durch die sprudelnden Goldeinnahmen aus Brasilien wurden während der Planungs- und Bauphase die Wünsche des Königs immer exquisiter. Aus aller Herren Länder wurden nur die edelsten Materialien importiert und namhafte Künstler verpflichtet. Durch den Monumentalbau, das Kloster sollte nun 300 Mönchen Platz bieten, entstand in Mafra eine bedeutende **Bildhauerschule**, die der italienische Meister Alessandro Giusti leitete. Hier perfektionierte der damals noch junge Joaquim Machado de Castro, der spätere portugiesische Großmeister barocker Statuen, sein Handwerk.

1729 arbeiteten über **42.000 Menschen** an dem Projekt – unter zum Teil menschenunwürdigen Bedingungen, die viele Arbeiter das Leben kosteten. Die beiden insgesamt über 200 t schweren Glocken der Kirchtürme stammen aus Antwerpen, der farbige Marmor teilweise aus Carrara, die Edelhölzer aus Brasilien. Es wurden rund 4.500 Türen und Fenster verbaut und allein die Hauptfront misst weit über 200 m. Den Bau des Konventpalastes hat der portugiesische Literaturnobelpreisträger José Saramago in seinem Roman „Das Memorial“ eindrucksvoll beschrieben.

Portugals größter Palast

Besichtigen kann man heute neben der Basilika und dem Kreuzgang einige der königlichen Gemächer und klösterlichen Räume. Ein besonderes Schmuckstück ist die **Bibliothek**. Auf einer Länge von 80 m erstrecken sich über zwei Etagen Regalreihen mit fast 40.000 Büchern. Darunter sind so wertvolle Stücke wie eine Erstausgabe des Nationalepos' „Os Lusiadas". Die weißen – und nicht wie ursprünglich geplant vergoldeten – Decken sind neben anderen Details Hinweise darauf, dass dem König schlicht die Mittel ausgingen. Tatsächlich genutzt hat das Königspaar all die aufwendige Pracht ohnehin nur wenige Tage im Jahr. Das war auch noch in späteren Jahren so. Nach der Säkularisierung 1834 übernahm das Militär den Klosterbereich und nutzt auch heute noch Teile davon. Das ist einer der Gründe dafür, dass Besuchern nur ein kleiner Teil der riesigen Anlage offen steht. Künftig sollen allerdings weitere Flügel des Klosters zugänglich gemacht werden.

Bibliothek im Klosterpalast

Info

Hinkommen: Mafra liegt rund 40 km nordwestlich von Lissabon. **Bus:** Gesellschaft Mafrense (Richtung Ericeira/Zambuzal), Busbahnhof an der Metrostation Campo Grande (grüne und gelbe Linie), werktags alle 30–60 Min., Sa/So und an Feiertagen ca. alle 1–2 Std., Fahrtzeit ca. 50 Min., Ticket ca. 5 €, Hin- u. Rückfahrt ca. 7,50 €, Haltestelle in Mafra direkt vor dem Palast. [Karte Umgebung]

Information:
Touristeninformation, Av. Movimento das Forças Armadas 28, Tel. 26 1817170, www.cm-mafra.pt/en/tourism, tgl. 10–13 und 14–18 Uhr. Direkt neben dem Palast.
Palácio Nacional de Mafra, Terreiro Dom João V, Mafra, Tel. 26 1817550, www.palaciomafra.pt, Palast: Mi–Mo. 9.30–17.30 (letzter Einlass 16.45) Uhr, Eintritt 6 €, Basilika: tgl. 9.30–13 und 14–17.30 Uhr, Eintritt frei.

Essen & Trinken:
Direkt gegenüber dem Palast, rund um den Praça da República, sind gleich mehrere Cafés und Restaurants zu finden.

Anhang

Lissabon auf einen Blick

Bedeutung	Hauptstadt und wichtigstes kulturelles und wirtschaftliches Zentrum Portugals
Geografische Lage	38° 42′ 28″ nördlicher Breite, 9° 8′ 11″ westlicher Länge (Praça do Comércio); Lissabon ist die südwestlichste Hauptstadt Europas und am Mündungsbecken des Tejo gelegen.
Verwaltung	Die Stadt Lissabon ist in 24 Stadtteile bzw. Gemeinden (*freguesias*) gegliedert.
Einwohner	Im Stadtgebiet selbst leben nur rund 507.000 Menschen (2015), in der Region Lissabon aber 2,8 Mio., mehr als ein Viertel der Einwohner Portugals (10,4 Mio.).
Religion	rund 80 % römisch-katholisch
Sprache	Portugiesisch
Stadtfest	Zum Gedenktag des inoffiziellen Stadtheiligen Santo António am 13. Juni werden Feste und Umzüge in den traditionellen Stadtvierteln abgehalten, dazu gibt es im Juni bei den Festas de Lisboa zahlreiche Kulturveranstaltungen in der ganzen Stadt.
Klima	ganzjährig mild, Durchschnittstemperatur 17° C
Wirtschaft	In der Region Lissabon werden rund 37 % des portugiesischen Bruttoinlandsprodukts erwirtschaftet.
Nahverkehr	Es gibt ein überschaubares, aber sehr gut funktionierendes Metro-Netz mit vier Linien, fünf Straßenbahnlinien, umfangreiches Bus-Netz, Nahverkehrszüge und Fähren zu größeren Orten im Umland.
Tourismus	stark zunehmend, 5,7 Mio. Besucher 2015 in der Region Lissabon (fast 45 % mehr als 2010), davon knapp 4 Mio. aus dem Ausland; durchschnittlich 2,3 Übernachtungen; zzgl. rund eine halbe Million Kreuzfahrtschiff-Passagiere
Höchstes Gebäude	Vasco-da-Gama-Turm (145 m) auf dem ehemaligen Expo-Gelände im Nationenpark
Berühmte Portugiesen	Vasco da Gama (Entdecker des Seewegs nach Indien), Heinrich der Seefahrer (bedeutender Auftraggeber von Entdeckungsreisen im 15. Jh.), Fernando Pessoa (Schriftsteller des 20. Jh.), José Saramago (Literaturnobelpreis 1998), Amália Rodrigues (Ikone des Fado), Eusébio (Europäischer Fußballer des Jahres 1965), Cristiano Ronaldo (mehrmals zum Weltfußballer gewählt), António Guterres (Uno-Generalsekretär seit 2017)
UNESCO-Weltkulturerbe	Jerónimos-Kloster und Turm in Belém, Kulturlandschaft Sintra und Fado; im Bewerbungsverfahren das Stadtviertel Baixa

Geschichtlicher Abriss

ca. 18 000 v. Chr	Die Felsenzeichnungen von Foz Côa in Nordportugal gelten als älteste Zeugnisse menschlicher Besiedlung.
ab 1200 v. Chr.	Phönizier gründen Siedlungen. Lissabon nennen sie Alis Ubbo, die „liebliche Bucht".
ab 219 v. Chr.	Die Römer übernehmen die Herrschaft über das spätere Lusitanien. Als die Ansiedlung am Tejo die römischen Stadtrechte bekommt, wird ihr der Name Felicitas Julia gegeben.
ab 409	Während der Völkerwanderung zerstören Alanen, Vandalen, Sueben und Westgoten die römische Provinz.
ab 711	Beginn der maurischen Invasion. In nur wenigen Jahren fällt Portugal bis in die Höhe von Braga unter maurische Herrschaft. Das Land erlebt eine wirtschaftliche und kulturelle Blüte. Die Stadt Lissabon, Al-Usbuna, wird mit der Cerca Moura befestigt, die Burg ausgebaut.
ab 8. Jh.	Christliche Ritter bilden erste Bünde für eine Rückeroberung (Reconquista) der maurisch beherrschten Gebiete. König Afonso III. erobert 868 Portucale zurück, das spätere Porto, das dem Land seinen Namen geben wird.
1139	Afonso Henriques, seit 1112 Graf von Portugal, wird zum ersten König des Landes, Beginn der Dynastie Burgund.
1147	Mit Hilfe eines Kreuzritterheers Rückeroberung Lissabons unter Afonso Henriques. Die in der Stadt verbliebenen Mauren werden in einem Viertel angesiedelt, das bis heute nach ihnen benannt ist: Mouraria. Das einzige erhaltene romanische Bauwerk ist die Kathedrale Lissabons, die Sé, welche auf den Grundmauern der arabischen Moschee gebaut wurde.
1179	Nach erheblichen politischen Zugeständnissen erkennt Papst Alexander III. Portugal als eigenständiges Königreich und Afonso Henriques als König an.
1256	Lissabon wird Hauptstadt.
1373	Nach dem Handelsabkommen von 1353 folgt 1373 eine umfassende Allianz mit England. Die unaufhaltsam wachsende Stadt wird unter König Fernando 1373 mit einer neuen Stadtmauer befestigt, der sogenannten Cerca Fernandina.
1383–1385	Thronfolgestreitigkeiten, Bürgerkrieg und Invasion durch Kastilien, Belagerung Lissabons. Entscheidender portugiesischer Sieg in der Schlacht von Aljubarrota. João I. wird zum König gewählt, Beginn der Dynastie Avis.
ab 1415	Gefördert von Infante Dom Henrique (Heinrich dem Seefahrer) Intensivierung der Expansion. 1415 wird Ceuta (Marokko) erobert, 1419–1456 zahlreiche Expeditionen.
ab 1441	Goldeinfuhren aus Afrika, erste Sklaven erreichen Portugal.
ab 1488	Bartolomeu Dias umschifft das Kap der Guten Hoffnung.
1495–1521	Unter der Regentschaft Manuel I. erlebt Portugal seine glorreichste Zeit mit zahlreichen Entdeckungs- und Eroberungsfahrten, u. a. durch Vasco da Gama, Fernão de Magalhães und Sebastián de Elcano. Die neuen Handelswege und Kolonien spülen ungeahnten Reichtum ins Land. Dieser verändert auch die Stadt. König Manuel I. verlässt das alte Kastell am Berg und zieht in den neuen Palast am Tejo, außerhalb der Stadtmauer. Durch den Nachzug des Adels verwandelt sich die Baixa in das neue Zentrum der Stadt. Der neue Terreiro do Paço (heute Praça do Comércio) bietet einen Gegenpol zum bereits bestehenden Rossio. In Belém entstehen Prachtbauten wie das Jerónimos-Kloster im typisch portugiesischen manuelinischen Stil.
1496/1497	Viele der 1492 aus Spanien vertriebenen Juden lassen sich in Portugal nieder. 1496 wird auch hier ein Gesetz zur Zwangskonvertierung erlassen, ein Jahr später werden die nicht konvertierten Juden des Landes verwiesen.
1506	Pogrom, bei dem in Lissabon um die 2.000 Juden ermordet werden.

1536	Einführung der Inquisition.
1572	Veröffentlichung des Nationalepos „Os Lusíadas" von Luís de Camões.
1578	Invasion in Marokko und vernichtende Niederlage bei Alcácer Quibir, auch König Sebastião I. kommt bei der Schlacht um. Der gefallene König, gerade erst 23 Jahre alt, wird zu einer mythischen Figur der portugiesischen Geschichte verklärt, es entsteht der Sebastianismus. Kardinal Dom Henrique wird Nachfolger des kinderlosen Sebastião.
1580	Der ebenfalls kinderlose Dom Henrique stirbt 1580. Nächster legitimer Verwandter des portugiesischen Königshauses ist der spanische König Filipe II.
1580–1640	60 Jahre dauernde spanische Fremdherrschaft in Portugal.
1640	Wiederherstellung der Unabhängigkeit von Spanien; der Herzog von Bragança wird zum König gekrönt, als João IV. begründet er die Dynastie Bragança.
1641–1668	Kriege gegen Spanien, bis dieses schließlich Portugals Unabhängigkeit anerkennt.
ab 1700	Goldfunde in Brasilien verschaffen Portugal schnell steigende Einnahmen, 1699 sind es 514 kg, 1720 sind es 25.000 kg. Der scheinbar nicht abreißende Goldstrom ermöglicht es König João V., das prunkvolle Kloster in Mafra, weitere repräsentative Bauten sowie den Aqueduto das Águas Livres zu errichten, der die Wasserversorgung gewährleisten soll. Die Stadt platzt mit ca. 250.000 Einwohnern förmlich aus allen Nähten.
1750	José I. wird König, sein wichtigster Minister wird der spätere Marquês de Pombal.
1755	Ein schweres Erdbeben zerstört große Teile Lissabons. Mit dem Wiederaufbau der Stadt festigt Minister Pombal seine Macht.
1777	Maria I. wird Königin und setzt Marquês de Pombal ab.
1807	Portugal weigert sich, der französischen Kontinentalblockade gegen seinen Bündnispartner England beizutreten; Invasion der Truppen Napoleons unter General Junot, Flucht der Königsfamilie nach Brasilien. Rio de Janeiro wird Hauptstadt des portugiesischen Reichs.
1808	Volksaufstände gegen die französische Herrschaft, unterstützt von den Truppen des britischen Bündnispartners; Abzug der Franzosen im September. Der englische General Beresford wird mit dem Ausbau der Armee beauftragt und erhält Vollmachten, die ihn faktisch zum Herrscher Portugals machen. 1811 folgt die zweite Invasion Frankreichs.
1820/1821	Liberale Revolution. Die Jahre der Abwesenheit des Hofes, die französischen Invasionen und die englische Besatzung haben das Land in einem desaströsen Zustand hinterlassen.
1821	Zusammentreten des Parlaments; Rückkehr König João VI. aus Brasilien, sein Sohn Pedro IV. bleibt als König von Brasilien in Rio de Janeiro.
1822	Erste Liberale Verfassung in Portugal; Unabhängigkeit Brasiliens.
1832–1834	Bürgerkrieg; 1834 Sieg der Liberalen. Die liberale Revolution bringt die Säkularisierung mit sich, die Auflösung der Klöster.
ab 1837	Fernando II. wird König, Beginn der Dynastie Sachsen-Coburg-Gotha. Entwicklungsschub für die Stadt Lissabon: Der Rossio erhält sein typisches Pflaster, das Nationaltheater Maria II. wird im neoklassischen Stil gebaut. Die Bahnstrecke Lissabon–Porto wird eröffnet, die Bahnhöfe Santa Apolónia und Rossio gebaut. Parks und Aussichtspunkte werden angelegt.
1875	Beginn der aktiven republikanischen Bewegung Geração de 70.
1889/1890	Englisches Ultimatum gegenüber Portugal, das sein Herrschaftsgebiet in Afrika zwischen den bestehenden Kolonien Mosambik und Angola auszudehnen beabsichtigt (Mapa Cor de Rosa).
um 1900	Die Industrialisierung führt zu einem Bevölkerungswachstum, dem die Stadt nicht gewachsen ist. Die neu entstandene Arbeiterschicht bewohnt verlassene Paläste und Hinterhöfe. Fabrikbesitzer beginnen mit dem Bau der Vilas Operárias, der Arbeitersiedlungen. Gleichzeitig wächst Lissabon mit dem Bebauungsplan der Avenida da Liberdade und den Avenidas Novas gen Norden und wendet dem Fluss den Rücken zu. Moderne Transportmittel wie Straßen- und Standseilbahnen sowie der Aufzug Santa Justa prägen von nun an das Stadtbild.

1908	Ermordung König Carlos I. und des Kronprinzen am Praça de Comércio; Manuel II. wird König.
1910	Republikanische Revolution (5. Okt.) und Sturz der Monarchie; Manuel II. geht ins Exil; Übergangsregierung.
1910/1911	Zahlreiche Reformen, z. B. Trennung von Staat und Kirche, Verabschiedung der republikanischen Verfassung; Teófilo Braga wird zum ersten Präsidenten der Übergangsregierung.
bis 1926	Phase gesellschaftlicher und wirtschaftlicher Umbrüche sowie politischer Instabilität. Bis 1926 regieren 10 Präsidenten und über 40 Regierungen. 1916 wird Portugal durch die Kriegserklärung Deutschlands in den Ersten Weltkrieg gezogen.
ab 1926	Militärdiktatur, wechselnde Regierungen der Militärverwaltung.
ab 1928	Der spätere Diktator António de Oliveira Salazar wird Finanzminister und gewinnt zunehmend an Macht.
1932	Salazar wird am 5. Juli Ministerpräsident und herrscht bis zu seiner Erkrankung 1968, der er 1970 erliegt.
1933–1974	Verabschiedung einer neuen Verfassung, die den Estado Novo („Neuen Staat") begründet, einen autoritären Ständestaat mit faschistischen Zügen. Alle Parteien bis auf die Einheitspartei União Nacional werden verboten, die Presse zensiert. Als wichtigstes Organ des Regimes zur Kontrolle, Einschüchterung und Überwachung auch der Zivilbevölkerung wird die politische Geheimpolizei PIDE gegründet.
ab 1939	Portugal erklärt seine Neutralität im Zweiten Weltkrieg. Das Land wird zur wichtigen Zwischenstation vieler Flüchtlinge auf dem Weg in die USA. Portugal exportiert das für die Kriegsindustrie wichtige Wolfram nach Deutschland. Lissabon wird Umschlagplatz von Geheimdienstinformationen vieler am Krieg beteiligter Länder.
1940	Ausstellung der „portugiesischen Welt" in Lissabon. Das Gelände in Belém wird modernisiert, das Seefahrerdenkmal bildet den Höhepunkt der Ausstellung.
1949	Beitritt Portugals zur NATO.
1955	Beitritt Portugals zur UNO.
1959	Der liberale General Humberto Delgado wird als gemeinsamer Kandidat der Opposition für die Präsidentenwahl aufgestellt. Trotz massiven Wahlbetrugs erhält er über 25 % der Stimmen. 1965 wird er ermordet, vermutlich von der Staatsschutzpolizei PIDE.
1960	Dem Problem der stetig anwachsenden Einwohnerzahlen versucht man mit dem Bau von Sozialwohnungen entgegenzuwirken. Ab 1966 wird der Fährverkehr über den Tejo durch den Bau der Brücke Ponte 25 de Abril etwas entlastet.
1961–1974	Beginn der Unabhängigkeitsbewegungen in den Kolonien und der Kolonialkriege.
1968	Salazar erleidet einen Schlaganfall, sein Nachfolger wird Marcello Caetano.
1974	Nelkenrevolution (25. April): Eine Militärrevolte, getragen von der breiten Zustimmung der Bevölkerung, beendet die Diktatur.
1974–1976	Mehrere kurzlebige Regierungen; Unabhängigkeit der Kolonien in Afrika (1974–1975). 1 Mio. Portugiesen verlassen die ehemaligen Kolonien und kehren nach Portugal zurück. Vor allem am Stadtrand Lissabons entstehen Slums und illegale Viertel.
1976	Verabschiedung der neuen Verfassung zum Jahrestag der Nelkenrevolution.
1976–1985	Konsolidierung der jungen Demokratie; acht Regierungen wechseln sich in neun Jahren ab.
1985	Beschluss zum Beitritt in die Europäische Gemeinschaft (EG) zum 1. Januar 1986.
1985–1995	Unter der Regierung von Aníbal Cavaco da Silva (PSD) und mit Hilfe von Fördermitteln der EG werden Wirtschaft und Infrastruktur modernisiert und ausgebaut sowie die Finanzsysteme saniert; relative wirtschaftliche Blüte.

1988	Im August fallen einem Großbrand 18 Gebäude des Viertels Chiado zum Opfer, 10.000 m^2 werden zerstört. Zwei Menschen sterben bei dem Brand, fast 80 werden verletzt. Die Wiederaufbauarbeiten unter dem Star-Architekten Álvaro Siza Vieira ziehen sich über zehn Jahre hin. Heute sieht man dem Viertel die Katastrophe nicht mehr an.
1994	Lissabon ist Kulturhauptstadt Europas.
1995	Linksruck: Bei den Präsidentenwahlen gewinnt Jorge Sampaio (PS). Auch bei den Parlamentswahlen setzt sich die PS durch, António Guterres wird Premierminister.
1998	Weltausstellung in Lissabon: Das Motto im Parque das Nações lautet „Ozeane". Das alte Industriegebiet im Osten Lissabons wird in einen modernen Stadtteil verwandelt, der über eine neue Metrolinie ans Zentrum angeschlossen wird. Gleichzeitig entstehen mit der Estação Oriente der modernste Bahnhof des Landes und mit der Brücke Vasco da Gama die längste Brücke Europas. José Saramago erhält den Literaturnobelpreis.
2002	Zur Verkehrsberuhigung werden Teile der Altstadtviertel Alfama und Bairro Alto für den Durchgangsverkehr gesperrt.
2004	Portugal ist Austragungsort der Fußball–Europameisterschaft. Die beiden Lissabonner Fußballvereine erhalten neue Stadien. Portugal verliert im Finale gegen Griechenland.
2006–2016	Der ehemalige Premierminister Cavaco Silva von der PSD ist Präsident.
ab 2008	Schlimmste Wirtschaftskrise seit 1974, Proteste gegen den Sparkurs der Regierung. 2011 vorgezogene Parlamentswahlen, neuer Ministerpräsident wird Pedro Passos Coelho von der PSD. Fortsetzung der Sparpolitik. Zusicherung eines EU-Hilfspakets.
ab 2013	Erweiterung der Kreuzfahrtschiff-Anlegestelle am Jardim do Tabacco in Lissabon. Das soll der steigenden Beliebtheit von Kreuzfahrten Rechnung tragen. In mehreren Bauprojekten soll das Flussufer für Einheimische und Besucher wieder zugänglich gemacht werden.
2014	Im Mai verlässt Portugal den Euro-Rettungsschirm. Erstmals seit Jahren sinkt die offizielle Arbeitslosenquote wieder unter 15 %.
2015	Bei den Parlamentswahlen bleibt die bürgerlich-konservative Partei PSD stärkste Kraft, die Mitte-Rechts-Regierung unter Passos Coelho verliert aber ihre absolute Mehrheit. Schwierige Regierungsbildung. António Costa, der ehemalige Bürgermeister Lissabons und Chef der zweitstärksten Partei (der sozialdemokratischen PS) wird letztlich mit der Regierungsbildung betraut und führt seitdem eine Minderheitsregierung.
2016	Präsidentschaftswahlen, die Marcelo Rebelo de Sousa von der PSD gewinnt. Portugal triumphiert bei der Fußball-Europameisterschaft in Frankreich. Die EU rügt Portugal – wie auch den Nachbarn Spanien – wegen Nichteinhaltung der Defizitkriterien. Mit 4,4 % Neuverschuldung (im Verhältnis zum BIP) im Jahr 2015 liegt das Land über der angepeilten Höchstgrenze von 3 %. Die Rüge der EU bleibt vorerst symbolisch. Der Haushaltsplan für 2017 sieht ein Defizit von 1,6 % vor.
2017	António Guterres wird am 1. Januar neuer UNO-Generalsekretär.

Besondere Unterkünfte

Mit der steigenden Zahl an Touristen wächst auch das Angebot an Hotels, Pensionen, Hostels und Ferienwohnungen in Lissabon. In den vergangenen Jahren wurden etliche historische Gebäude in den Altstadtvierteln kernsaniert und in Touristenunterkünfte umgewandelt.

Das Angebot in zentraler Lage ist groß, für jeden Geldbeutel ist etwas dabei. Auf Außenbezirke auszuweichen, um günstige Unterkünfte zu finden, ist in Lissabon nicht notwendig.

Etliche Lissabonner bieten inzwischen ihre **privaten Wohnungen** oder auch einzelne Zimmer über Portale wie www.airbnb.com, www.wimdu.com oder www.9flats.com an. In der anhaltenden Wirtschaftskrise ist dies für manchen die einzige Chance, die Kreditraten für das Wohneigentum abzahlen zu können. Für Touristen bieten diese Portale die Möglichkeit, für relativ wenig Geld in zum Teil sehr netten Unterkünften und oft bei sehr engagierten Vermietern eine Bleibe zu finden. Für zwei Personen lassen sich schon schöne Unterkünfte ab ca. 30 oder 40 Euro finden. Eine Begrenzung von Angeboten über solche Portale gibt es übrigens – anders als etwa in Berlin – bislang in Lissabon nicht.

Schöne Ferienwohnungen werden zudem über die üblichen Portale wie www.fewo-direkt.de angeboten. Auf Wohnungen in Lissabons Altstadtvierteln spezialisiert ist zum Beispiel die Seite www.lissabon-altstadt.de, die auch über deutschsprachigen Service verfügt.

Alleinreisende mit engem Budget und robustem Schlaf, die auf der Suche nach Anschluss sind, finden in den zahlreichen **Hostels** der Stadt eine relativ günstige Unterkunft. Das Bett im Dorm ist je nach Hostel und Saison etc. ab rund 10 Euro pro Nacht zu haben. Einige Hostels haben sich in schön restaurierten Altbauten etabliert. Zu finden sind sie über Portale wie www.hostelworld.com oder www.hostelscentral.com.

Hotels und **Apart-Hotels** sind über das internationale Sterne-System klassifiziert. Daneben gibt es etliche Boutique-Hotels. Als **Pensão** (Pension) und **Residencial** werden meist einfachere Unterkünfte bezeichnet. Es gibt sie von liebevoll eingerichtet und betrieben bis relativ heruntergekommen.

Hier eine (ganz) kleine Auswahl an schönen Unterkünften:

Torel Palácio, Rua Camara Pestana 23, Tel. 21 8290810, www.torelpalace.com, Standardzimmer ab 120 €, das Apartamento Deluxe ab 250 €. Insgesamt nur 26 in zwei Stadtpalästen untergebrachte Zimmer, individuell eingerichtet, zum Teil mit sehr schönen Ausblicken. Am Jardim de Torel, Campo Mártires da Pátria gelegen. Sehr geschmackvoll restauriert. Schöne Terrasse mit Bar und Pool. Im angeschlossenen Restaurant Cave 23 lässt sich es schön und lecker speisen. [D3]

Memmo Alfama, Travessa das Merceeiras 27, Tel. 21 0495660, www.memmohotels.com/alfama, 42 Zimmer, je nach Kategorie zwischen ca. 120 und 270 €. Ebenfalls in restauriertem Altbau untergebracht, 2014 eröffnet. Alle Zimmer haben schöne Aussichten über die Alfama oder den Fluss. Terrasse mit sensationellem Blick, Pool und Weinbar. [E4]

Brown´s, Brown´s Hotel Group, www.brownshotelgroup.com, DZ 105–300 €. Die Hotelgruppe hat inzwischen drei Standorte in der Baixa Pombalina. Alle drei zentral gelegen, aber relativ ruhig: Brown´s Downtown, Rua dos Sapateiros 73, Tel. 21 3431391, Brown´s Central, Rua da Assunção 75 , Tel. 21 3470964, Brown´s Boutique Hotel, Rua da Vitória 88, Tel. 21 3420078. Für alle drei gilt: modern eingerichtet, stylish bis chic. [D4]

Casa do Pátio, Travessa do Caldeira 19, Tel. 21 4082467, www.shiadu.com, DZ ab ca. 55 €. Sehr nette und ruhig gelegene Pension, schöner Innenhof, reichhaltiges Frühstück, netter Service. Die Gruppe Shiado betreibt noch weitere Guesthouses. Auch der Ableger Casa do Bairro, ebenfalls im Viertel Santa Catarina, am Rande des Bairro Alto, bietet schöne Zimmer und netten Service. [C4]

Residencial Florescente, Rua Portas de Santo Antão 99, Tel. 21 3426609, www.residencialflorescente.com, DZ ab ca. 50 €. Klassische Pension, sehr zentral gelegen an einer Fußgängerzone mit Restaurants am Rande der Baixa. [D3]

Grande Pensão Alcobia, Poço do Borratem 15, Tel. 21 8844150, www.grandepensaoresidencialalcobia.com, DZ ab knapp 50 €. Günstige, klassische Pension ohne hippen

Chic. 42 Zimmer. Reichhaltiges Frühstücksbuffet mit Blick auf die Burg. Am Rande der Baixa gelegen. [D3]

Equity Point Lisboa Hostel, Travessa do Fala-Só 9, Tel. 21 8018211, www.equity-point.com, Bett im Dorm ab 12 €, DZ ab ca. 45 €. Die Lissabonner Niederlassung der Equity-Point-Gruppe ist in einem schönen alten Stadtpalast untergebracht. Der Straßenname bedeutet so viel wie „mit sich selbst reden". Das dürfte in dem Hostel selten notwendig sein. 104 Betten in 2er- bis 10er-Zimmern, viele mit Austritt oder kleinem Balkon. Sehr schöne, riesige Terrasse, die auch für Nicht-Gäste zugänglich ist. Liegt auf einem Hügel, aber zentral zwischen Bairro Alto, Avenida da Liberdade und Baixa. [C3]

Destination Hostels, Rossio Bahnhof, 2. Stock, Tel. 21 3466457, www.destinationhostels.com, Bett im Dorm ab ca. 12 €, DZ ab ca. 55 € p. P. Coole Location direkt im Rossio-Bahnhof, riesiger Gemeinschaftsraum mit Glasdach, freundlicher Service. Die Gruppe betreibt weitere Hostels in Lissabon, darunter das Alfama Patio Hostel (Rua Escolas Gerais 3), das an geschichtsträchtigem Ort untergebracht ist. Hier wurde unter König Dinis 1290 die erste Universität Lissabons gegründet, die „Escolas Gerais". Außerdem befindet sich ein Ableger dem Namen Sunset Destination Hostel (Praça do Duque de Terceira) in der Nähe des Cais do Sodré, mit Dachterrasse samt Bar und Mini-Pool. [D3; E3; C4]

Lissabon für Kinder

Portugiesen sind sehr kinderfreundlich und Kinder sind immer und überall dabei. Die Fortbewegung mit einem Kinderwagen kann allerdings sehr anstrengend werden. Lissabon ist sehr hügelig, in den Altstadtvierteln erschweren Kopfsteinpflaster, Treppen und schmale Gehwege das Vorankommen. Vor allem in den alten Straßenbahnen ist es fast unmöglich, einen Kinderwagen mitzunehmen.

Als wetterunabhängige Freizeitaktivitäten für Kinder bieten sich vor allem das **Ozeanarium** und das **Wissenschaftsmuseum** an (S. 168). Bei gutem Wetter sorgen die nahe gelegenen **Strände**, vor allem rund um Cascais (ab S. 214), sowie der Monsanto-Park und die botanischen Gärten für Abwechslung (S. 116). Eine Fahrt in den **historischen Straßenbahnen** oder **Aufzügen** (S. 160) ist für die meisten Kinder ein Vergnügen. Spielplätze gibt es relativ wenige, ein sehr beliebter ist im Parque da Estrela (S. 106) zu finden. Auch die Promenade entlang des Tejo-Ufers ist für Familien mit Kindern ein Tipp (S. 36).

Kinder unter 10 Jahren zahlen in vielen Museen keinen oder einen ermäßigten Eintritt. Für Kinder ab 12 Jahren lohnt sich bei einem längeren Aufenthalt der Cartão Jovem (S. 240).

Zoo

1884 wurde in Lissabon der erste Tiergarten der Iberischen Halbinsel gegründet. Seit 1905 befindet er sich an seinem heutigen Platz auf einem Gelände von 18 ha. Mehr als 2.000 Tiere über 300 verschiedener Arten können besichtigt werden. Sie sind nach Umbauarbeiten der 1990er-Jahre in artgerechteren Gehegen untergebracht. Neben unzähligen Affen verschiedener Arten, Pinguinen, Giraffen und Elefanten sind die Hauptattraktionen die Fütterung der Seelöwen, die Delfinshow sowie das Flugspektakel der Greifvögel. Auf einer 20-minütigen Gondelfahrt (im Eintritt inbegriffen) kann man das Gelände aus der Vogelperspektive betrachten. In der vorgelagerten Gartenanlage können auch ohne Eintrittskarte einige Restaurants, Cafés sowie ein kleiner Vergnügungspark besucht werden.

Jardim Zoológico, *Estrada de Benfica 158–160, www.zoo.pt, im Sommer tgl. 10–20, im Winter bis 18 Uhr, Eintritt 19,50, Kinder 3–11 Jahre 14, Senioren 15,50 €. Metro Jardim Zoológico (blaue Linie); Zug Sete-Rios. [Karte Umgebung]*

Marionetten-Museum

In dem Museum sind über 1.000 Puppen aus verschiedenen Ländern und Epochen zu sehen. Außerdem können Bühnenbilder, Kostüme, sowie eine Wind- und Wellenmaschine aus dem 18. Jh. besichtigt werden. Der Fokus der Sammlung liegt auf der Geschichte des portugiesischen Marionettentheaters. An den Wochenenden gibt es gelegentlich Aufführungen. Das Museum ist in einem ehemaligen Kloster, dem Convento das Bernardas, untergebracht. Dieses diente zwischenzeitlich als Wohnanlage, in der über 100 Familien in improvisierten Wohnungen lebten, teilweise unter ärmsten Verhältnissen. Die Stadt erwarb das Gebäude 1999 und unterzog es einer Kernsanierung.

Museu da Marioneta, *Rua da Esperança 146, www.museudamarioneta.pt, Di–So 10–18 Uhr, Eintritt 5 €, Kinder bis 5 J. 1,50 €, 6–30 und ab 65 J. 3 €, Familien 13 €; Eintritt für Aufführungen variiert, ca. 5 € für Kinder und 7,50 € für Erwachsene. Straßenbahn 15, 18, 25; Zug Santos. [B4]*

Straßenbahnmuseum

Das Museum liegt im Stadtteil Alcântara und dokumentiert die Geschichte der Lissabonner Verkehrsbetriebe. Ehemalige und aktuelle Straßenbahnen und Standseilbahnen sind in Originalgröße und als Modelle zu sehen. In einem der Säle ist die Video-Installation „Lisbon – Who You Are" des Künstlers António Jorge Gonçalves zu sehen. Die halbstündige Vorstellung kommt ohne Worte aus und zeichnet mit Musik und Animation die Geschichte der Stadt nach.

Museu da Carris, *Rua 1º de Maio 101–103, museu.carris.pt, Mo–Sa 10–18 Uhr, Sa 13–14 Uhr Mittagspause, Eintritt 4 €, Kinder bis 6 J. frei, 7–18 J. 2 €. Video-Installation Mo–Fr stündliche Vorstellung 10–16 Uhr, Sa nur 15 Uhr, Eintritt einzeln 5 €, mit Museum 7,50 €. Straßenbahn 15, Haltestelle Santo Amaro; Bus 714, 727, 732, 742, 751. [A5]*

Serafina-Park

Am Rande des Monsanto-Parks (S. 116) befinden sich mehrere (Abenteuer-)Spielplätze mit Picknick-Arealen und einigen Restaurants.

Parque Recreativo do Alto da Serafina (PRAS), *Estrada da Serafina, Okt. bis März 9–18, April bis Sept. bis 20 Uhr, Eintritt frei. Bus 770 ab Metro-Station Sete Rios/Jardim Zoológico (blaue Linie). [A1]*

Feiertage, Festivals und Events

Von internationalem Dokumentarfilmfestival bis Marionettenfestival gibt es inzwischen fast das ganze Jahr hindurch Events in Lissabon. Auskunft geben die Touristeninformationen. Hier einige wichtige Stationen im Festkalender der Stadt.

Silvester

Das neue Jahr wird in Lissabon mit einem von der Stadt organisierten, großen Feuerwerk mit musikalischer Untermalung auf dem Praça do Comércio willkommen geheißen. Auch in den Stadtteilen Belém, Alcântara, Parque das Nações sowie in Almada (jenseits des Tejo) werden kleinere Feuerwerke veranstaltet. Das private Zünden von Böllern ist unüblich.

Karneval

Die Karnevalszeit wird in Lissabon nur wenig beachtet. In den Stadtteilen finden lediglich Veranstaltungen für Kinder statt. Seit einigen Jahren gibt es vereinzelte Karnevalspartys für

Offizielle Feiertage

An den offiziellen Feiertagen haben viele Museen, Geschäfte und Restaurants geschlossen.

Erwachsene im Bairro Alto. Wer Karnevalsumzüge sehen möchte, muss entweder nach Malveira da Serra in den Bergen von Sintra oder in die portugiesische Karnevalshochburg Torres Vedras fahren.

Ostern

Obwohl Portugal sehr katholisch geprägt ist, gelten nur der Karfreitag und der Ostersonntag als Feiertage. Anders als in anderen Teilen des Landes sind in Lissabon Prozessionen rund um das Osterfest unüblich.

Juni

Im Juni beginnt in ganz Portugal die fünfte Jahreszeit, denn dann werden die Volksheiligen, die *Santos Populares* gefeiert. In Lissabon wartet man sehnsüchtig auf den Vortag des 13. Juni, den Festtag des Santo António (S. 126). In vielen Vierteln werden die Heiligenfeste an den Wochenenden bis zum 29. Juni, dem Festtag des heiligen Peter, fortgesetzt. Zusätzlich werden den ganzen Juni über zahlreiche kulturelle Veranstaltungen angeboten (zum Teil kostenlos), die unter dem Label *Festas de Lisboa* („Lissabonner Feste") firmieren. Infos zum Programm bei den Touristeninformationen und unter www.festasdelisboa.com.

Sommerfestivals & Co.

Die großen Open-Air-Festivals finden vor allem in den Sommermonaten statt. Hier eine kleine Auswahl:

Rock in Rio

Seit 2004 findet in Lissabon alle zwei Jahre die portugiesische Variante des brasilianischen Rock in Rio statt. Die mehrtägige Veranstaltung Ende Mai oder Anfang Juni verzeichnet regelmäßig über 300.000 Besucher. Viele internationale Top-Acts. Infos unter www.rockinriolisboa.sapo.pt.

NOS Alive

Dieses Musikfestival findet seit 2007 jährlich im Juni oder Juli in Algés (Nähe Stadtteil Belém) statt. An drei Tagen treten auf verschiedenen Bühnen internationale und nationale Bands auf. 2016 war das Festival mit 165.000 Besuchern ausverkauft. Infos unter www.nosalive.com.

Super Bock Super Rock

Seit 1997 sponsert die Brauerei Super Bock eines der großen Musikfestivals des Landes. Meist an einem Wochenende im Juli kommen zahlreiche namhafte – auch internationale – Acts. Lange fand das Festival in der Gemeinde Sesimbra am Strand statt. Inzwischen ist es umgezogen in den Nationenpark auf dem ehemaligen Expo-Gelände. Damit ist es einfacher zu erreichen als früher, allerdings auch etwas kleiner. 2016 kamen aber immer noch 56.000 Besucher. Infos unter www.superbocksuperrock.pt.

Sol da Caparica

Der Neuzugang unter den großen Festivals im Raum Lissabon. Seit 2014 findet es immer im August im Parque Urbano an der Costa da Capirica statt, auf der anderen Tejo-Seite. Es hat sich schnell zu einer Institution in Sachen portugiesischer Musik mit über 50.000 Besuchern gemausert. Infos unter www.osoldacaparica-festival.pt.

Lisboa na Rua

Das Kulturfestival findet jedes Jahr im Spätsommer zu wechselnden Terminen statt. 2016 startete „Lissabon auf der Straße" Ende August. Einen guten Monat lang gibt es dann zahlreiche Veranstaltungen, die meist dem Prinzip „umsonst und draußen" folgen. Das Angebot ist breit gefächert: Open-Air-Kino, Konzerte von Jazz über Klassik bis Fado, Tanz, Theater, Ausstellungen und andere Events. Infos unter www.lisboanarua.com.

Out Jazz

Seit 2007 wird es an den Wochenenden zwischen Mai und September jazzig in Lissabons Parks. Das Out Jazz Festival bietet dann jeden Samstag und Sonntag ab 17 Uhr Musik: live und draußen. Der Eintritt ist frei. Dabei wechselt das Festival jeden Monat die Location, typische Stationen sind der Estrela-Park und der Park an der Tapada das Necessidades. Infos zum Programm z. B. über die Touristeninformationen.

Weihnachtszeit

Zur Vorweihnachtszeit werden Lissabons Straßen und Plätze festlich geschmückt und beleuchtet. Überall blinkt und blitzt es, in den Geschäften herrscht reger Verkehr und heiße Maronen werden verkauft.

Offizielle Feiertage

1. Januar	Neujahr
Februar/März/April	Karfreitag, Ostersonntag
25. April	Dia da Liberdade, Nelkenrevolution 1974, in der ganzen Stadt werden rote Nelken verkauft, nachmittags traditioneller Marsch der kommunistischen Partei PCP auf der Avenida da Liberdade
1. Mai	Tag der Arbeit, traditionelle Kundgebung der Gewerkschaft CGTP auf der Avenida da Liberdade, großes Fest mit Musik und Tanz im Stadtteil Alameda
Mai/Juni	Fronleichnam
10. Juni	Dia de Portugal, Todestag des Nationaldichters Luís de Camões
13. Juni	Santo António, Fest des Volksheiligen, nur in Lissabon Feiertag
15. August	Mariä Himmelfahrt
5. Oktober	Dia da República, erinnert an die Ausrufung der Republik 1910
1. November	Allerheiligen
1. Dezember	Dia da Restauração, Tag der Restauration, gedenkt der Wiedererlangung der Unabhängigkeit von Spanien 1640
8. Dezember	Mariä Empfängnis
25. Dezember	Weihnachten

Praktische Informationen

Touristeninformationen

Die Touristeninformation in Lissabon unterhält mehrere Büros. Neben einem kostenlosen Stadtplan sowie Informationen zu Museen und Sehenswürdigkeiten ist hier auch die **Lisboa Card** erhältlich. Wer portugiesisch spricht oder zumindest lesen kann, sollte nach der regelmäßig erscheinenden **Agenda Cultural** fragen, im Internet zu finden unter www.agendalx.pt. Hier werden alle aktuellen Veranstaltungen, Ausstellungen und viele weitere Infos rund um Kunst und Kultur aufgeführt. Auf Englisch steht die monatlich erscheinende, aber wesentlich dünnere Broschüre **Follow Me** zur Verfügung. In den Büros, die in der Regel nur am ersten Weihnachtstag und Neujahr geschlossen sind, lohnt außerdem ein Blick in die Prospektauslage: Restaurants, Museen und Anbieter von Stadtrundfahrten sind hier vertreten. Die Tourismusinformation betreibt auch eine deutschsprachige Internetseite (www.visitlisboa.com/de), auf der viele Infos und Downloads zu finden sind.

Flughafen, in der Ankunftshalle	tgl. 7–24 Uhr, Tel. 21 8450660
Praça do Comércio, Baixa	tgl. 9–20 Uhr, Tel. 21 0312810
Palácio Foz, Praça dos Restauradores, Baixa	tgl. 9–20 Uhr, Tel. 21 3463314
Rua Jardim Regedor 50, Baixa	tgl. 11–18 Uhr, Tel. 21 3472134
Kiosk, Rossio, Baixa	tgl. 10–13 u. 14–18 Uhr, Tel. 91 0517914
Bahnhof Santa Apolónia, Alfama	Di–Sa 7.30–9.30 Uhr, Tel. 21 8821606
Jerónimos-Kloster, Belém	Di–Sa 10–13 u. 14–18 Uhr, Tel. 21 3658435

Wichtige Telefonnummern

Allgemeine Notrufnummer: 112

Apothekennotdienst: 118

Touristen-Polizei/Polícia – Esquadra de Turismo: tgl. 24 h erreichbar, Tel. 21 3421623/34, Praça dos Restauradores, Palácio Foz

Die Landesvorwahl für Portugal lautet 00351, die Festnetznummern in Lissabon beginnen alle mit „21“, portugiesische Handynummern mit einer „9“.

Eintrittpreise und Ermäßigungen

Die Eintrittspreise für staatliche und städtische Museen sind mit etwa 3–6 € günstiger als in Nordeuropa. Dagegen sind zum Beispiel die Preise für den Zoo mit 19 € für Erwachsene und gut 15 € für Kinder zumindest für portugiesische Verhältnisse ziemlich hoch.

Ermäßigungen

Lisboa Card: Freier Eintritt in über 25 Museen und anderen städtischen oder staatlichen Sehenswürdigkeiten sowie Ermäßigungen bei weiteren Einrichtungen und Touranbietern. Welche das aktuell sind, erklärt das Begleitheft. Die Lisboa Card gilt außerdem als Fahrkarte für alle öffentlichen Transportmittel (außer Fähren), inkl. Aufzüge und Nahverkehrszüge nach Cascais und Sintra. Preise 18,50 € (24 h), 31,50 € (48 h), 39 € (72 h), Kinder 4–15 J. 11,50 €, 17,50 € bzw. 20,50 €. Der Erwerb lohnt sich nur für diejenigen, die mehrere Museen an einem Tag besuchen wollen. Erhältlich bei den Touristeninformationen. Infos unter www.lisboacard.org.

Lisboa Eat & Shop: Ermäßigungen von mindestens 5 % in über 30 Restaurants und von mindestens 10 % in über 100 Geschäften. 72 h gültig, Preis 6 €. Ebenfalls bei den Touristeninformationen erhältlich. Infos unter www.askmelisboa.com/lisboa-eat-shop.html

Cartão Jovem: Jugendkarte für 12–29-Jährige, Nachlässe in Museen, Sehenswürdigkeiten, Kinos, Konzerten und einigen Geschäften, gleichzeitig Jugendherbergsausweis. Preis 10 €, Gültigkeit 1 Jahr. Erhältlich gegen Vorlage von Pass/Personalausweis und Foto z. B. in allen Postfilialen und Jugendherbergen.

Internationaler ISIC-Studentenausweis: Preisnachlässe in vielen Museen und Palästen. Erhältlich an vielen Hochschulen bei den Studentenvertretungen oder direkt bei ISIC, Preis 15 €, Gültigkeit 1 Jahr. Infos unter www.isic.org.

Bilhetes Circuito: Für die von der Direção Geral do Património Cultural verwalteten Museen und Monumente, etwa das Jerónimos-Kloster in Belém und viele staatliche Museen, gibt es verschiedene Kombitickets mit ermäßigten Preise. Infos an den Kassen oder im Netz unter www.patrimoniocultural.pt/en.

Parques de Sintra: Für die Paläste und Parks, die von der Organisation Parques de Sintra/Monte Lua verwaltet werden, gibt es Kombitickets in verschiedenen Variationen. Diese lassen sich individuell zusammenstellen und gewähren Rabatte von rund 25 %. Zu dem Verbund gehören außer der Quinta da Regaleira alle Paläste in Sintra, das Maurenkastell und auch der Palast in Queluz. Da die Einzelpreise recht hoch sind, lohnen sich die Komibitickets. Diese lassen sich vor Ort oder vorab über das Internet erwerben. Auf der Webseite hilft ein „Preissimulator" bei der Reiseplanung. Infos unter www.parquesdesintra.pt. In der Nebensaison sind die Tickets etwas günstiger.

Verkehrsmittel

Einen großen Teil der touristischen Attraktionen kann man in Lissabon **zu Fuß** erreichen. Das Fahrrad als Fortbewegungsmittel ist in der Stadt der Hügel immer noch eine Rarität. Taxifahren ist erheblich günstiger als in Deutschland. Die aktuell gültigen Tarife sind in jedem Taxi ausgehängt. Der eigene **PKW** oder ein Leihwagen sind bei einem Lissabon-Besuch eher ein Hindernis als hilfreich. Dafür sorgen die oft kurzen Entfernungen, der zum Teil chaotische Verkehr, die fehlenden Parkplätze und der Umstand, dass Teile der Altstadtviertel für den Autoverkehr gesperrt sind.

Dafür ist das **öffentliche Verkehrsnetz** Lissabons gut ausgebaut. Schnellstes und zuverlässigstes Fortbewegungsmittel sind die vier **Metro**-Linien. Bei **Straßenbahnen** und **Bussen** kann es zu den Hauptverkehrszeiten zu erheblichen Verspätungen kommen. Verglichen mit Deutschland sind öffentliche Verkehrsmittel deutlich günstiger. Da die Preise jedoch regelmäßig etwas erhöht werden, sollten die Angaben in diesem Buch als Anhaltspunkt verstanden werden. Das Tarifsystem mag für Uneingeweihte zunächst etwas verwirrend wirken, hat sich aber in den vergangenen Jahren schon zunehmend vereinfacht. Insbesondere sind mittlerweile Tickets erhältlich, die in allen Verkehrsmitteln genutzt werden können. Die Metro-Gesellschaft ist für die U-Bahnen zuständig, Straßenbahnen, Busse und Aufzüge unterliegen dem Betreiber Carris, die Fähren der Firma Transtejo und die Vorortzüge der portugiesischen Bahn. Am teuersten ist es, wenn man in Bus, Straßenbahn und Aufzug ein Einzelticket beim Fahrer kauft. Bei Fähre, Metro und Zügen müssen die Tickets immer vorab erworben werden.

Am flexibelsten sind die Ticket-Systeme **7 Colinas** (ausgesprochen „Sete Colinas") bzw. **Viva Viagem**. Die beiden Kombitickets unterscheiden sich heute nur noch durch den Namen und das Design, die Funktionsweise und der Geltungsbereich sind identisch. Die Karten kosten einmalig 0,50 €, sie enthalten einen Speicherchip, der mit Guthaben aufgeladen und dann abgefahren werden kann (Bonus ab 5 € Aufladung). Dadurch wird der Preis pro Fahrt erheblich günstiger. Die Karten können nicht gleichzeitig von mehreren Personen genutzt werden, da sie elektronisch entwertet werden. Sie sind ein Jahr gültig, danach kann der verbleibende Geldbetrag nur noch abgefahren werden. Der Kauf der Karten sowie das Aufladen erfolgt an den Automaten (Menü auch auf Englisch) und den Verkaufsstellen in den Metrosta-

Tipp

Mit der Option Zapping sind die Tickets am flexibelsten. Bei Straßenbahnen und Bussen gilt: An den Haltestellen muss man dem Fahrer durch Winken signalisieren, dass er halten soll. Wer aussteigen möchte (hinten), drückt einen der „*parar*"-Knöpfe („anhalten"). Kinder bis 4 Jahre fahren kostenlos, danach gilt der volle Preis.

tionen sowie in allen Postfilialen (CTT – auch am Flughafen). Den Kassenbon (*recibo*) sollte man aufheben. Bei eventuellen Problemen beim Auslesen der Karten muss dieser vorgezeigt werden. Das kommt aber äußerst selten vor. Besonders praktisch ist die zusätzliche **Option Zapping**. Dann ist das Ticket auch für **Fähren** und **Nahverkehrszüge** gültig.

Für Vielfahrer lohnen sich **Tagestickets**. Mit der **Lisboa Card** kann man kostenlos die Metro, den Carris-Verbund und die Vorortzüge nach Sintra und Cascais nutzen.

Preise

Ticket-Art	Preis
Kombiticket 7 Colinas/Viva Viagem	
Carris/Metro (1h)	1,45 €
Zusatz-Option Zapping	
Im gesamten Netz (1h)	1,30 €
Tagestickets (24h)	
Carris/Metro	6,15 €
Carris/Metro/Transtejo (Cacilhas)	9,15 €
Carris/Metro/Vorortzüge Sintra und Cascais	10,15 €
Einzelticket Carris beim Fahrer	
Busse	1,85 €
Straßenbahnen	2,90 €
Aufzug Sta. Justa (bis zu 2 Fahrten)	5,15 €
Aufzug Bica, Glória, Lavra (bis zu 2 Fahrten)	3,70 €

Anreise

Anreise mit dem Flugzeug

Lissabon wird von einer Reihe sogenannter Billigfluglinien wie Euro- bzw. Germanwings, Ryanair oder Easyjet direkt angesteuert. Mit etwas Glück und rechtzeitiger Planung lassen sich Hin- und Rückflug für unter 200 € finden. Flüge mit Lufthansa, SWISS oder TAP fallen oft teurer aus, dennoch lassen sich auch hier Sonderangebote finden. Ebenso kann sich ein Blick auf Last-Minute-Charterflüge nach Faro/Algarve lohnen. Mit Bus oder Bahn kann man Lissabon von dort aus bequem in ca. 3–4 Stunden erreichen.

Der internationale Flughafen Aeroporto Humberto Delgado liegt sehr zentral im Norden Lissabons. Seit Jahren bestehen Pläne für den Bau eines größeren Flughafens weiter außerhalb der Stadt. Aus finanziellen Gründen wurde das Projekt aber mehrmals verschoben. Infos zu Flughafen und Flügen unter www.ana.pt.

Transfer vom Flughafen

Der Flughafen ist über die rote Linie an das **Metronetz** angeschlossen. Die Station befindet sich neben der Ankunftshalle von Terminal 1. Die Fahrt in die Innenstadt dauert mit Umsteigen ca. 30–40 Minuten, eine einfache Fahrt kostet ab 1,30 €. Es können alle üblichen Nahverkehrstickets genutzt werden.

Die Fahrt mit dem **Taxi** in die Innenstadtviertel kostet etwa 10–18 €, nachts und an Feiertagen etwas mehr. Leider versuchen manche Taxifahrer, ortsunkundige Touristen übers

Ohr zu hauen und Umwege zu fahren. Ausschließen lässt sich das mit einem Taxi-Voucher, der an der Touristeninformation in der Ankunftshalle erhältlich ist. Der Preis beträgt ab 16 €, je nach Tageszeit und Ziel. Eingelöst werden können die Voucher bei den gekennzeichneten Taxis.

Es gibt zwei **Shuttle-Busse** vom Flughafen. Die AeroBus Linie 1 fährt entlang der großen Hotels an der Avenida da Liberdade in die Innenstadt, Endstation ist am Cais do Sodré. Linie 2 fährt nördlich des Zentrums Richtung Praça de Espanha. Ein Ticket kostet 3,50 €, ist 24 Stunden gültig und kann beim Busfahrer gekauft werden. Die Fahrt in die Innenstadt dauert ca. 25–35 Minuten. Die Haltestelle befindet sich vor der Ankunftshalle. Wer eine Lisboa Card hat, fährt umsonst. Die Busse fahren ab 8 Uhr alle 20–40 Minuten, Linie 1 abends bis 23 Uhr, Linie 2 nur bis 20 Uhr.

Anreise mit Bus, Bahn oder PKW

Die große Entfernung macht die direkte Anreise aus Deutschland, Schweiz oder Österreich per Bus, Bahn oder PKW sehr unattraktiv. Von Köln oder Zürich sind es 2.200 km bis in die portugiesische Hauptstadt, von Berlin 2.800 km und von Wien gar 2.900 km. Zudem ist die Anreise per Flug in aller Regel günstiger. Die Anreise per Bus oder Bahn dauert zwischen 30 und 40 Stunden. Bustickets verschiedener Anbieter gibt es bei Sonderangeboten ab ca. 100 € für die einfache Strecke, Bahntickets sind wesentlich teurer.

Kleiner Knigge

Was Besucher in Lissabon vermeiden sollten (Tipps zum Verhalten in Restaurants s. S. 176):

Sich mit einem spanischen „gracias“ bedanken. Man bedankt sich entweder auf Deutsch oder Englisch oder am besten auf Portugiesisch mit *obrigada/-o*. Das Wort wird adjektivisch behandelt, d. h. die Endung ist abhängig vom Sprecher. Männer bedanken sich mit *obrigado*, Frauen mit *obrigada*.

Sich einfach durchdrängeln. Sei es in engen Gassen, im überfüllten Bus oder wo auch immer. Das Zauberwort heißt *com licença*, was so viel wie „mit Ihrer Erlaubnis“ bedeutet. Dabei handelt es sich lediglich um eine rhetorische Frage, eine Antwort wartet man nicht ab.

Sich vordrängeln. An Bahn- und Bushaltestellen bilden sich oft lange Schlangen. Wer diese nicht respektiert, kann – auch als Tourist – sehr schnell den Unwillen der Umstehenden zu hören bekommen. Das gilt auch für alle anderen Warteschlangen.

In Bussen und Bahnen hinten einsteigen. Hier gilt: einsteigen vorne, aussteigen hinten. Eine Ausnahme sind die modernen Niederflurwagen, z. B. bei der Straßenbahnlinie 15.

Fahrscheine in Bussen oder Bahnen mit großen Scheinen zahlen. Billiger und praktischer sind die Mehrfahrtentickets 7 Colinas/Viva Viagem. Hat man diese noch nicht erworben, kann man beim Fahrer direkt zahlen. Man sollte aber Kleingeld bereithalten, um den Verkehr nicht unnötig aufzuhalten.

Offen zeigen, dass man ungeduldig wird. In Portugal ticken die Uhren manchmal langsamer. Am Tresen mit den Fingern zu schnipsen oder – wird z. B. die Hotelreservierung nicht gleich gefunden – die Augen zu verdrehen, bringt gar nichts. Jegliches Zeichen von Ungeduld wird mit einem stoischen *com paciência* („mit Geduld“) beantwortet und führt mit Sicherheit nicht zu einer Beschleunigung der Arbeitsgeschwindigkeit.

In kurzen Hosen und Turnschuhen in die Disco gehen. Im Normalfall kann man davon ausgehen, dass man vom Türsteher bereits am Eingang abgewiesen wird.

Sich während des Fado unterhalten. Wenn der *fadista* seine Kunst zum Besten gibt, werden Unterhaltungen als mangelnder Respekt gegenüber dem Sänger empfunden.

Kirchenbesichtigung trotz Gottesdienst? Lässt der Zeitplan keinen anderen Termin zu, kann man natürlich die Kirche betreten. Dann ist es aber angebracht, hinten stehen zu bleiben oder sich in eine der hinteren Bänke zu setzen. Auch außerhalb der Gottesdienste sind Kirchen in Portugal oft von Gläubigen besucht. Lautes Reden, sehr knappe Sommerbekleidung und ein Sonnenhut auf dem Kopf sind prinzipiell nicht angebracht. Fotografieren ist entweder ganz verboten oder nur ohne Blitz gestattet.

Etwas Portugiesisch für unterwegs

Niemand erwartet von einem Lissabon-Urlauber, dass er Portugiesisch spricht. Umso größer ist das Erstaunen und die Freude der *lisboetas*, versucht man sich – wenn auch holprig – mit einigen Worten in der Landessprache. Wir haben ein paar Ausdrücke und Phrasen zusammengestellt, die man relativ leicht erlernen kann und auf die auch keine komplizierten Antworten zu erwarten sind. Diejenigen, die des Spanischen oder einer anderen romanischen Sprache mächtig sind, werden feststellen, dass Portugiesisch gut lesbar, jedoch unglaublich schwer zu verstehen ist. Einzelne Wörter eines Satzes verschmelzen, einige Vokale fallen weg, andere werden stark nasaliert.

Ein paar Grundregeln zur Betonung und Aussprache

Betonung: Die Betonung liegt prinzipiell auf der vorletzten Silbe. Auf der letzten Silbe liegt sie nur, wenn das Wort mit einem Konsonanten (s und m ausgenommen) endet oder die letzte Silbe ein i oder u enthält. Die Silbe mit Akzent wird immer betont.

Vokale: Alle Vokale kommen auch in nasalierter Version vor, die in jedem Fall geschlossen ausgesprochen werden. Vokale werden dann nasaliert, wenn diese vor n oder m stehen (m und n werden dann nicht mit ausgesprochen) oder eine Tilde ~ haben. Akut ´ und Gravis ` zeigen an, dass der Vokal offen auszusprechen ist. Vokale mit Zirkumflex ^ werden geschlossen ausgesprochen. Unbetonte Vokale werden immer geschlossen ausgesprochen.

Diphthonge: ai, ei, eu und ui werden getrennt ausgesprochen, z. B. E-u-ro-pa, statt Eu-ro-pa.

Die Konsonanten: b, d, f, l, m, n, p und t werden ähnlich wie im Deutschen ausgesprochen.

c	vor a, o oder u – wie k
c	vor e oder i – stimmloses s wie in Last
ç	stimmloses s wie in Fass
ch	immer stimmloses sch wie in Schule
g	vor a, o und u – wie deutsches g
g	vor e und i – stimmhaftes sch wie in Journal
gu	vor a und o – wie deutsches gu
gu	vor e und i – wie deutsches g
h	am Wortanfang – wird nicht ausgesprochen
lh	wie lj bzw. wie italienisches gl

nh	wie nj bzw. wie italienisches gn
qu	vor a und o – wie qu in Quelle
qu	vor e und i – wie deutsches k
v	wie w in wo
x	am Wort- und Silbenanfang meist wie stimmloses sch wie in Schule, im Wortinneren meist wie ss in Fass

Begrüßung			
Hallo	Olá	Guten Tag	Bom dia (bis 12 Uhr)
Guten Nachmittag	Boa tarde (ab 12 Uhr)	Guten Abend/ Gute Nacht	Boa noite (Begrüßung nach Sonnenuntergang)
Auf Wiedersehen	Adeus	Bis morgen	Até amanhã
Bis bald	Até logo	Bis gleich	Até já
Wie geht's Ihnen?	Como está?	Mir geht's gut!	Estou bem!
Wie heißen Sie?	Como se chama?	Ich heiße...	Chamo-me ...
Wichtige Begriffe			
bitte	por favor/se faz favor (höflicher: wenn Sie mir den Gefallen tun)	danke	obrigado (Männer)/ obrigada (Frauen)
bitte (gern geschehen)	de nada	ja	sim
nein	não	vielleicht	talvez
mit	com	ohne	sem
nichts	nada		
Entschuldigung	com licença (um Erlaubnis bittend)		
Entschuldigung	desculpe (um Verzeihung bittend)		
nach rechts	à direita	nach links	à esquerda
geradeaus	em frente	offen	aberto
geschlossen	encerrado/fechado		
Zeiten und Wochentage			
morgens	de manhã	mittags	ao meio dia
nachmittags	à tarde	abends/nachts	à noite
heute	hoje	morgen	amanhã
gestern	ontem	Jahr	ano
Monat	mês	Woche	semana
Tag	dia	Wochenende	fim de semana
Montag	segunda-feira/2.ª	Dienstag	terça-feira/3.ª
Mittwoch	quarta-feira/4.ª	Donnerstag	quinta-feira/5.ª
Freitag	sexta-feira/6.ª	Samstag	sábado/sáb.
Sonntag	domingo/dom.		

Touristisch relevante Begriffe			
Terrasse, Außengastronomie	esplanada	Öffnungszeiten	horário de funcionamento
Ruhetag	dia de descanso	Toiletten	casa de banho
Doppelzimmer	quarto duplo	Einzelzimmer	quarto individual
Mit (ohne) Frühstück	com (sem) pequeno almoço	Flughafen	aeroporto
Hafen	porto	Bahnhof	estação de comboios
Bushaltestelle	paragem de autocarro	Straßenbahn-haltestelle	paragem de elétrico
Metrostation	estação de metro	Fahrkarte	bilhete
Hin- und Rückfahrt	ida e volta		

Zahlen			
1	um (männlich)/ uma (weiblich)	12	doze
2	dois (m.)/duas (w.)	13	treze
3	três	14	catorze
4	quatro	15	quinze
5	cinco	16	dezasseis
6	seis	17	dezassete
7	sete	18	dezoito
8	oito	19	dezanove
9	nove	20	vinte
10	dez	21	vinte e um/vinte e uma
11	onze	22	vinte e dois/vinte e duas, etc.: alle weiteren Zehnerzahlen werden gebildet, indem die Einerstelle einfach mit e (und) hinzugefügt wird.
30	trinta	70	setenta
40	quarenta	80	oitenta
50	cinquenta	90	noventa
60	sessenta	100	cem
101	cento e um/uma, etc.: hinzufügen der weiteren Zahlen durch e (und).		
1000	mil		

Stichwortverzeichnis

Die Autorinnen

Barbara Claesges ist Journalistin und lebt in Köln. Als Regionalwissenschaftlerin Lateinamerika hat sie zuvor zwei Jahre in Brasilien studiert und gearbeitet. Der portugiesischen Hauptstadt ist sie seit 1986 treu und besucht Lissabon regelmäßig.

Claudia Rutschmann lebt seit 2004 in Lissabon. Ebenfalls Regionalwissenschaftlerin Lateinamerika, hat sie zuvor in Brasilien und der Dominikanischen Republik studiert und gearbeitet. In Lissabon ist sie als Stadtführerin tätig (www.lissabonentdecken.com).

Bildnachweis

Alle Bilder aus dem Privatbesitz der Autorinnen, bis auf:
S. 145 Museu Nacional dos Coches, Kutsche, Direção-Geral do Património Cultural/Arquivo de Documentação Fotográfica (DGPC/ADF);
S. 191 Feitoria Restaurante & Wine Bar/Altis Hotels;
S. 224 u. 225 Palácio de Queluz, Außenansicht (Wilson Pereira) u. Thronsaal (Carlos Pombo), PSML;
S. 226 u. 227 Palácio Nacional de Mafra, Außenansicht (José Paulo Ruas) u. Bibliothek, Direção-Geral do Património Cultural/Arquivo de Documentação Fotográfica (DGPC/ADF).

IWANOWSKI'S REISEBUCHVERLAG

LONDON INDIVIDUELL

„Die Reiseführer aus dem Hause Iwanowski stehen für hohe Qualität und beste Tipps. Vor allem die Reihe ‚101 …' überzeugt mit Hinweisen auf Orte, die sich in den sonstigen Reiseführern anderer Verlage nicht finden. Zwar überzeugt Iwanowski oftmals mit Büchern zu Orten und Ländern, die nicht typische Touristenziele sind, doch dürfen bei diesem Verlag natürlich wichtige Hauptstädte auch nicht fehlen. So liegt nun das Werk ‚101 London' vor … Unterteilt in verschiedene Kategorien kann hierbei entschieden werden, ob es zum Beispiel lieber ein kulturelles Erlebnis sein darf oder ein besonderer Ausflug auf dem Plan stehen soll. Der Stadtplan ist auch bei diesem Reiseführer wie gewohnt bei Iwanowski inkludiert und hilft somit, die gewünschten Ziele in Windeseile zu finden."

www.testmania.de/101-london/

- Mit herausnehmbarem Extra-Stadtplan mit eingetragenen Spots
- Mit Kapiteln wie Stadtviertel & Stadtansichten, Multikulturelles London, Geschichte erleben, Kunst & Kultur, Plätze & Parks oder Ausflüge vermitteln die Autoren das Lebensgefühl der Stadt

Das komplette Verlagsprogramm

jetzt downloaden!

Iwanowski's Reisebuchverlag GmbH
Salm-Reifferscheidt-Allee 37 • D-41540 Dormagen
Tel: +49 (0) 21 33/26 03 11 • Fax: -34 • E-Mail: info@iwanowski.de
facebook.com/Iwanowski.Reisebuchverlag • twitter.com/iwanowskireisen

www.iwanowski.de

IWANOWSKI'S REISEBUCHVERLAG

Der Reiseblog vom Spezialisten!
iwanowski.de/blog
Täglich aktuelle Reisehinweise & Tipps zu Unterkünften, Restaurants, Aktivitäten ...

REISEFÜHRER AUF EINEN BLICK

REISEHANDBÜCHER

Europa
Berlin *
Dänemark *
Finnland *
Irland *
Island *
Lissabon *
Madeira mit Porto Santo *
Malta, Gozo & Comino *
Norwegen *
Paris und Umgebung *
Piemont & Aostatal *
Rom *
Schweden *
Schottland *
Tal der Loire mit Chartres *

Asien
Oman *
Peking
Rajasthan mit Delhi & Agra *
Shanghai *
Singapur *
Sri Lanka *
Thailand *
Tokio mit Kyoto
Vietnam *

Afrika
Äthiopien *
Botswana *
Kapstadt & Garden Route *
Kenia/Nordtanzania *
Madagaskar *
Mauritius mit Rodrigues *
Namibia *
Réunion *
Ruanda *
Südafrikas Norden & Ostküste *
Südafrika *
Uganda/Ruanda *

Australien / Neuseeland
Australien *
Neuseeland *

Amerika
Bahamas
Barbados, St. Lucia & Grenada
Costa Rica *
Chile mit Osterinsel *
Florida *
Guadeloupe
Hawaii *
Kalifornien *
Kanada/Osten *
Kanada/Westen *
Karibik/Kleine Antillen *
New York *
USA/Große Seen|Chicago *
USA/Nordosten *
USA/Nordwesten *
USA/Ostküste *
USA/Süden *
USA/Südwesten *
USA/Texas & Mittl. Westen *
USA/Westen *

101...-Serie: Geheimtipps und Top-Ziele
101 Berlin *
101 Bodensee
101 China
101 Deutsche Ostseeküste
101 Florida
101 Hamburg *
101 Indien
101 Inseln
101 Kanada/Westen
101 Lissabon *
101 London *
101 Mallorca
101 Namibia – Die schönsten Reiseziele, Lodges & Gästefarmen
101 Nepal
101 Reisen für die Seele – Relaxen & Genießen in aller Welt
101 Reisen mit der Eisenbahn – Die schönsten Strecken weltweit
101 Safaris
101 Skandinavien
101 Stockholm *
101 Südafrika – Die schönsten Reiseziele & Lodges
101 Südengland
101 Tansania – Die schönsten Reiseziele & Lodges
101 Wien *

REISEGAST IN ...
Ägypten
China
England
Indien
Japan
Korea
Polen
Russland
Südafrika
Thailand

Legende:
* mit Extra-Reisekarte
auch als ebook (epub)
Karten gratis downloaden

Das komplette Verlagsprogramm jetzt downloaden!

Iwanowski's Reisebuchverlag GmbH
Salm-Reifferscheidt-Allee 37 • D-41540 Dormagen
Tel: +49 (0) 21 33/26 03 11 • Fax: -34 • E-Mail: info@iwanowski.de
facebook.com/Iwanowski.Reisebuchverlag • twitter.com/iwanowskireisen
www.iwanowski.de